江湖食话

杨周彝 著

壹嘉出版

壹嘉出版
1 Plus Books
http://1plusbooks.com

作者：杨周彝
书名：江湖食话
Copyright © 2023 by 杨周彝

2023 1 Plus Books® 壹嘉出版® Paperback Edition
Published and Printed in the United States of America

ISBN: 978-1-949736-79-3
All rights reserved, including the right to reproduce this book or protion thereof in any form whatsoever.

出版人：刘雁
封面设计：王烨
定价：$20.99
San Francisco, USA , 2023
http://1plusbooks.com
email: 1plus@1plusbooks.com

目录

自序 ... i
前言：型男的厨房 ... iv

四海美馔　1

琉森 OLD SWISS HOUSE 餐馆的顶级牛排 ... 3
欧美素食趣谈 ... 7
体验"西食" ... 12
乡村旅馆与德国农家菜 ... 17
慕尼黑啤酒节 ... 20
省钱之道：超市购物与中秋冷餐会 ... 24
粗如大腿的血肠 ... 28
特里贝格镇的黑森林蛋糕 ... 30
异域火车便当 ... 33
清淡的朝鲜 ... 36
传世家肴大赏：鸡汤四鳃鲈 ... 40
饦饦、糊辣汤、槐花饭、洋芋擦擦、靠栳栳 ... 42
豆腐穿越 ... 46
清汤肝膏和开水白菜 ... 49
江南一绝：炙豆 ... 52
夏日味蕾行 ... 55
客家汤宴 ... 60

遥忆云南美食	63
岐山臊子面	68
咸鲜一秋	73
滑铁卢啤酒配本帮菜	75
与时俱进的上海沙拉	79
春到天马山	81
黄梅天郊游	85
崇明农家菜	88
味觉老镇	91
鮟肺汤与河豚刺身	96
艺伎咖啡	99
全球夜市的正确打开方式	105
在那个瞬间，我爱上了干巴牛肉	108
3块钱的上海早餐	111

江湖食话　　　　　　　　　　　　　115

适者生存	117
饿了什么都好吃	123
渐行渐远的风味	126
五侯鲭、鲈鱼脍与羊公膳食	130
外卖	136
辣椒的故事	139
金秋食蟹之道	145
相亲餐事	149
蜜饯与零食	151
冷饮世纪	155
穷家富路	157
扣斤魁两	161
一场有关皮肤光合作用的餐桌对话	165

男士餐桌礼仪	168
会点菜的人都有一颗玲珑心	173
南北货的私人记忆	175
中国臭味美食地图	177
腌腊黄鼠狼	179
恶吃种种	184
与朝鲜"东木"的亲密接触	190
"如烟"与福寿丸	195
老外讨烟	198
雪茄趣闻	202

酒事茶趣　　　　209

他的妹夫是空军司令	211
老中医谈酒	215
盛年雅酌、亦醉亦趣	217
秋夜，会须一饮三百杯	219
上海人的喝酒习惯	222
土烧	227
自制果酒	232
尽信书不如无书	236
洋酒种种	240
摩泽尔羽毛白	245
渐入佳境	248
杯中乾坤	253
"百年窖藏"	258
一坛毫不起眼的酒	261
从年份酒谈起	266
国字号伪酒	270
虫茶	276

普洱	279
擂茶	285
乌龙茶	288
明前龙井梅坞寻	292
新安问茶	295

自序

中华文化中，餐饮美食是不可或缺的重要组成部分，上至王侯将相下至士绅商贾文人学士，往往食不厌精脍不厌细，追求色香味形的极致。遇上兵荒马乱改朝换代家道中落，子孙多少会承传上辈细腻超凡的味觉系统，以及自幼耳濡目染的佳肴印象。

近代美食名家梁实秋、王世襄、唐鲁孙、逯耀东、江献珠、邓云乡、林文月、赵珩，回溯身世皆非同寻常，或皇室后裔官宦世家或书香门第富商巨贾，他们家境殷实，能够经常出入食肆饭庄，或在家中亲自下厨宴客，进而把饮食感觉鼎镬秘技转化为文字，再辅以名人轶闻佳肴典故，即成精彩美食记忆，往往令读者垂涎神往。

本人亦然。祖籍宁海，显祖杨君锡以卜者为业，乾隆年间落户松江张泽南村，经过砚岩、成嘉、德新、茂林、锦良、云亭、小云、凤仪、纪璩，到本人已十一代。

咸丰年间长毛肆虐，江南一带为祸最烈，满目疮痍一片萧条，人口锐减，田产甚廉。先祖颇具经营头脑，频频购地置业，传至七代祖云亭公，田产3000亩，俨然一江南乡绅矣。

中国历来有"富不过三代"之传代定律，到曾祖一代，几房兄弟抽鸦片赌叶子，家产很快耗尽，父亲杨纪璩就此成为劳动阶层了。父亲毕业于东亚体专，解放前在上海教书，土改时因祸得福，阶级成分评为

"小土地出租"，据称可归入"中农"一类，属执政党"团结对象"。

外公李介之在松江经营百年杂货店"李万泰"，抗战前小有名望，惜毁于"八一三"倭寇侵华战火。后到上海余大证券公司任职。母亲自幼生活很殷实，锦衣玉食谈不上，但精致饮食生活习惯却保留至今。

松江秀野桥下四鳃鲈，江南第一名鱼，历朝贡品。在外婆家，却是家常菜。母亲偶尔提及："四鳃鲈不能红烧，火腿鸡汤炖好烧开，四鳃鲈杀好洗净放进去氽一下就吃，伊歇辰光呒啥稀奇，屋里厢经常吃的。"

上世纪五六十年代的上海知识家庭，生活大概可以划入"小康"范畴的。母亲心灵手巧勤劳持家，我家日子比邻居比同学要略微舒适一点，精致一点，讲究一点，包括吃。

以炒虾仁为例，母亲一向只选活河虾。1977年，同学许君家里落实政策退还一笔巨款，邀我到福州路杏花楼小聚，点了一道清炒虾仁。举筷入口，即觉味道有异，叫来服务员问道，这是什么虾仁？对曰，海虾。我十分诧异，炒虾仁怎么能用海虾？服务员反过来窃笑本人孤陋寡闻，其实，我家清炒虾仁，一定用河虾，这就是我家的美食之道。

插队10年，正逢文革，极左思潮全国泛滥，到处"割资本主义尾巴"。我插队的山村，盛产茶油，因"以粮为纲"，不准农民搞副业，油茶山杂草丛生而荒芜，吃油都成了问题。

现在谁有"三月不知油味"的经历？

我有过。那日子不好受。连续几个月的紫大头菜加山泉拌冷饭，真真把人吃得眼睛发绿。彼时本人，1米79，体重仅104斤，腰围一尺九，比现在名模还要苗条，但胃口始终绝佳。1977年我与同学爬拖拉机到100多里外的樟树镇看电影"瓦尔特保卫萨拉热窝"，在街头饮食店看到久违的油条豆浆，两人买40根油条4大碗豆浆，风卷残云，顷刻而净，旁边的老表看得目瞪口呆。

每次回沪探亲，天目路老北站出来直奔饮食店，一块零八分，一斤二两粮票，12个大肉包子下肚，才心满意足地回家。

二

79年知青大回城，回沪知青80多万。我舍弃公社中学班主任职务和40多元月薪，也回到上海。父亲1975年病逝，母亲1976年退休，我为糊口进建筑公司，当工地杂务工。半年后考取教育学院，后来多次换岗，最终选择了决策咨询工作。

我们的研究项目，很多为内地省市地县政府委托，30多年来跑遍全国。各地风味美食确实异彩纷呈：成都的开水白菜坛子肉、南昌的泥鳅豆腐三杯鸡、西双版纳的香茅烤鱼炸蜂蛹、杭州的龙井虾仁爆鳝背、南通的河豚刺身清蒸刀鱼、三亚的黑山羊文昌鸡、呼和浩特的烤全羊奶皮子、黄河壶口的槐花饭靠栳栳、伊犁的羊杂碎面肺子、长汀的土笋冻大地鱼、延边的炖狗肉野山蘑、林芝的石锅鸡松茸汤、深圳的沙蚕生蚝、北京的酱肘炒肝、武汉的豆皮三蒸，都给我留下深刻印象。

近二十年来与上海一伙喜欢食新食异朋友到处找有特色的饭店尝新，跑遍无数家大小餐厅；加上每年出国旅游品尝异域美食经历，遂成为我取之不尽的居家烹调灵感。于是，厨房即为买汰烧空间，餐桌遂成色香味展台，时时呼朋邀友来家小酌借机献艺，在朋友的褒贬声中多年历练，倒也无师自通地掌握一套不入流的野路子厨艺，加之行走神州异域耳闻目睹美食趣闻奇人逸事，每有一得，即笔录成文。

好友何菲，《食品与生活》杂志特邀责编，连续10余年经常下达天马行空颇具创意的美食命题作文指令，一接电话，丝毫不敢怠慢，立即放下手头工作，殚思竭虑星夜赶工，交卷后释然。

2018年开始，应《食品与生活》社长都卫先生邀请，在该杂志开辟厨艺专栏，每月一篇烹饪心得，日积月累集腋成裘。从这个角度看，这本集子是被逼出来的，故在此特向何菲和都卫致谢！

杨周彝　庚子金秋

前言：型男的厨房

记得前年杨周彝获得专业机构颁发的烹饪大奖，他的参赛作品由18种菌菇构成，点睛之笔是运用了新鲜松茸。

那天清晨5点，他就起床熬一道神秘高汤，9点半带着食材和高汤衣冠楚楚驾车赴赛场，在评委、观众和媒体的瞩目下，淡定掌勺，结果连菜带汤全被扫荡殆尽。

当我致电祝贺时，杨周彝正在西班牙自驾游。这让我想到我第一次吃西班牙伊比利亚火腿的情景：那年他以每个6000元人民币的价格背回国两个后，私底下与包括我在内的几位友人分享，佐以桃乐丝酒庄的红酒。他教导我：这种火腿取自以榛子为食的小型黑毛猪的后腿，是生食的，现切现吃。它不像吃金华火腿时大刀阔斧一阵猛斩，而是用一把小尖刀慢慢刨下来，当感觉那一薄片散发着干果香味的、丰腴咸鲜的生猪肉在舌尖缓慢融化时，好像一整片树林的芳香都渗透在火腿细腻的纹理中，忽而馥郁，忽而幽婉，忽而温醇，忽而清扬，最美妙的人生体验不过如此……他喜欢卷蜜瓜吃，而我喜欢干嚼。

杨周彝常邀气场投合的好友去他家小聚，聚时必精心构思菜谱，亲自下厨展露身手。在他的厨房里，我见到世界各地千奇百怪的调味料、锅具与刀具。他也曾送我一把西班牙刀和一个快速醒酒器。他是我认识的友人中最懂得吃的人之一，为各类报刊撰写过美食文章百余篇，更难得的是身为老饕的他绝非笔上美食家或是美食体验家，他经常写美食笔记，也擅长摄影，是操作派，亦是随性派。我品尝他亲自且独自庖厨的家宴不下十次。因为住得近，有时他研发出三两小菜，会装在玻璃乐扣盒骑车送到我家给我品尝，笑眯眯地看着我吃得陶醉，会禁不住揶揄：你最有吃福！

杨周彝不是厨师，而是在政府机关从事决策咨询工作的上海男人。阅历丰富，见多识广，性情直率，思维快到惊人。江西插队十年，做过赤脚医生。作为毛脚第一次上门时，头一件事就是用铅丝板刷把堵塞的煤气灶眼一个个捅透，然后投丈母娘和小姨阿舅们的喜好，用了5小时烧了荤素10个吃工夫的菜。效果可想而知，后果却十分严重。婚后太太只下过一天厨，饭菜无法入口，他忍无可忍，接过锅铲，成了专职火头军，一干30年。

男人下厨，在国内农耕色彩浓郁的地方至今仍羞于启齿，可这正是海派文化的特色之一：爱家疼老婆，注重生活趣味。传统观念认为女人做饭是天职，男人则是客串。但天职可能习惯于思维定势容易墨守成规，客串往往不会循规蹈矩、亦步亦趋。从这个角度看，男人下厨更易创新出彩。杨周彝视烹调为工作之余的乐趣而非苦差，用他的话说，"厨房是洗切烧空间，餐桌为色香味展台，太太儿子媳妇是第一评委，时时呼朋引伴来家小酌借机献艺，在褒贬声中多年历练，无师自通地掌握一套不入流的野路子厨艺。"

前阵子《舌尖上的中国》受全国吃货们的热捧，他的理解是以"鸡、劳、堡、客"和盒饭拉面火锅果腹度日的人们，开始厌倦外食，想重回厨房了。这是好事。

坊间曾有不少年轻人炫耀婚后数年未进过厨房，这首先是对中华传统家庭文化的背离，因为餐桌是能让阖家乐趣凝神聚气的所在，且餐馆菜肴往往油盐糖脂四高，不利健康且开支巨大。再者，许多亲情浓郁的家传菜，也会淡出我们的记忆。

与那些只谈美食经历与感受的书不同，本书所录一百多种菜肴汤羹点心，皆出自杨周彝的亲手炮制且受到好评。有一次我母亲参照他的《自制开胃辣酱》如法炮制，的确味道一流，从此成为杨粉。之前她也曾参考过不少人的文章，效果常常不尽如人意。我告诉母亲个中奥秘：不少美食家其实晚饭是在家里吃泡饭酱瓜的。杨周彝做菜坚持平民化原则，食材是普通的生鲜菜蔬、鸡鸭鱼肉、菌菇瓜果，不用燕鲍参翅。他还擅长使用洋食材和各种洋调味品、香料，如何"化西为中"做居家美馔，也是本书特色之一。

杨周彝祖籍松江，祖上富足殷实，抗战前经营百年老店"李万泰"，江南精致饮食习惯保留至今。外婆和母亲的烹调手艺高超，他自幼耳濡目染，对家传菜肴有深刻体悟。书中家常菜，或传承于外婆母亲、或借鉴于各地风味、或取经于名师大厨、或浏览于美食名著，通过实践创新，因地制宜，融合为居家烹调的简便技艺，使读者一看就懂、一学就会。更难得的是，书中提到的不少美食观实在、可亲、接地气，且不乏批判精神。比如他写到自己最初喝红酒时，"一面翻开红酒鉴赏家们的专栏，仔细想象他们对某种红酒奇出怪样的描述，一面战战兢兢地啜饮一口，闭目寻找'淳朴而优雅的麝香猫、皮革、李子及野蘑菇的气息'，但冥思苦想半天，根本找不到。后来才发现，国外品酒家们在同一场合试同一品酒，对酒的感觉描绘叙述大相径庭绝不雷同，张三说'浓郁的烟草味'，李四则断言'新鲜皮革味'，王五语惊四座'陈年地毯味'，反正死无对证，敢说就行。喝了十多年红酒，我豁然省悟，尽信书不如无书！"

他有句名言深得人心：太太哪怕只小自己一天，也是要当女儿来养的。30年来，小他一岁的太太，被他滋养成职场巾帼英雄和俗世生活里不老的传说，而他依旧毫无倦态，玉树临风。

我从未觉得不进厨房的男人很酷，只懂赚钱无暇亲子的男人亦乏味，把生活工作化的男人只配孤单。我父亲退休前工作繁忙，应酬颇多，但凡有空，定会钻进厨房炮制美食。他会用五小时炖个罗宋汤，使其充满你中有我我中有你的灵性，蒸鱼煮虾火候控制精准，芥兰码得根根一般长，对米的微妙口感差别很是敏锐，如此的烹调是有了酒意的。

李安成名前一直在家当煮夫，最拿手狮子头。后来他几乎每年拍一部片子，一出门就是几个月，他总会自己揉面提前做好几百个饺子冻在冰箱里给老婆备着。他有句话说得实在：男人的最内在是女人。

在微博上，我常看到几个男女切磋厨艺。有人发美食贴，熟男甲会评论：在做开洋老抽蒸老蛋时，要加几滴老式菜油，会非常香。针对刀豆腊肉焖面，熟男乙强调：面要控干，千万要控干，不带一点水，一丁点都不能。这些熟男皆是上海男人。他们的光芒在平凡生活中闪耀，适合日常的工作生活场景。他们年轻时也曾向轰轰烈烈的人生做些微试探，成熟时会越来越接地气知冷暖懂局限，中看中用又合时宜。

最后说一句，宣扬"君子远疱厨"的男人其实自信不足，担心七尺之躯一旦入厨，苦心经营的硬朗形象会立刻崩溃。事实上，厨房使用的最高境界是属于雄性的，它是检测男人阅历与心智的考场，展现悟性与修为的舞台，使男人渐渐懂得五味调和，知冷知热，大味若淡，心静如水。

何菲

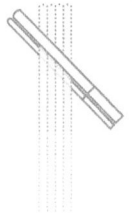

四海美撰

琉森OLD SWISS HOUSE餐馆的顶级牛排

2011年1月23日,卢塞恩。瑞士中部高原城市,又称琉森。卢塞恩三面山岭冰雪覆盖、冈峦起伏;一面湖光粼粼、碧波万顷。湖在城区的东南方,堤岸蜿蜒曲折,湖水清澈见底,天鹅野鸭懒洋洋地浮游。这就是著名的琉森湖。

上午,我们在琉森湖畔漫步,用面包屑喂飞到手上啄食的大群海鸥,然后参观著名的狮子纪念碑:一支箭深深地插进了濒临死亡的雄狮背上,狮子面露痛苦的神情,前爪按盾牌和长矛,盾牌上有瑞士国徽。这是为了纪念1792年法国大革命,为保护法王路易十六及玛丽王后而死的786名瑞士军官和警卫所建的纪念碑,意在祈求世界和平,碑的下方有文字描述了此事件的经过。美国小说家马克吐温曾赞颂石狮是"世界上最哀伤、最感人的石雕"。

在狮子雕像附近,有一家著名的OLD SWISS HOUSE。这是有着160年历史的古老家族餐馆,在卢塞恩全市最佳餐馆中排名第二。

同行的郑君,超级发烧背包驴友,来过卢塞恩,但与该餐馆失之交臂,这次在国内他就详细标明OLD SWISS HOUSE的地址和营业时间,告诉我们:"晚上来用餐绝对订不到餐位,昨晚我一到就跑来订座,今天终于如愿,但只订到中午的座位。"

走进去一看,金碧辉煌优雅豪华古色古香,雕花古铜立柱、名家油画、各种摆件、古瓷花瓶、水晶酒具、纯银刀叉、吊灯壁灯一应俱全，仿佛漫步博物馆。

楼梯口墙上，挂着近百个相框，都是曾经来此就餐的世界名流：美国国务卿鲍威尔、英国王储查尔斯、阿波罗登月宇航员阿姆斯特朗、影星迈克尔道格拉斯、尼古拉斯凯奇等等等等。

古老木柜的顶上，四顶已被时间销蚀得黯然无光的王冠赫然醒目——这是老板父亲的收藏品。

中国乾隆皇帝的佩刀拍卖成交价7000多万元，如果是乾隆皇冠，卖多少钱？而在这里，王冠随随便便放在橱顶，他们的奢华，极为低调！

"到这里，最佳选择是品尝他们家传的秘制牛排。鲍威尔、英国王储都是为这道菜慕名而来的。"郑君指着菜单向我们介绍。

中文菜单上赫然醒目地写着："我们的特色大餐。本店的豪华级特色维也纳炸肉排是您从未品尝过的。非常鲜嫩的小牛肉按照本店特制秘方，在用打蛋、瑞士奶酪以及香草配制的酱汁中腌制入味，然后在特制的面包屑中翻转数次，在您的餐桌上用纯奶油烤制而成，这道菜用鸡蛋面佐食。"

枝形吊灯下的餐桌，亚麻台布、银质刀叉、水晶酒杯，刻有家族纹章的古老瓷盘，我们就在这张餐桌用餐。

老板的儿子，长相很像法国影星让·雷诺，捧出一个巨大的银盘，上面整整齐齐铺着十一片硕大无朋的生牛排，向我们介绍，这是瑞士的一种吃天然谷物长的小牛，片出这么大而薄的牛排，是他们的家传专业技巧。

看着排列成优美图案的血红色薄牛排，我忽然想到，全球最异类歌星ladygaga那件惊世骇俗的牛排裙，灵感一定来自于这里！

老板和身着德国传统服装的太太，推出一辆铺着台布的小车，上面摆放着几只银质调理盆，开始当场表演烹制过程：先把牛排浸入加了各种香料和朗姆酒的蛋液，然后裹上特制面包粉。这也是这道菜的特色：在就餐者面前展示烹制全过程。

手势非常娴熟。忙而不乱，犹如艺术家在创作艺术品。

然后在鲜奶油融化的锅里油炸。瞬时，餐厅里弥漫着令人垂涎欲滴的香味。

为了保证我们十一个人同时就餐，他们6个人用3个锅子烹调，程序严谨一丝不苟，完全是瑞士人做钟表的风格。在制作过程中，先让我们品尝浓汤，我点了酸奶油和罗勒、迷迭香烹制的南瓜浓汤，南瓜的质朴、罗勒和迷迭香的异国风味、酸奶油的浓郁，构成一种微酸清香沁脾的丰腴，非常可口，而且，更吊起了期待牛排的食欲。

很快，金黄色的诱人牛排就上桌了。

用餐刀轻轻切开牛排，举叉入口，奶香肉嫩鲜甜夹杂着外裹面包屑的焦脆、黑胡椒的麻酥，加上老板推荐的口感厚重专配牛排的瑞士红酒，一股妙不可言的感觉直冲味蕾，太神了。

牛排吃过很多，从90年代初次品尝南京路国际饭店旁边的台湾小统一牛排馆的黑胡椒牛排，到加拿大艾尔伯特省的一磅重的火炙牛排，乃至日本的松阪黑毛牛排、法国、美国、意大利、西班牙的牛排，千篇一律餐刀切下去要看到血丝，无非强调一个鲜嫩，异曲同工。但这次，彻底颠覆了我对牛排的固有认识，原来还有如此精彩的牛排！无怪乎那些吃牛排长大的鲍威尔、尼古拉斯凯奇辈，会"不远万里"地来到瑞士来到卢塞恩来到OLD SWISS HOUSE，品尝并留下亲笔签名的倩影了。

非常值得的美食之旅。而且收费不算贵：人均54瑞士法郎，约合人民币362元——要知道，瑞士是全世界最富的国家之一，消费远高于日本，一份意大利肉酱面索价人民币120元，超市的茼蒿菜论克卖，100克3.5瑞士法郎，也就是17.5瑞士法郎一斤，换算下来，每人就吃了3斤茼蒿菜而已，按照现在的上海菜价，3斤茼蒿菜大概12元。

回来后在网络上搜寻卢塞恩的OLD SWISS HOUSE"老瑞士"餐馆，只看到个别网友拍摄的餐馆外景，没有一个进去过呢，非常得意。

显然，自助游的好处凸显了：哪家旅行社或导游，会带我们到这里就餐呢？否则，只能跟着导游到他的"海外关系户"中餐馆，苦着脸吃满嘴土腥味的红烧鱼，导游则在厨房里沾着唾沫点回扣呢！哈哈！

欧美素食趣谈

一

据说人类都起源于东非440万年前的南方古猿"卢道尔夫人"。

按理说,一个老娘传下来的子孙苗裔应该都是一个样子,但是,人类学家研究发现,东西方人种的消化器官迥然有异,中国人的大肠要比欧美人的大肠长五分之二,这个比例恰与食草类动物和食肉类动物的比例相当——食肉类动物肚肠短,因为猛兽运动量大,卡路里消耗快,需要不断进食保持体能,如果肚肠太长,食物在肠内逗留太久容易腐败产生毒素,而草食性动物的肠子需要长一些,牛甚至长着5只胃,以便卧着休息时慢慢消化不容易吸收的干草谷物。

从这个角度看,欧美人可能都是游牧民族的后代,以肉奶为主食,而我们中国人是农耕民族,一向以谷物蔬菜为主食,形成了完全不同的餐饮文化。

上世纪70年代,欧美开始流行素食,经过40年发展,俨然成为上流社会时尚,我国2000多年前《左传》所言的"肉食者鄙",在欧美已是区分雅痞或蓝领的重要标准之一了。

为什么食肉民族会改吃素?

原因很简单,工业革命以后,大量的体力劳动都被机器取代,人们已无需汗流浃背筋疲力尽挥镐抡锤，体能消耗随之大幅度降低，但老外的饮食结构依然是芝士牛排炸鸡烤肉，"收入大于支出"，脂肪积淀体内，肥胖遂成为困扰西方全社会的大问题。

去过欧美的人，最直观的感觉是肥婆胖子满街跑，比目皆是。他们的胖，实在可怕。我在奥兰多迪斯尼的渡船上，见到一个船员，其腰身需3人合抱，已经臃肿到无法站立行走，靠一只特制的带滑轮铁架蹒跚而行。

迪斯尼园中，小贩在叫卖足足2斤重的油光锃亮烤火鸡腿，老美人手一只在当零食啃，几乎把我们吓倒，如此贪食饕餮，哪有不胖之理！

从美国飞日本，一到成田机场，顿觉眼前一亮——漂亮的机场女职工，笑容可掬体态窈窕夺人眼球，与纽约街头的群胖人流形成绝大反差。

肥胖成为西方社会顽疾，在万分不得已的情况下，他们只能想各种减肥办法甚至把胃缝掉三分之二，但效果欠佳。后来发现，唯一的出路，就是管住嘴巴茹素。

老外的吃素，实在是无奈之举。

为了推行素食，他们甚至引经据典称，西方素食祖师爷是古希腊哲学家毕达哥拉斯，素食（vegetarian）的字源来自于拉丁文Vegetus，由毕氏首创，意思是"完整的；新鲜的；生气蓬勃的"，他主张杜绝肉食，代之以豆类及其他素食，旨在创造一种包括禁止杀生在内的普遍适用的法律，以禁止粗暴的流血，特别是动物祭祀，以及倡导"永远不吃肉"，后世西方素食者被称为"毕达哥拉斯信徒"。

用古圣贤素食典故教化现代胖子，老外颇费苦心，但已见成效。

据调查，英国素食者的人口比例已达到7%，荷兰、德国和法国分别是4.4%、1.25%和0.9%；而意大利某些地区的素食人口比例已经达到了10%至18%，美国上世纪90年代的调查也显示7%的人自称是素食者。

二

欧美素食，与我们不同。

我们的素食严格参照中国佛教标准，任何动物类食品包括鸡蛋牛奶鱼类都不算素食，欧美人把牛奶芝士黄油蛋类鱼类都视作素食，比我们宽泛得多。

由于欧美没有吃素习惯，因此他们的素食往往从东方民族寻找灵感，中国豆腐豆芽、日本昆布寿司、韩国泡菜、北非库斯库斯，以及从世界各地引进栽培的蔬菜瓜果薯类都已进入食谱。

这几年，欧美的素食餐馆大行其道，一些名厨，也在电视台大谈素食经，意图逐步引导人们改变餐饮习惯。

可能欧美人的味觉器官不如我们精细敏锐，他们的烹调加工手艺也简单粗放，不外乎生拌、烘烤、水煮，欧美的普罗素食，在中国人看来，不太敢恭维：

芝士焗秋茄：一包黑籽的老茄子，切成两半，涂满奶酪放烤箱烤20分钟；

生拌蔬菜：卷心菜洋葱罗勒西红柿加点橄榄油、巴森米克醋和盐杂拌；

煮蔬菜：胡萝卜、西洋芹、番茄、鹰嘴豆、洋葱同煮至烂熟，再用搅拌机打成糊状，涂在面包上；

素披萨：茄子、蘑菇、西葫芦加洋葱、莫扎瑞拉芝士烤制，取代色拉米肠、牛肉丸；等等等等。

这种素食，偶一为之尚可，天天吃，一定应了江南土话"吃素碰上月大"。

当然，欧美也有贵族化素食。

韩国芦笋、日本松茸、伊朗鱼子酱、墨西哥鳄梨酱、意大利白松露炒鸡蛋、英国奶油蘑菇汤、中国罗汉上素，这类素食，可能不会吃腻，但会很快摊薄人们的钱包厚度。

在欧美许多超市，生鲜蔬菜的价格已远远高于肉类，我在苏黎世的超市看到，100克茼蒿菜3.5瑞郎（约合24元人民币），100克猪腿肉，2.5瑞郎而已。

三

最近在看全球顶尖的50位米其林三星级大厨的食谱。

有意思的是，米其林三星餐厅全球一共68家，但没有纯粹素食餐厅。

这50位大厨，厨艺超群，在全球餐饮界拥有至高无上的地位，他们的拿手杰作，鸡鸭鱼肉蟹虾菜蔬俱全，其中几道三星级素食，不难模仿克隆，特转载如下，供美食爱好者参考：

1. 松露乡村面包 Trufflfd Country Bread（1人份）

纽约 贝纳当餐厅 Le Bernardin 主厨 埃里克 • 瑞波特 Eric Ripert

一只乡村面包、新鲜蒜头、无盐奶油、黑松露、海盐、黑胡椒颗粒、特级橄榄油

面包切1.2公分厚片，进烤箱烤到香脆，

新鲜蒜头剥皮，擦抹面包片，然后在面包上涂厚厚一层无盐奶油，

用锋利的刀把松露切成薄片，在面包上堆6公分厚，

再撒上颗粒状海盐和黑胡椒颗粒，浇上特级橄榄油，就可以吃了。

可能有人会问，这道美食，其他都好办，哪里去弄黑松露？这玩意儿可是与鹅肝、鱼子酱齐名的全球三大顶级美食，价格奇贵，在上海，出钱也买不到新鲜黑松露啊。

告诉大家，有办法。

在我国云南，有一种土名叫"猪拱菌"的菌菇，长期"养在深闺无人识"，近年才被发现原来就是黑松露！中国科学院昆明植物研究所的专家用菌种"感染法"让云南松、华山松、板栗等植物的根感染块菌形成菌根，进而长出黑松露，而且已经大量出口法国。

新鲜猪拱菌淘宝网上有卖，二三百元一斤，美食爱好者不妨试试？

2. 罗伦斯的普罗旺斯炖菜 Laurence Ratatouille（4人份）

华盛顿 香茅餐厅 Citronelle 主厨 米歇 • 李察 Michel Richard

橄榄油4大匙

茄子一条削皮，切成一公分小丁

节瓜（有点像夜开花，菜场有售）一条，对剖切成1公分半月片

洋葱一大个，切成1公分小丁

甜椒一只，切成一公分小块

一大罐西红柿丁罐头

一到 3 瓣大蒜头，压成蒜泥现磨胡椒适量

平底锅大火烧滚 60 毫升橄榄油，下茄丁翻炒至金黄色，用漏勺捞出备用；

然后同样方式炒节瓜丁，盛出备用；

再炒洋葱，加盐，炒成金黄色盛出备用，再用中小火炒甜椒；

最后所有蔬菜入锅，加入西红柿和蒜泥，撒上胡椒粉，不断翻炒数分钟，转小火，不加锅盖，炖烧 45 分钟，偶尔搅拌一下，锅底蔬菜开始略微变焦，但这正是这道炖菜的美味所在。趁热配意大利面条吃。

3. 大蒜、红葱头、辣椒炒意大利西兰花（四人份）

洛杉矶 AOC 餐厅主厨苏珊·戈茵 Suzanne Goin

2 勺半盐、1 斤半西兰花、120 毫升特级橄榄油、3 个大蒜头切薄片、2 颗红葱头切薄片、1 勺新鲜百里香、1 根红辣椒斜切成薄片、4 升水加 2 勺半盐煮沸；

西兰花入沸水氽烫 2 分钟，漏勺捞出，摊大盘里放凉；

平底锅放 60 毫升橄榄油，再把蒜片、红葱头片、百里香辣椒下锅翻炒到红葱头片变透明，再把西兰花下锅，加适量盐不断翻炒，再加入 10 毫升橄榄油。翻炒 2 分钟，再加适量盐调味后起锅。

还有若干种米其林三星级"素点心"，如鱼子酱马铃薯配酸奶油、香蕉奶油派、蜜桃冰沙、奶油酥饼冰激凌三明治、果酱可丽饼等等，限于篇幅，容后介绍。

看完这本书，我的感慨是，幸亏我们的佛教没有传到欧美并成为他们的国教，否则，老外有几个能够真正遵循佛教教义硬挺着食纯素？中国佛教素食的食料选择，边界十分明晰，任何动物脂肪蛋白质如肉奶蛋鱼包括加工产品，都不能成为素食的构成，如果老外按照我们的素食标准，剔除牛奶芝士奶油和蛋类鱼类，光吃生菜色拉、啃没有松露鱼子酱的硬面包、喝无醇啤酒苏打水，老外的身子骨挺得住么？他们毕竟是食肉类族群啊！

体验"西食"

一

西班牙美食在欧洲的地位不高。

原因很简单,欧洲美食之都是巴黎和罗马。许多欧洲顶级好东西,例如松露、鹅肝、牡蛎、上等红酒、特色奶酪,都似乎与西班牙无缘。

印象中,西班牙最著名的就是海鲜饭、生火腿、油条、塔巴斯(一种餐前小吃,由不同种类的食物任意组合)以及橄榄油,还有就是雪莉酒。

至于海外中餐,尤其是旅游接待定点中餐馆,几乎就是国内街头大排档的末流厨工流落海外后数典忘祖的产物——对吃惯三明治、奶酪、汉堡、薯条、炸鸡、生菜、培根、麦片的欧洲人而言,不可能对中餐提出任何"高标准、严要求",所以欧洲中餐,只是迎合了欧洲人的口味,对去旅游的中国人而言,除了充饥,绝对没有任何美食功能。而且,生鲜食料不可能从中国进口,许多中国蔬菜,"生而淮北为枳",到欧洲都变味矣。

在欧洲的任何中餐馆,菜都淡而无味,感同嚼蜡,基本是一个模子里刻出来类似文革时期的食堂菜:

酸辣汤或紫菜虾皮汤、毫无辣味的"麻婆豆腐"、青椒炒鸡丁、洋葱牛肉丝、一条不知名的红烧鱼、炒生菜或已经完全变种的生硬的青菜、花菜肉片。连饭都似乎都是从前饥荒时代的"洋籼米",又干又硬,毫无糯性。

本人未雨绸缪地考虑到这些因素,每次出国旅游,预先炒制了八宝辣酱:

纯精肉一斤切丁、油浸鸡枞半斤、干牛肉一斤撕条、五香豆腐干8块切丁、冬笋一斤切丁、开洋半斤、"酒鬼花生米"两包、鲜蘑菇半斤、"老干妈辣豆豉"2瓶、沙茶酱半瓶、韩国豆酱半瓶、新鲜红尖椒半斤,生大蒜头半斤,炒了一大锅,用塑料食品盒装了整整两大盒。

到中餐馆吃饭,取出辣酱,请他们拿一个盘子装盆,立刻成为不可或缺的主菜。连我们的导游翁先生,都要舀上几大勺,连呼美味多年未尝,过瘾!

二

年轻人胃口好。到马德里的第一夜,儿子兴冲冲地跑到酒店旁边的餐馆买了外卖,给我们一份炸鸡配薯条,生菜垫底,5欧元。

我和太太一看,胃口全无,碰都没碰,第二天早晨,便扔进垃圾桶了。

在格拉纳达,导游带我们到一家最著名的餐馆吃海鲜饭。

西班牙海鲜饭是他们的"国食",非常有名。这是用海虾、章鱼、蛤蜊、淡菜和一种叫"雷班特"的米一起煮的,为了增加金黄色泽,需要添加"番红花"。番红花极贵,上海家乐福一克售价90元。餐馆为了省钱,据导游介绍,现在的西班牙海鲜饭,大部分都是添加人造色素。

我在上海华山路的一家西班牙餐馆与朋友吃过海鲜饭,味道尚可。但是,这种饭的最大特点是"夹生饭",就像吃生米饭,对许多中国人而言,几乎忍无可忍。

我预先对同行者有过告诫,一起去的Z女士,东北人,对海外中餐和西餐几近深恶痛绝,进餐馆后,一见盘里海鲜饭直摇头,立刻让导游到隔壁中餐馆外买汤面了。

西班牙人在牛排和羊排的烤制方面，似乎也处于初级阶段——尽管侍者一个个问大家要烤几分熟，但端上来的，都是11分熟的——外焦内硬，刀都切不动。

至于"塔巴斯"（tapas），是西班牙大部分酒馆和餐厅都提供的下酒菜，盛在小碟里，主要就是西班牙橄榄、醋浸沙丁鱼、西班牙生火腿和一种叫"chorizos"的类似色拉米的生香肠，还有就是像"天妇罗"的炸墨鱼圈等等，选择余地不多。

跑到西班牙，觉得最好吃的就是生火腿。这是用一种专门吃橡实的伊比利亚山地猪腿腌制的，有无数品牌和等级，品质和价格高下达十几倍，最贵的一只火腿要上千欧元。

少数酒店自助早餐，会提供生火腿，但味道平平。

在卡莫那——靠近塞维利亚的一个山区古镇，导游领我们去一家开在山洞里的古老餐馆"cueva"吃饭。

这家餐馆有非常棒的生火腿。

老板从专门的火腿架上，用批刀一片片批下火腿。

导游说，批生火腿也是一门技术活，很难控制厚薄，需要多年实践才能够掌握。

装在盘里的火腿，香味扑鼻，薄如蝉翼、红白相间，煞是好看，但价格不菲，一盘10欧元，约合90元人民币，份量也就是一两左右。

举叉尝之，真是人间美味：细滑软腴，清鲜入骨，以雪莉酒佐之，绝配！

一盘顷刻而尽，马上要老板再切第二盘。

我忽然想到，既然西班牙火腿可以生食，我们的金华火腿其实也可以生食呀。

刚说出想法，太太回我一句："金华火腿太咸！"

郁闷！刚诞生的吃金华火腿绝妙创意，一句话就被扼杀了！

老板用生火腿的皮和骨做了一道汤，放了炸过的面包颗粒，非常鲜美可口。

显然，西班牙火腿也可以像中国火腿一样炖汤的。餐厅的生菜色拉，由紫甘蓝、白煮蛋、番茄、菊苣加橄榄油、苹果醋、盐拌成，味道平平。

这家餐厅又吃到可怕的巨大牛排，一块足足一磅，但依旧是外焦里干，实在难以恭维。

在西班牙，还尝到神往已久的小吃——油条。

多年前看西班牙旅游书籍，就见过介绍西班牙油条的文章。这次在卡莫那住城堡酒店和其他几家酒店，早餐发现油条。

油条长约20公分，做成圈状，可能是机器加工的，因为表面有一道道棱。

这油条简直就是中国油条的克隆，味道略带咸，又脆又香，很好吃。但有的旅游书籍称，西班牙油条要蘸热巧克力吃，我想，除非有另外一种油条，否则用咸油条蘸巧克力，味道一定怪异无比！

导游介绍："马可波罗从中国带给意大利人面条和面饼，变成了意粉和披萨，油条大概是16世纪到中国的西班牙奥斯定会修道士马丁德拉达带回西班牙的。"

导游带我们去巴塞罗那一家著名的海鲜自助餐厅吃饭。

餐厅很大，食物也很丰盛，价格不贵：每人19欧元。

但是，最大的问题是调料太简单：柠檬、苹果醋、盐、塔巴斯科（一种墨西哥辣椒酱）而已。

由于调料欠佳，因此所有海鲜都觉得味道咸而无味。

餐馆里，竟然看到江南最常见的螺丝，白煮的连螺丝尾端都未剪去，没敢尝试——因为我们的炒螺丝，要加葱姜花椒、黄酒酱油大火快炒，这是民间最便宜的下酒菜。但是，谁看到过放在冰块上的白煮螺丝呢？

取食时候，看见又冷又硬的凉拌意粉、橄榄油浸渍的紫萝卜，上面是淡的玉米粒、中间是一种冷的炒饭！想起上海金钱豹自助餐的数百种美味佳肴，对比之下，顿时一点胃口也没有了，大家吃了半饱回家。

导游不无歉意地说，没办法，我们中国人的餐饮和烹调实在太发达、我们的味觉器官实在太挑剔了！

三

回沪后，翻阅朋友馈赠的《终极飨宴——50位世界名厨的最后晚餐》一书，感触良多。

这是一个叫米兰尼·德尼亚的作者，设想了一个前提：假如是最后的晚餐，吃了后去见上帝，你会挑选什么东西吃？她采访了50位全球顶级厨师，都是米其林三星餐馆的主厨。

看后发现，除了少数几个日本厨师，其他都是欧美大厨。

他们的"临终"一餐，几乎都是挑选鹅肝、鱼子酱、松露、奶油、烤鱼、巧克力之类，这些食物都是天然美味，几乎无需下工夫烹调或没有很高烹调技术含量的。

中国人烹调特别讲究刀工火候和调料，离开这3条，中餐也就不成为中餐了。而西餐，许多东西都是拿起来就可以吃的，例如面包夹生火腿奶酪；或者无需烹调手艺的：例如用烤箱烤东西，只要设定温度与时间，就可以完成的。这就是东西方文化包括餐饮的巨大差别。

饮食习惯，其实与文化传统生活习俗甚至味觉基因密切相关。

所以，不能因为我不喜欢西班牙的美食包括海鲜饭，就说西班牙没有美食。主要因为自己不习惯不适应而已。

记得那年接待蒙古国社科院代表团，我们满腔热忱地安排他们天天吃昂贵的海鲜和上海菜，几天后他们实在无法忍受，提出要吃大盘牛羊肉，我们才恍然大悟。

从小养成的餐饮偏好和习惯，伴随一个人的终生。

乡村旅馆与德国农家菜

9月28日下午,我们驱车170公里来到一片绿草如茵的丘陵,数十幢德国风格浓郁的木屋坐落在整洁的公路边和绿树成荫的山坡上。

我们住的贝希特斯加登乡村旅馆是一幢古老的三层木屋,整修保养得十分精致。木阳台上天竺葵艳红,玻璃窗一尘不染,白墙上家族纹章和漂亮图案错落有致。

这家乡村旅馆,就一对老夫妻经营,也是空巢家庭,子女大概都去大城市工作居住了。房价不贵,带自助早餐双人房每人每晚€30。

服务方面,德国人有些地方显得过于节俭,很抠门,床上的被子,宽度只有一米,盖头露脚,几乎不能遮体,带热水淋浴房的卫生间仅2平方米,除了2条旧毛巾外,没有任何漱洗用品,似乎过于简陋。

想起黄永玉先生的名言:"这个问题貌似高深,实际上再浅显不过。比如你到饭馆吃饭,饭菜极好,服务员态度极坏。走,还是吃下去?这就是精神和物质谁战胜谁的问题了。"住这种旅馆,只好入境随俗了。

下午4点,在一楼户外露台上,阳光明媚,微风拂面,厚实的原木长桌,围坐着我们这群饥肠辘辘的驴友。

弗朗茨先生，一位鹤发童颜沉默寡言的慈祥德国老头，已经布置好餐桌，开始上酒，他的盘子里，放着二种德国白葡萄酒和三种德国啤酒。

大家按照自己爱好，各自选择啤酒或白葡萄酒啜饮，弗朗茨先生不断进出，一道道美味陆续端上桌。

葛君事先吩咐罗丝太太，请弗朗茨先生展示他最独特最拿手的"上盐山"乡村风味，让这群中国人开开德国乡村美食眼界。考虑到大家食量有限，请按照中餐习惯上菜：每道菜上2份，大家分而食之，如果意犹未尽，请再来一份。

一场正宗的德国乡村盛宴开始了。西餐习俗先上汤。

状如扬州狮子头的德国肉丸汤，猪肉丁加洋葱胡萝卜，肉丸有网球大小，汤清肉嫩，口感鲜美肥腴。

烤牛肉串配米饭。牛肉片夹着青椒、黄瓜、小番茄、洋葱烤熟再淋上酱汁，米饭上撒一撮莳萝。

炸芝士配土豆饼。摩扎瑞拉奶酪外裹面包粉油炸，土豆煮熟碾成土豆泥加调料做成饼再油炸。

球茎甘蓝加嫩豌豆胡萝卜做成的咖喱炖菜。

生菜色拉，酱汁由巴森米克葡萄酒醋加橄榄油和黑胡椒颗粒配制，风味浓郁。

炸火腿配煎蛋和土豆。

这是一份炸猪排。与众不同的是，猪排里面还夹着芝士和火腿，口感更为厚重丰腴。

炸鸡排配土豆条。

炖紫甘蓝，一种紫色卷心菜，口感酸甜酥软。

红酒牛肉卷配煮土豆。

火腿蛋配鲜蘑菇。

鲜核桃炒蛋，这是一份餐后甜点。

群山环绕，绿荫当头，花香鸟语。大家身披斜阳围坐木桌，边吃边聊。

邬先生轻啜一口白葡萄酒，对着满桌佳肴颇有感慨："今天的盛宴，如果早30年，全部菜每人一份可能还不够。"

"对极！"我接上："插队期间，偶尔吃肉，塞到喉咙口，还觉得没吃够。1977年，离村子60公里外的樟树镇放《瓦尔特保卫萨拉热窝》，我和同伴王君爬拖拉机去看，见镇上饮食店有卖油条豆浆，两人40根油条，不到半小时吃完，旁边的老表看得目瞪口呆！"

"哇！一人20根！"奚老师大为惊讶："没有把胃吃伤？"

"点评一下德国菜，看看中餐与德餐的区别。"邬先生喝了一口冰镇白葡萄酒说道。

葛君："蛮好吃的，但荤菜多，素菜少。"

戎小姐："好像都是油炸的。"

曹总："基本没有鱼虾。"

孙小姐："味道不错，比较肥腻，这几天体重肯定增加。"

朱君皱眉道："德国菜太咸，汤咸得喝不下。"

我："中餐烹调有煎炒炸煮炖烤焖蒸拌十八种方式，今天吃的，好像以油炸为主，还有就是凉拌和炖煮。西餐没有热锅快炒，而且就德国菜而言，食材不够广泛。"我取出一本随身携带的《德国手册》读给大家听："德国人对自己的烹调技术的描绘是'烹调技术在最近几十年达到了很高水平，德国菜已经不再如传统的说法仅为白烩蹄膀加酸菜而已，为食不厌精者开设的饭店逐渐增多，其水平可与法式或意大利式饭店相媲美。'

请注意几个关键词：'最近几十年'、'达到'、'相媲美'，这说明，德国菜在欧洲的地位不高。"

邬先生笑道："今天大家总结归纳得很好。接下来还有一周在德国，21顿饭，西餐还是中餐？"

"还是面包牛奶肉肠水果吧，欧洲的中餐更不敢恭维。"大家一致认为。

慕尼黑啤酒节

这次德国自驾游的第一个节目就是亲临特雷莎草地的慕尼黑啤酒节。

出售纯正德国啤酒和肉肠酸菜土豆泥咸猪手的宝莱纳啤酒馆在啤酒节现场有个容纳千人的大棚，菲律宾演唱组震耳欲聋的歌声中，身着巴伐利亚漂亮裙装女招待举着排列在木板上冒着晶莹白沫的8个巨大啤酒杯穿行于摩肩接踵的啤酒客中，本身就是一道诱人的风景线。

我去过汾阳路、新天地、滨江大道、南码头等所有宝莱纳分店，来一升溢满白色细沫的黑啤，清冽爽口微苦带有一种特殊的麦芽鲜味，就着焦脆的咸猪手和风味独特的酸菜，很棒。但始终感觉好像在青海吃南翔小笼、在南翔吃北京烤鸭，老想到"原产地"试试正宗的，这次在慕尼黑，正巧遇上。

史料记载：1810年10月17日，为了庆祝巴伐利亚王储路德维希和特雷莎公主大婚，国王约瑟夫举行盛大赛马会，以啤酒宴客。跑马草地以新娘名字命名为特雷莎草地。每年九月末十月初，这里都要举行盛大的慕尼黑啤酒节。面积超过2平方公里的特雷莎草地上不仅聚集着数十万身着巴伐利亚民族服饰载歌载舞醉眼陶然的德国民众，还有世界上最棒的啤酒。

在出发前，我们就把参加9月22日至10月7日举行的第180届啤酒节作为自驾游的第一个节目。

酒店离特雷莎草地不远，拐了几个弯，很快就到了。这里实行交通管制，男女警察头戴绿色大盖帽、身着土黄色警服，荷枪实弹，但态度很和蔼。

离啤酒节园区数百米的街道，身着巴伐利亚民族服装的人们如潮水般涌向一个方向。非常热闹嘈杂，游人如织摩肩接踵，晴朗的蓝天白云缭绕，丽日当空，映照着一个个巨大的彩色帐篷，空气中弥漫着麦芽啤酒和烤鸡诱人的芳香。大家有些急不可耐，葛君熟门熟路，把大家带进一个巨大的帐篷。介绍说，这是著名的奥古斯丁大篷，今年这个大篷的入驻酒商是宝莱纳，啤酒储存在传统橡木桶里，慕尼黑人炫耀这才是世界上最好喝的啤酒。

大篷里有 6000 个座位，户外还有 2500 个。

葛君找到服务员，她带领我们走进一个用木栅栏隔断的餐室，安排在 2 张原木长桌前入座。

葛君拿起菜单开始点：一升黑啤 2 大杯，黄啤 9 大杯，咸猪手 4 只、烤鸡 2 只、土豆泥酸菜数份、各种肉肠拼盆、生菜色拉，以及炸芝士、面包、黄油。

4 小时旅途奔波，口干舌燥，啤酒先上先干杯，大家迫不及待开始牛饮。

几大口下肚，邬先生清清嗓子开始介绍德国啤酒："1516 年巴伐利亚公国的<u>威廉四世</u>大公颁布了'德国纯<u>啤酒令</u>'，规定啤酒只能以大麦芽、啤酒花和水三种原料制作，所以德国啤酒已成为五百年来纯正啤酒的代名词。

"1634 年，慕尼黑天主教修道士在巴伐利亚的宝莱圣弗朗西斯修道院酿造啤酒，这就是宝莱纳啤酒的由来。到今天，宝莱纳啤酒的历史已有 378 年，发酵的菌种还是当年传承至今的，与其他啤酒相比，味道明显高出一筹。这大概是台湾人经常说的'古早味'吧。"

大家举杯细啜，果然比国内瓶装啤酒口感更浓郁清冽鲜美。邬先生继续介绍："这几年出现所谓的'清淡型'啤酒，日本人是始作俑者，大量加水降低啤酒浓度，口感寡淡。酒类和饮料，必须保持一定浓度才好喝，如果放2片茶叶泡一杯茶号称清淡型茶，谁会喜欢喝？德国啤酒在上海也越来越受欢迎的原因，就是口感浓郁芳冽，原汁原味。"

有小贩穿行于餐厅，出售鲜嫩艳红的小萝卜，脆甜多汁，曹总买了两盘，吃了咸猪手，正好解油腻。

我切下一片烤咸猪手，入口细嚼，口感平平——肉质太酥烂，缺少咸猪手特有的焦香、而且一点不鲜。

徐小姐也称："味道变掉了，和上海宝莱纳不同。"

其他人尝后亦有同感。

朱君闭目细品，缓缓道来："我估计是猪种问题。这里的咸猪手用德国猪腿制作，上海宝莱纳不可能从德国进口咸猪手，一定用中国的猪腿就地取材，中国人对食材的要求高于欧美，不管是猪或鸡鸭鹅的肉质口感都远高于洋猪洋鸡，因此，在上海的德国咸猪手比在德国的好吃。"

邬先生："我们炖鸡汤，绝对不买AA鸡，一定到活鸡摊买放养草母鸡，也不会买吃鱼粉长大的鸭子，一股腥味，就是这个道理。"

卖肉肠、酸黄瓜和三明治的店铺生意兴隆。

美女"个体户"在大棚内游走吆喝兜售着名的德国咸面包圈pretzel，焦脆硬实，口感很咸，配啤酒一绝。我们买了4个pretzel加2只芝士面包，17欧元。

举着"货郎杆"的德国胖妞，头戴插白羽毛的巴伐利亚礼帽，在大棚里穿行，兜售巴伐利亚礼帽和各种长毛绒玩具。

露天餐桌，高朋满座。

发现一个有趣现象，德国人啤酒是"清喝"的，每人一大杯啤酒，很少吃东西，最多来片面包和水果。中国人喝酒一定要配菜，从未见到过每人面前一杯白酒无菜清喝的。这可能是东西方酒文化的根本性差异吧。

大家吃饱喝足，开始在特雷莎草地闲逛。除了啤酒大棚，到处是出售食物和巴伐利亚工艺品的店铺和嘉年华大型娱乐设施：旋转木马、秋千、高耸如云的升降飞椅，热闹非凡。

逛到太阳西下,晚霞满天,我们心满意足地离开特雷莎草地,我问邓君:"这顿啤酒宴多少钱?"

"307 €。"邓君取出账单,扫一眼回答。

11人平均27.9欧元,合人民币223元,不算贵。

"上海宝莱纳一升啤酒140元,加上咸猪手酸菜土豆泥和肉肠浓汤面包圈,人均消费至少400元。看来,还是来德国宝莱纳合算。"我自言自语,引起一片质疑:"你忘了算飞机票了!"大家哄堂大笑。

回来后上网发现,这次半个月慕尼黑啤酒节包括我们在内的600万酒徒兼饕餮干掉了790万升啤酒,53万只烤鸡,13万根烤香肠,7万个咸猪手和数百头牛。

省钱之道：超市购物与中秋冷餐会

一

现在的社会，流行摆阔。经常有傻乎乎的暴发MMGG在微博QQ上炫耀自己的名牌包袋手表豪车，甚至穿着百元大钞粘贴的裙子扭捏作态的照片，手捧存折炫富，往往会引起围观者们不屑一顾的耻笑。

其实，花钱是不需要学习的，人人可以无师自通。但省钱却是门学问，需要掌握各种相关物价信息进行比对，而且要放得下身段。

这次德国自驾游，"团长"邓君就提出并实施一条严格的旅途节约规定，按照预算消费，不该花的"公款"绝对不乱花。

去过欧美的人都知道，那里最便宜的商品都在超市，德国公路沿线和城市外围有许多大型超市如Real，Kaufland，面积大过足球场，生鲜水果蔬菜、面包黄油香肠火腿调味品、各种饮料酒类加上日常生活用品和服装鞋帽一应俱全，而且均设免费停车场，购物极其便利，我们经常出入超市采购。

Real商品，便宜得令人难以置信，刚摘下的嘎啦苹果，2.3欧元一斤，蜜甜的鲜葡萄3欧元一斤，大面包1欧元一只，一公斤大包装黄油5欧元，摆在超市门口的10公斤包装新鲜土豆，1.9欧元，每斤合人民币0.76元，比上海菜场还要便宜好几倍。

最吸引我的是红酒。超市货架上琳琅满目的红酒，二三欧元一瓶的比比皆是，最贵的也就十几欧元，相比国内动辄数百元起板的进口红酒价格，国内进口商的暴利可想而知。

旅途易渴，首先要买瓶装水。我们在德国南部自驾游，这里毗邻法国莱蒙湖畔盛产矿泉水的依云小镇，超市里1000毫升大瓶依云矿泉水卖1.3欧元，比商店便宜一半。喝依云在国内属于豪华消费，上海的高档餐馆，300毫升一小瓶依云索价七八十元。

我们买了一堆大瓶依云扔进后备箱，途中女士们甚至蘸面巾纸洗脸擦手，非常奢侈地享用在国内贵过橄榄油的依云矿泉水！

其他瓶装水更便宜，1000毫升超市仅售0.9欧元，而商店则至少2.5欧元。

然后就是各种面包、香肠、日本寿司和鲜鸡蛋，回到酒店，我的电热水壶就成了煮鸡蛋香肠的锅子，热的溏心鸡蛋、煮熟的德国肠配面包和三文鱼寿司、鲜蓝莓，再加一瓶红酒，一顿价廉物美的精彩晚餐就有了。

二

在一些城市景点，如慕尼黑市中心玛利亚广场，科隆大教堂，康斯坦斯、海德堡市中心，周围都是商店，旅游购物是女士们的一大乐趣，我们就选定集中地点，讲好活动时间，然后就分散自由活动。遇到午餐时间，大家自理，丰俭由人。

德国人的午餐非常简单，一只夹肉汉堡、一片披萨一杯咖啡或啤酒，几欧元即可打发。我们也如法炮制，在街头随便选家面包店，各人根据偏好，买烤香肠加芥末酱的面包或一大块披萨，就着依云矿泉水，吃得很香。

有时，会略微"奢侈"一点。

德国街头遍布各种熟肉店，火腿香肠肉饼肝酱猪排挂满吊架和货柜。德国的风干火腿像意大利帕尔马火腿一样，是生吃的，切片卖100克也就一二欧元，我选择一种红白相间"看上去很美"的生火腿，买上2两夹进面包,加一撮上海带来的榨菜,咸鲜清香,既能果腹又品尝了地道的德国美味。

晚上在酒店休息,打开一瓶德国红酒,就着超市买的油浸朝鲜蓟和内嵌摩扎瑞拉芝士的橄榄,以及瓶装肝酱,花费仅十几欧元而已。

三

9月30日中秋节。白天,大家畅游博登湖和康斯坦斯,晚上住在瑞士罗尔沙赫小镇的瑞伯斯道克酒店。回酒店路上,邓君建议举行一次中秋自助晚宴,大家一致赞同。车开到Real超市,11个人蜂拥而入,我先选红酒,货架上近百种红酒琳琅满目,与国内相比,价格便宜到令人惊讶的地步,普通的德国产红酒二三欧元一瓶,智利、南非、澳洲进口红酒,也很少超过5欧元,一些意大利法国酒庄酒,最贵的也很少超过20欧元。

买了4瓶红酒,总共12欧元,然后去熟食柜挑选德国肉肠、火腿、肝酱、肉冻、油浸鳟鱼,到蔬果柜台选购鲜葡萄、苹果、草莓、生菜色拉,其他人买了面包、鲜鸡蛋、俄罗斯酸黄瓜、各种奶酪和鲜果汁德国啤酒还有巧克力以及一次性杯盘刀叉,满满一推车的美味,总共花费95欧元!葛君非常得意地问:"德国超市还有什么买不到的?"

"多了多了!鸡毛菜、水芹、塌棵菜、活鲫鱼、二锅头、油面筋、盐金枣、月饼、香瓜子……"大家异口同声回答。葛君语塞,引起一片哄笑。

回到酒店,在面对博登湖的长廊,摆上3只小桌拼成一体,大家开始忙活。

郐先生开红酒,倒入11只一次性纸杯,"醒酒"20分钟。徐小姐用电热水壶煮鸡蛋,葛君则用我那把镶银的鹿角柄水果刀把肉肠火腿熏鲑鱼酸黄瓜开封开瓶,装入盘碟,孙小姐忙着剖开面包涂上果酱和肝酱、戎小姐非常仔细地洗葡萄草莓蓝莓,我取出上海带来的瓶装酸辣菜,拌入德国生菜沙拉,两大盘色拉鲜香麻辣,口感顿时升级换代,朱君取出从上海带来的铁盒莲蓉双黄月饼，切成小块，须臾，满桌的色彩纷呈中西合璧的佳肴美味摆好了，这次德国的中秋冷餐会完美无缺！深蓝的夜空，皓月如银盘，远处的博登湖暮霭笼罩、灯火明灭，景色美得令人陶醉。

邓君盯着碧空高悬的明月出神："前年在西湖过中秋，同样是湖畔赏月，都是一模一样的一轮银盘，显然，胡适的话不准确，外国的月亮没有比中国的更圆！"

全场热烈鼓掌，为邓君的高论干杯！

粗如大腿的血肠

去德国，如果没有品尝过香肠，就像到了中国没吃过红烧肉一样。

德国是香肠王国，据称有一千五百种之多，在德国每个城市村镇，都有按照传统秘方手工制作的不同口感、外形、琳琅满目的特色香肠。

香肠的历史与腌肉一样古老，远古时代，先民在夏天无法储存鲜肉，就用风干、盐腌或烟熏来延长肉类保存时间，于是就产生了火腿、培根、熏肉、咸肉和香肠，一直延续至今，依然是各民族的美食，但只有在德国，香肠是德国人天天吃的主食。

香肠的外皮是用猪肠或羊肠做成肠衣，然后灌入猪肉、牛肉、鸡肉、羊肉、兔肉碎肉末，还有就是用动物血做成的血肠。

德国人将香肠分为三类：腊肠（bratwurst）是稍微烟熏并氽烫过的新鲜香肠，买回后需要烹煮；

腊肠式的生香肠（rohwurst）经过风干及烟熏处理；

熟香肠（kochwurs）是以生鲜材料用盐水腌渍或烟熏做成煮熟的香肠，用来撒在料理上或切片冷食。

英国人会在香肠中加入一定份量的谷类，在中国西南部，甚至有全部用糯米制作的"糯米肠"，但在德国，禁止在香肠里添加谷类。

我们这次德国自驾游10天，吃了29顿德国餐，几乎顿顿有德国肠。旅馆的自助早餐，通常会提供三四种肠，有水煮的也有烟熏的、有肉肠也有血肠，我每次试味都有新的发现，那天住在贝希斯加登的"上盐山"山村旅馆，看到足有5厘米直径的一种粗大的切片香肠。

葛君请教老板娘，才知道这是非常有名的德国乡村熏肠，她家的祖传手艺，历史超过200年，在大城市很难吃到，这种熏肠，外面的肠衣是黑色的，里面是粗切的猪肉颗粒加胡椒洋葱，是老板娘在自己的乡间小屋手工制作，其中一道重要工序，是把肠吊在自家烧木柴炉灶的烟囱上熏制多日。

乡村熏肠的烟熏味道非常浓郁，带有淡淡的洋葱香和肉香，微辣，十分耐嚼，这可是只有在德国乡下才能够品尝到的真正美味。吃两片熏肠再吃一口德国酸卷心菜，又解油腻又增进食欲，绝配。

在各城市游览，午餐自助，通常也就是一个夹肉肠的面包。街头随处可见卖烤肠的摊点。德国人做事非常严谨，面包是冷的，摊主在一个铺着铁架的烤炉上烤水煮肉肠，一直烤到肉肠滴出油，焦香四溢，闻之垂涎欲滴，他才把一个硬皮咸面包切开，再夹入热气腾腾的烤肠。旁边有大罐番茄酱、芥末酱、蛋黄酱免费随意涂抹，一大口香肠面包入口，那叫过瘾！价格仅1.7欧元。

巴伐利亚白肠（Weisswurst）是巴伐利亚一种传统生香肠。由剁碎的小牛肉和烟猪肉制作，调味料有香芹、肉豆蔻、小豆蔻、葱、姜、柠檬和洋葱，长约10厘米直径3厘米。

白肠在沸水中氽烫十分钟即熟，通常蘸芥末酱和硬面包、啤酒同食，吃时用餐刀剥去肠衣。

在林茨，我们有幸吃过一顿"肉肠大餐"。在这家餐馆，除了各种水煮肉肠，漂亮的老板娘还奉上一种粗如大腿的血肠，切成厚片，闻之烟熏味浓郁，这种血肠，显然与国内川黔一带以猪血加糯米粉蒸熟的血肠不同。德国血肠里面有肝糜、碎肉，味略咸，稍带微酸，口感浓郁鲜美。

这次来德国，大家都总体感觉，肉食为主的饮食结构卡路里实在太高。十天下来，我的体重整整增加了10斤，皮带也松了2个扣，回沪后整整茹素半月，每天步行4公里上班，才把赘肉消耗掉。

特里贝格镇的黑森林蛋糕

　　国庆之夜是在瑞士边境小镇罗尔沙赫度过的。10月2日准备去密林深处的布谷鸟钟原产地和黑森林蛋糕的发源地特里贝格镇，品尝正宗的黑森林蛋糕。

　　7点起床，8点半出发，一小时后，车队驶入著名的阿尔卑斯黑森林山区。

　　黑森林（Schwarzwald）是德国最大的森林山脉，又称条顿森林，位于德国西南部的巴登-符腾堡州，在南北长160公里东西长60公里连绵起伏的山区内，两旁是漫山遍野笔直参天的冷杉，细密的针叶重重叠叠，透着油绿和亮色的黑，车行黑森林中，仿佛开进了森林隧道，浓荫蔽日，头顶仅露一线天，酷似密密匝匝遮天蔽日的绿色长廊，一眼望去仿佛被笼罩在一片暗绿色之中。

　　因为"暗无天日"，来往的车辆都开着大灯，梅花鹿们在两旁密林里探头探脑地窥视。

　　整个黑森林区，融合了松针树脂和泥土枯草芳香的清新空气仿佛仙境，一路上，美景尽收眼底。同时，贪婪地深呼吸，心旷神怡。

　　中午时分，车队开到隐藏在黑森林深处的特里贝格古镇，停车场下车步行。这里是德国布谷鸟钟制造中心，小镇上一两公里长街古宅林立，沿街都是纪念品店，鳞比栉次的钟店用巨大的布谷鸟钟装饰，每隔一刻钟，音乐节奏的钟声此起彼伏，在古镇回荡。可爱的卡通造型，随着音乐载歌载舞，我们仿佛走进格林的童话世界。

兜了一圈商店，女士们看到琳琅满目鸟鸣悠扬的咕咕钟，跃跃欲试，在德国工作居住六年的葛君提醒："布谷鸟钟专卖店在镇外面2公里处，价格便宜得多，现在不要急于掏钱，先吃蛋糕。"

他带我们进入这家倚斜坡而建、1605年开业（相当于明朝万历33年）、迄今有400多年历史的古老餐馆："这里的黑森林蛋糕超赞，吃过这里的黑森林蛋糕，就会知道上海所有的黑森林蛋糕都不太正宗。"

走进餐馆，仿佛走进中世纪谷仓，屋顶低矮，木墙廊柱烟熏火燎，窗户窄小，白天还需点亮古老的铸铁吊灯，但食客盈门。

入座后，大家垂涎欲滴地等候正宗黑森林蛋糕。

终于出现了。非常漂亮的夹层蛋糕，静静躺在瓷盘里。

葛君介绍："几乎所有人都认为黑森林蛋糕就是巧克力蛋糕，显然大错特错。特里贝格盛产樱桃和樱桃酒，是黑森林蛋糕的发源地。每当<u>樱桃</u>丰收时，农妇们除了将过剩的樱桃制成果酱外，在做蛋糕时，也会将樱桃一颗颗塞在蛋糕的夹层里，或是作为装饰点缀在蛋糕的表面。而在打制蛋糕的鲜<u>奶油</u>时，更会加入大量樱桃汁。制作蛋糕坯时，面糊中也加入樱桃汁和樱桃酒。这种以樱桃与鲜奶油为主的蛋糕后来从黑森林传到全世界。黑森林蛋糕是受德国法律保护的甜点之一，它融合了樱桃的酸、奶油的甜、<u>樱桃酒</u>的醇香。

"<u>黑森林蛋糕</u>在上个世纪三十年代开始闻名，今天已经成为德国最受欢迎的甜点，美名已传遍全世界。在欧洲许多地区，不论是星级酒店，还是普通餐馆，黑森林蛋糕总能出现在菜单上。最高档的黑森林蛋糕，一定要用黑森林产的樱桃、樱桃汁和樱桃酒。

"德国国家糕点管理办法规定，黑森林蛋糕是**樱桃酒奶油蛋糕**，蛋糕馅是奶油、樱桃酱和樱桃酒，樱桃酒的量必须能够明显品尝得出酒味，才叫黑森林蛋糕。

"大部分糕点师在制作黑森林时，会用不少巧克力。蛋糕表面的黑色巧克力碎屑让人联想起美丽的黑森林，于是很多人认为的黑森林因此得名。其实黑森林蛋糕真正的主角，是那鲜美丰富的樱桃。以前德国曾出现消费者因某家黑森林蛋糕的樱桃含量太少而提出控告的案例。德国政府因此作出了相关规定，黑森林蛋糕的鲜奶油部分中，至少得含有80克的樱桃汁。

"请大家看一下这块蛋糕，底层是夹了樱桃酱的蛋糕、第二层是用樱桃酒加面粉调制的蛋糕、第三层是樱桃酱、顶层是撒了巧克力碎末的裱花奶油。"

用调羹舀一块入口，浓郁醇香的果酒味加丰腴的奶油口感和樱桃酱的酸甜，一种从未体验过的美食感受，好吃得无与伦比。

黑森林蛋糕分量十足，比上海咖啡馆红茶坊体态袖珍娇小玲珑的奶油蛋糕大一倍。邓君非常细心，人均一份肯定撑饱，点6份，大家分而食之，再点2个披萨和每人一杯啤酒。

这顿正宗黑森林蛋糕盛宴我们十一个人仅花65欧元。

异域火车便当

一

到埃及旅游，卢克索是一定要去的。因为那里不仅有著名的卡纳克神庙，而且是距离帝王谷最近的城市，那里有图坦卡蒙、拉美西斯等64位帝王陵墓。

从开罗到卢克索671公里，我们选择坐火车。

这是一列上世纪三十年代的英国客车，已经开了80年，堪称古董，老得车厢内黄铜把手都有一层透亮的包浆，慢吞吞地行进在尼罗河边，火车晚上8点从开罗出发，翌日清早5点到达卢克索。

包厢两人一间仅2-3平方，我和儿子在墙边的沙发上坐下后，一位黑胖的埃及侍者笑眯眯地进来送餐，从墙角拿出两块木板，嵌进墙边的凹陷内，立刻变成餐桌。然后端上埃及风味的火车便当，炸土豆片、鸡肉、埃及面饼、蔬菜、黄油以及一盆椰枣，相当丰盛，浓郁的埃及风味。

侍者会英语，儿子拿出一包榨菜送给他，用英语告诉他，这是一种中国沙拉，很好吃。

用过晚饭，那位侍者进来，将沙发靠背往前拉，上下铺的两张软床就神奇地变了出来。原来，卧铺是折叠着放在墙上的。床头还有行李架和挂衣处。

清晨5点，朝阳在地平线露面，尼罗河和沙丘披上一层金色光芒，侍者轻轻敲门，先帮我们收起卧铺，然后送来早餐，有吐司、奶酪、黄油、橄榄油和果酱。他对儿子说，昨天的沙拉，他与同事分享，交口称赞，实在太好吃了，他们从未吃过这种中国沙拉。能再送他一包吗？回去让全家共享中国美味。儿子立刻拿2包送他，他鞠躬示谢。

吃完早餐，列车驶进卢克索火车站，那位侍者站在车厢门口与我们握手告别，再一次感谢我们送他的中国沙拉。

二

瑞士"冰川列车"是世界十大顶级豪华列车之一，时速仅30公里，全程300公里，约7.5—10小时车程。

我们网上预订了冰川列车，包括车上午餐，一等座票价约为人民币1,700元。

鲜红色的车顶安装弧形全景360°观景大窗的列车从瑞士东南部圣莫里兹出发，最终抵达"冰川之城"采尔马特，高耸的雪山、湛蓝的湖泊，大片的田园风光，都尽收眼底。

冰川列车上品尝瑞士列车便当，是一次印象深刻的美食之旅。

中午时分，服务员拿来菜单，都是国内吃不到的美味；**Bündnerfleisch 风干牛肉**：一种加多种香料腌制的风干牛肉；**巴塞尔浓汤**：在瑞士巴塞尔狂欢节期间，人们一定会饕餮这种由烘烤成棕色的面粉、洋葱、黄油还有肉汤做成的汤；**伯尔尼拼盘**：由烤香肠、牛舌、羊肩做的拼盘；**波伦塔**：瑞士特有的炸玉米条；**拉科雷特干酪**：瑞士除著名的<u>奶酪火锅</u>之外最为有名的传统美食，与<u>奶酪火锅</u>并称瑞士"国菜"。**奶酪火锅**：瑞士传统饮食之一，与中国火锅最大区别是：我们的火锅汤汁是水，他们是融化的奶酪，我们的火锅食材包罗万象，他们只用面包蘸食浓稠的液体状奶酪。这种火锅在瑞士吃过一次，太肥腻，两小块手指面包条就饱了。**芝士通心粉**：用土豆、通心粉、奶酪、奶油和洋葱配上炖苹果一起烤制。**Capuns 菜卷**：用一种甜菜叶包裹奶油面团以及肉丁或香肠丁制成的菜卷。

苦艾酒：这是瑞士特产，主要原料是茴芹、茴香及苦艾草，酒液呈绿色，酒精度45度，加入冰水时呈乳白色，这就是苦艾酒有名的悬乳状状态。

按照我们旅游品尝美食的惯例，各种佳肴都点一份，除了瑞士火锅，我们点了Bündnerfleisch风干牛肉、巴塞尔浓汤、伯尔尼拼盘波伦塔拉科雷特干酪、芝士通心粉、Capuns菜卷，6个人点6种大家分食。

我点了一杯苦艾酒。用苦艾酒佐丰腴的瑞士美味餐，口感清淡而略带苦味，实在是绝配。

一面饱览冰川美景，同时细品瑞士美味，这顿冰川列车便当，实在精彩。

清淡的朝鲜

一

大部分中国人对朝鲜的印象是以讹传讹的：朝鲜人每天半斤大米，食不果腹，只有军人才能吃饱，人民个个面黄肌瘦，衣衫褴褛云云。

但这不是真的。只有到了朝鲜，才能真正了解彼国人民的真实生活，同时可借机品尝他们的餐饮。

上周，我们在延吉办妥朝鲜罗津二日游的手续，从图们口岸出发，踏上神秘的朝鲜土地。

赴朝二日游，一夜住宿，四顿标准朝鲜饭菜，5个景点加上4次购物，全部收费仅人民币840元，很便宜。

到罗津的一家国营涉外饭店午餐已经下午3点半，大家早已饥肠辘辘。

长条桌上摆着七八个大盘子菜，一大盆晶莹剔透的大米饭。

生菜色拉：鲜脆欲滴的嫩黄瓜、艳红的西红柿片、碧绿的生菜、翠绿的青椒和嫩白的洋葱，蘸朝鲜大酱而食，极为清甜爽口。

"由于朝鲜经济困难，集体农场买不起化肥农药，农民至今还用木犁牛车耕作运输，加上没有工业，这里的蔬菜粮食绝对无任何污染和添加剂——用农药和添加剂画蛇添足反而增加成本————只有在这里，才能品尝到绝对真实的绿色食品！"

我这么一解释，全桌游客顿时筷如雨点，一大盆生菜顷刻而尽。

土豆炖茄子：这里的土豆非常"粉"，茄子软糯，似乎天作之合，十分下饭。

洋葱烧乌贼：罗津是日本海沿岸深水港，海水清澈见底，周边没有任何污染源，盛产螃蟹、海参、鲍鱼、鱿鱼、海胆和各种鱼类，这道菜，鲜乌贼切成圈状，与洋葱红烧，洋葱脆爽，乌贼Q劲十足，口感甚佳；

红烧明太鱼：明太鱼的学名叫"狭鳕鱼"，生活在朝鲜半岛东海岸、鄂霍次克海、白令海、北太平洋等地区，属冷水性鱼类，此鱼高蛋白低脂肪，味道清爽。鱼长约10公分，满肚鱼子，红烧的明太鱼，鱼肉鲜甜，鱼子硬实，很有嚼头。

白菜炒肉片：这里的猪吃不起也吃不到工厂生产的人造饲料，都是"吃糠咽菜"长大的，猪肉带有久违的特殊清香。

生白菜心拌肉丝，这道菜国内未尝过，肉丝经过酱爆，白菜心切成细丝，拌而食之，清香丰腴，也极下饭；

清炒土鸡蛋：色泽金黄、蛋香浓郁。

朝鲜大酱汤，与日本"米索"相近。

不到20分钟，桌上盘底个个朝天，大家都感到十分满足。

两位朝鲜导游，与我们吃同样的饭菜，显然这顿饭不是专门为中国人准备的。

这家"涉外"餐馆，普通朝鲜人是不能进来的。店里的酒柜，一多半是中国酒和饮料。

二

下午四点，到罗津剧院观赏朝鲜小朋友歌舞表演。

全部"红歌"。小朋友在载歌载舞表演朝鲜革命歌曲的同时，非常娴熟地用中文唱"东方红"、"浏阳河"、"没有共产党就没有新中国"，声情并茂，绝对不亚于重庆的红歌表演。

演出结束,我们拿出事先准备的铅笔、笔记本、糖果,送给小朋友,小朋友个个彬彬有礼,未见他们争抢——出境前,延吉朋友提醒:准备一些一元硬币,遇到朝鲜饥肠辘辘的儿童抱着你的大腿乞讨,每人给一元,我换了40元硬币,沉甸甸装了一裤袋,结果一个硬币也没发出去。

然后去购物。朝方导游提醒:在罗津国营旅行社二楼,有海鲜供应,大家可买一些,到饭店请厨师加工,但禁止我们直接到罗津菜市场去。

朝鲜没有个体户,旅行社二楼的海鲜摊,只有2米长,二个营业员。

一看东西,再一问价格,我们真的非常惊讶:用透明塑料袋海水灌装的8厘米长活海参,6元(人民币,下同)一条;网球大小的活鲍鱼,6元一个;外形像日本帝王蟹的红色大海蟹,每只近2斤重,15元一只,还有明太鱼、鲜淡菜等等。

我买了2只海蟹,3个鲍鱼3条海参,一共66元。然后进另一家饭店,朝方导游把各人买的海鲜交给厨师,大家就坐,开始吃菜。晚餐的菜肴同样很丰富,我买了2瓶"平壤"啤酒,20元一瓶。他们的啤酒,还是660毫升一瓶,我们的啤酒瓶早已偷工减料逐年变小,现在超市卖的啤酒,只有500毫升了。

很快,海鲜上桌。

海参是生食的。厨师把海参切碎,附带一碟加芥末的酱油,蘸食。

活海参从未吃过。举筷尝之,略带咸味但一点不腥,鲜脆如黄泥螺,非常爽口;

橘红色的鲍鱼用盐水煮熟,口感犹如蟹黄,嚼劲十足,异常鲜美;

大海蟹也是用盐水煮熟,蟹肉雪白厚实微咸,无须用姜醋,与吃大闸蟹相比又是一种风味。

我们3人,这点海鲜已经吃饱,餐毕,朝方导游来收加工费,仅20元。

算算价格,如果在上海吃,至少10倍。

三

第二天早晨 7 点，在旅馆的餐厅吃早饭。

服务员先端上一种藿香茶，有浓郁药味，但据说清火解毒消暑，是朝鲜人夏天必备饮料。

大米粥，浓稠清香，白面馒头，又大又暄；米饭，热气腾腾；

朝鲜辣酱凉拌黄豆芽，黄豆芽非常纤细，显然是用清水所发，我们菜场卖的豆芽，看起来又白又胖，却是用化肥和添加剂催生的，一吃就能区别；

面拖橡皮鱼，橡皮鱼用盐暴腌过，微咸，很下饭；

朝鲜咸蛋，与高邮咸蛋一样；

朝鲜泡菜，酸辣爽口；

土豆炒茄子；

明太鱼汤，这是用腌制的明太鱼炖的汤，汤清鱼鲜。

这就是我们在朝鲜颇有异国风味的三餐。

可能有人会疑问，这大概是朝鲜人专门为外国人准备的好东西，他们人民还是糠菜半年粮？

我看未必。

那天中午在琵琶岛观光，我见海堤外一艘渔船上几个朝鲜渔民在船头午餐，一盘朝鲜泡菜，一盘红烧鱼，一盘土豆炖茄子，旁边是一大锅米饭，显然，他们的果腹是没有问题的。

在罗津街头，清晨，会摆出一个个小摊，卖朝鲜打糕、中国康师傅面和娃哈哈饮料，还有冷饮摊在卖他们自产的雪糕冰激凌。

朝鲜人吃肉不多，在朝鲜食谱里，找不到红烧肉、走油蹄膀之类的菜，他们主要的饮食是蔬菜豆制品和鱼类，这与日本人差不多。

现在，朝鲜正开始逐步对外开放，到朝鲜作二日游，尝尝他们绿色的原生态食物和价廉物美的海鲜，840 元而已，非常合算。

传世家肴大赏：鸡汤四鳃鲈

小时候，吃过母亲做的松江名菜"鸡汤四鳃鲈"，迄今记忆犹新。

松江秀野桥下四鳃鲈，历朝贡品，江南第一名鱼，古代文人多有吟咏：

葛洪："松江出好鲈鱼，味异他处"；

范成大："细捣枨虀卖脍鱼，西风吹上四腮鲈。雪松酥腻千丝缕，除却松江到处无。"

郑板桥："买得鲈鱼四片腮，莼羹点豉一尊开。近来张翰无心出，不待秋风始却回。"

《本草纲目》："松江四鳃鲈，补五脏，益筋骨，和肠胃，益肝肾，治水气，安胎补中，多食宜人。"

四鳃鲈个头很小，10厘米长短，形象怪异，是一种洄游鱼类。

四鳃鲈从东海洄游到松江后，先在松江城西秀野桥下集结，再分赴大小河道，50年代秋汛期四鳃鲈捕获量可达万斤，后因日益严重的水源污染，断送了四鳃鲈的生存环境，70年代以后基本绝迹。

1972年尼克松访沪，周恩来总理亲拟菜单中就有松江四鳃鲈，上海专门派人到秀野桥下捕捉但"颗粒无收"，后来在黄浦江上游的米市渡岸边，找到数十条，尼克松尝后赞口不绝。

十四年后的1986年英国伊丽莎白女王来沪，点名要品尝四鳃鲈，她说不出鱼名，就说要吃尼克松鱼。市政府派大批艘渔船捕捞，结果一无所获，女王只能抱憾而去。

当年，四鳃鲈却是家常菜。九十高龄的母亲会偶尔提及："四鳃鲈不能红烧，火腿鸡汤炖好烧开，杀好洗净放进去汆一下就吃，伊歇辰光呒啥稀奇，屋里厢经常吃的。"

确实如此，五六十年前，松江渔民捉到四鳃鲈，常拿来上海卖。

四鳃鲈在湿砻糠里可存活数日，秋末初冬，渔民用箩筐装湿砻糠，里面放数十条四鳃鲈，凌晨乘火车来沪，然后挑担"送货上门"，卖给熟识的老吃客。

每当星期天早上渔民送来四鳃鲈，母亲就忙开了。

先用脚盆放清水养四鳃鲈，杀一只鸡，切一块火腿清炖数小时。

火腿鸡汤炖好，捞出食材，留清鸡汤。

晚饭前活杀四鳃鲈，去掉内脏鱼鳃，洗净。

鸡汤烧滚，把四鳃鲈整条放入，汆五六分钟即可起锅大快朵颐矣。

通常，还要配一些家常菜：荠菜冬笋肉片、栗子黑木耳炖鸡、塌棵菜炒百叶、芹菜拌蛋皮，一顿丰盛的晚餐就齐了。

四鳃鲈肉似蒜瓣，鲜嫩肥腴，味醇无腥，加上火腿鸡汤的浓郁鲜香，十分美味。

四鳃鲈绝迹多年后，上海有一家注册于复旦科技园的"四鳃鲈水产科技发展有限公司"，专业从事松江四鳃鲈鱼资源保护和开发利用，。经过20多年研究开发，终于在松江青浦建立养殖基地，使四鳃鲈重上餐桌。

去年某日，我在铜川路水产市场的玻璃鱼缸里见到巴掌大的活四鳃鲈，就问老板："四鳃鲈几钿一斤？"

老板非常惊讶："先生，没有人晓得这是四鳃鲈，侬是识货朋友。四鳃鲈论条卖，90块一条。"

我吓了一跳，这么贵？回家炖汤，还要找到真的识货朋友，否则明珠暗投了。

但不管怎么说，四鳃鲈现在可以买到了。

饸饹、糊辣汤、槐花饭、洋芋擦擦、靠栳栳

旅游的一个重要目的不可或缺的组成部分，就是到当地品尝特色风味，前提是：不能有偏食或挑食癖，要走一路吃一路，遍尝天下风味，这才不辜负旅游的风尘仆仆和饥肠辘辘。

记得二十年前与同事周君去西安，这老兄偏食到不可救药的地步，除了他家的宁波菜，什么都不吃。

到西安后，几乎清一色以牛羊肉为主大西北风味，羊肉泡馍、饸饹、各种面食，周君见之一脸苦相，闻到满街飘香的孜然味羊肉味就想呕，结果度日如年在酒店靠泡面充饥，后来总算找到一家"江南饭店"，天天打的去吃黄芽菜烂糊肉丝，人都瘦了一圈，回沪后发誓不再去西安。

窃以为，旅游要带上好胃口，好奇心，每到一处，找当地最富特色的风味品尝一番，这才对得起自己的胃口。如果背囊里塞满压缩饼干熟泡面，旅游纯粹成精神享受了。应该精神与物质双丰收才对。

这次秦晋游，原本就打定主意，争取吃到那里最"土"的美食。

因为这几年市场经济，南方大城市也出现不少西北风味餐馆，岐山臊子面、羊肉泡馍、烤羊腿已为南方人熟识，好不容易走一趟秦晋，一定要吃到那里最富特色的地方美食。承导游悉心安排，我们一路从西安

到黄陵延安，从壶口到临汾太原，如愿以偿。

5月8日，西安。

天刚亮，我就起床逛街了。

在酒店附近，有条街叫"洒金桥"，是回民聚居区。这条街历史悠久，形成的雏形始于隋唐长安城的规划建设，该街大部分位于唐皇城内和宫城内，基本与当时含光街吻合，街两侧排列有作监、右骁卫、司农寺等中央行政机构——简直就是当年的中南海！明朝以后，这里成为回民生活区域。

一条1300年的老街！古风盎然。

清晨，路边小吃摊就已经热气腾腾，见有挂着"饦饦馍、糊辣汤"的，眼睛一亮，遂坐下要老板各来一份。

饦，是个古字，回沪后考据该字，辞海上竟然没有解释。

翻了康熙字典，才找到：饦【广韵】他各切【集韵】闼各切，音托。【玉篇】餺饦，饼属。【扬子方言】饼谓之饦。【齐民要术】麦，堪作饼饦。

细看饦饦，颇合古意，显然是一种未经发酵的面饼，与康熙字典解释相同。这种面点，至少原汁原味地从唐朝保持到今天吧，也是文物级别的地方名吃了。

饦饦旁边的那碗是"糊辣汤"——西安著名小吃。在西安，早上穿行在小巷，随处可以闻到大锅散发出糊辣汤特殊的香味。

熬糊辣汤是西安回民的绝活，必定要用好的牛肉汤。

糊辣汤里面的菜很杂，几乎每一家卖糊辣汤的菜都各不相同，但白菜，土豆，豆角必不可少。

糊辣汤的另一个主角便是馍了。正宗的糊辣汤应该用半发面烙的大饼，吃时切开，论角卖，叫饦饦。这种馍不会似发面馍那般泡一会便松散，没有了馍味；也不会似死面馍这样不吃汤，让人仍感觉汤是汤，馍是馍。好的馍应该在掰完扔入碗中捞起时吃感觉馍就如菜一样，已经是汤的一部分。

我按照老板的指点，把饦饦撕成一块块，浸入汤内。

糊辣汤微辣带酸，汤汁浓稠，有点像南方的羹，里面有炖烂的牛肉块、洋芋、白菜和豆角，非常鲜浓可口，饦饦经汤汁浸泡变软，但咬劲仍在，好吃。而且价格便宜到不可思议的地步：饦饦5角，糊辣汤一块五！

为了饦饦和糊辣汤，我放弃了酒店人均50元的自助早餐！

在西安德发长饺子馆品尝饺子宴时，我特意要服务员上神往已久的桂花稠酒——因为西安在许多餐馆，都没有供应。

这是一种最古老的酒，据说，稠酒在夏朝就已经作为皇室用酒了。

人类历史上，最早的酒都是低度酿制酒，中国到元朝后期、欧洲到16世纪，才出现蒸馏酒，蒸馏酒都是烈酒。

桂花稠酒是用糯米加入桂花酿制，非常浓稠，完全不像酒，有点像酸奶。桂花香浓郁，口感微酸带甜，酒精含量不超过10度，有点酒量的，喝上几大碗应该没有问题。

一路上，槐树枝头繁花绽放，洁白如雪。导游铁柱告诉我们，槐花可以做一道美食，槐花饭，但现在已经很少有人做了，因为工序太复杂。

我不禁心驰神往。

非常巧，到黄帝陵参观后，在"槐花饭庄"用餐。

我问服务员，有槐花饭吗？答曰，来的正巧，有的。随即就上了槐花饭。

导游铁柱介绍道："爬上槐树，从树枝上一朵朵摘下槐花瓣，放清水里浸泡片刻，洗净后捞出，晾上一会，放入盆里，倒入面粉，慢慢地搅拌拌匀，使每个花朵都粘上薄薄的一层面粉。随后，在笼屉放一块纱布，再把槐花倒入，均匀地摊开，用筷子扎几个出气孔，大火蒸10分钟，把出笼的槐花放在盆里，搅拌散开，待凉之后，即可吃了。可配小咸菜以及酱汤。"

槐花饭素洁淡雅，举筷品尝，细腻润口，一股特殊的清香，实乃平生未尝之美食也！

席间，服务员上了一道菜，我问菜名，服务员一口陕北方言"caoyanyuqiaqia",听不懂,她写在纸上,才明白叫"炒洋芋擦擦"。又是闻所未闻的西北特色。

导游铁柱说,洋芋擦擦是陕北传统饭食之一,又名"洋芋不拉"、"洋芋库勒",加工时将土豆用擦子擦成寸长的薄片,拌入花椒、葱丝、姜粉、盐末等,同面粉搅匀,上笼蒸熟。食用时,盛入大碗,调入蒜泥、辣面、酱、醋、葱油或香油。若用炒锅快火炒出,其味更佳。

我们这次品尝的,就是炒的洋芋擦擦。土豆经过这样加工,既保留了土豆的软糯,又增加了面粉的咬劲——台湾人把这叫 Q,再加上众多调味品的鲜辣香浓,大家筷如雨点,顷刻而尽。

跑到山西,在榆次的常家庄园,看到小饭店门口牌子上有"靠栳栳"的菜名,十分好奇。

到了太原,晚餐时要求服务员上"靠栳栳",并请解释词义。

服务员笑道:"靠栳栳"是山西面食,用莜麦制作。其做法是将莜麦磨成面后进行手工推卷后蒸,通常五分钟出笼,蘸上番茄蛋、炸酱汁或小炒羊肉,美味各有千秋。莜面有个特点就是耐消化,吃了一碗就一整天都不觉得饿了。"

至于为什么把莜麦面卷叫靠栳栳,服务员也茫然无以对了。

这次上的"靠栳栳"是升级换代版——油炸土豆片加经过热锅快炒的莜面卷,味道非常奇特。

我们这次去的团友,个个食欲奇佳且无偏食癖,5天下来,大家对菜单上的生猛海鲜不屑一顾,找的就是当地风味。

豆腐穿越

这几年,"穿越"已经成为当代人返回古代社会闹出各种稀奇古怪事件的架空、玄幻、异界小说影视剧的代名词。

其实,穿越的语词本义远不局限于此,在街头拥挤人群中疾行是闹市穿越、出差旅游是地域穿越,侦察兵潜行封锁线是战斗穿越,西菜中食、素菜荤名、川菜粤烹、异地尝新属于味觉穿越。

我爱好旅游美食烹调,每"地域穿越"到一处,都会走街串巷,在餐馆排挡寻找美食,异地尝新,偷师学艺。

以主编古典名著《淮南子》著称的汉高祖刘邦之孙淮南王刘安,可能也是个美食家。公元前164年,他在淮南八公山上炼丹时,无意中以石膏点豆浆,从而发明了豆腐。2100多年来,豆腐不仅成为中国人最喜爱的食材,也成为全世界各国都随处可见的绿色食物。

作为一种基本食材,在工艺上,以豆腐为基本材料可加工出无数衍生产品,统称豆制品:豆腐干、百叶(千张)、豆腐衣(腐竹)、油豆腐、臭豆腐、乳腐(霉豆腐)、霉千张、冰豆腐、豆腐花、豆腐脑……

从食材角度看,遍布华夏各地的豆腐是"百搭",几乎可以与任何荤素食材天衣无缝地融合"穿越",成为一款款别具特色的美味:

香椿咸蛋黄拌豆腐、家常豆腐、雪菜冬笋豆腐、荠菜豆腐羹、青菜豆腐汤、菠菜豆腐汤、麻婆豆腐、香菇肉片老豆腐、鱼头豆腐煲、鸡茸豆腐、肉糜豆腐饼、鲫鱼豆腐汤、文蛤豆腐羹、泥鳅炖豆腐、香炸臭豆腐、清蒸臭豆腐……

09年到四川乐山，瞻仰乐山大佛之余，朋友介绍嘉陵江对岸有家著名的西坝豆腐店，供应全豆腐宴。

我在西安吃过饺子宴、在苏州藏书镇吃过全羊宴、在阳澄湖镇尝过全蟹宴，但全豆腐宴久闻其名却未曾领教。

进餐馆，老板娘介绍，这里的豆腐手工制作，用盐卤点豆浆，加上附近水井的水矿物质含量丰富，因此西坝豆腐白嫩细腻，属乐山名产。与大城市流水线用葡萄糖酸钙点卤的豆腐风味迥异。她家每道菜都以豆腐为主角，辅以高汤和各种荤素搭配，名闻遐迩。我们请她配一桌豆腐宴，未几，满桌佳肴就出现了：

芙蓉豆腐（豆腐炖黑木耳）、银丝豆腐（豆腐切成细丝，内裹肉丸，高汤汆成）、砂锅豆腐（嫩豆腐配肉片冬笋炖煮）、水煮豆腐（豆腐与嘉陵江名鱼"江团"熬的汤和鱼片同煮）、三鲜豆腐（豆腐与虾仁、鱼片同炒）、金沙豆腐（豆腐剁成碎末与鸡蛋同炒）、熊掌豆腐（豆腐切厚片，煎黄后与肉片红烧）、豆腐春卷（豆腐切薄片如春卷皮，内裹肉馅油炸）、雪花豆腐（豆腐切成圆球，油炸拌白糖，这是道甜点），等等，一桌豆腐宴，耗资不到300元。但别出心裁的手艺，地方风味浓郁的美食享受，令人印象深刻——尤其对吃惯江南风味香椿拌豆腐、荠菜豆腐羹、鲫鱼豆腐汤的我而言。

前年在豆腐发源地、淮南王刘安的封邑安徽寿县，品尝到一道特色菜竟然是以嫩豆腐为饺子皮，内嵌肉馅，口感软腴、汤汁浓郁、鲜美异常的豆腐饺。

看着洁白如玉滑嫩精致的豆腐饺在高汤内沉浮，大家纷纷探讨：嫩豆腐如何能作为饺子皮裹住鼓鼓囊囊的肉馅？有人说把豆腐掏空，用针管把肉馅注入；有的说把肉馅浸入浓豆浆再点卤，使豆浆变成豆腐外皮，再修整而成云云，但这些"工艺"都是凭空想象穿凿附会，难以自圆其说。

请出厨师长，才得到圆满答案：薄刀在整版嫩豆腐上轻轻切出2毫米厚、馄饨皮大小的薄片豆腐，轻放在湿纱布上，再在豆腐上放肉馅，轻提纱布使豆腐合拢，用手按压豆腐饺子皮的边，将上下两层豆腐皮融合在一起粘牢，形成饺子状，去掉纱布将豆腐饺轻放入蒸笼，蒸熟的饺子再下锅与高汤同煮，然后盛入小碗上桌。

　　一次在绍兴郊区吃农家菜，主妇端上一盘"霉千张蒸咸鲞鱼"，异香扑鼻，食指大动。举筷细品，霉千张的霉香软腴配咸鲞鱼的咸鲜，构成独特的难以形容的风味感受，毕生难忘。

　　多年的美食经历，使我悟出一个道理，不论居家烹饪还是外出餐饮，如果墨守成规地固化自己的食谱或餐饮选择，以鸡劳堡客盒饭快餐熟泡面果腹，就很难品尝到真正美食，只有经常"穿越"，才能够使自己的美食体验得到升华，就如我的豆腐穿越一样。

清汤肝膏和开水白菜

近日，与朋友们在定西路一家川菜馆吃饭。

这家川菜馆以充满创意加历史传承融合的精美川菜驰名，需提前三天预定，聪明的做法是确定了最低消费标准后，请老板设计菜单，因为老板自己就是身体力行的美食家。

友情提示：在这种场合，千万不要自以为是乱点菜，有人跑进川菜馆不看菜单，点白灼虾东星斑蜜汁火方，那是发了财的刘姥姥，土豪而已。

席间，上了一道"清汤肝膏"：每人一盏洁白的薄胎瓷盅，里面是清澈见底犹如白开水的汤汁，一片浅褐色状如馒头片的食材在汤汁里轻轻飘浮。

这道菜，如果不知道典故，食客可能会忽略其貌不扬的外表，举盅一饮而尽。

老板熟知食客心理，来到桌边，"先不忙吃，我介绍一下这道菜的做法。"

大家停筷倾听。

"肝膏用猪肝，仔细剔除所有筋络，再用刀背锤成茸状，筛子滤去肝渣，加黄酒姜汁，上蒸笼猛火蒸熟，切成2公分厚薄片状，此为肝膏，食之软糯香腴。"

"这是第一步。然后就进入正题了：清汤。"

我轻啜一口汤，对老板说："这是川菜极品开水白菜的汤汁——'开水'。"

老板点头称是："这位先生懂川菜。"

"开水白菜，是顶级川菜。我这清汤肝膏，是开水白菜的创新。"

"大家看这汤汁，非常清澈，像白开水，其实，它是用整只老母鸡、火腿、干贝、猪骨，加水30斤炖一天，炖到骨酥肉烂，用漏勺捞去全部食材，留汤。这时的汤，非常醇厚浓郁，根本不像白开水。

"第二步，用一斤纯精肉剁成茸，撒入汤里搅拌后捞出，肉茸吸附汤汁里的浮悬物，开始变清，再用一斤土鸡胸脯肉剁茸，重复一次，如果汤汁还未变成'开水'，再来两次，这时汤汁就变成现在的样子了，放入肝膏，煮开即成。"

大家一片惊呼，连忙用调羹舀汤细品。真的，肝鲜、汤鲜、色鲜、味鲜，绝了！

我在成都品尝过正宗的开水白菜，略知典故："这道菜，是川菜大师罗国荣传承慈禧御厨黄敬临的绝活。那年在成都，朋友在成都最顶级川菜馆请客，大厨是罗国荣的徒弟，上了一道开水白菜。"我开始讲述。

"'开水'的做法大家已经知道，白菜的选材烹制也极有讲究。据大厨介绍，清晨到白菜地，每棵大白菜只摘取10公分菜心，然后用针在菜上戳上千个针眼，用铁抓篱把白菜放煮沸的'开水'锅上面，舀汤浇菜至软，再用瓷盅放入开水和白菜，上蒸笼蒸10分钟上桌。

"开水白菜就是以朴实无华的外表，故作谦虚的菜名，主人说'今天没什么好招待，只有开水白菜'一句话，就能达到食客惊叹的效果。今天的开水肝膏，是老板在开水白菜基础上的传承创新，在上海能吃到如此精美的川菜，非常不容易，老板是个真正的美食家。"

朋友们纷纷议论："是啊，以前也吃过开水白菜，那是浑浊的排骨汤加娃娃菜，东施效颦，完全不是一回事。"

显然，真正的美食，是美食家和大厨共同创造的。如果不是伺候慈禧太后，御厨黄敬临不可能想出开水白菜。如果不是改革开放，国人生活水准大幅度提高，就不会对美食提出严苛的标准。

美食，是随着国力的富足和生活水准提升而演变进化的，一流的食客会对美食提出一流的要求，然后大厨们进行传承创新，美食才会与时俱进地发展。

数十年前，人们能吃饱果腹就得到最大满足，八十年代改革开放初期，那时食油面粉还凭证供应，南京路静安寺老大房用大油锅炸带肉糜的面包土司，2角一片。装炸土司的纸袋，能滴出热油，人手一片边走边狼吞虎咽。当年上海餐馆，上菜时厨师在每道菜上浇一勺热猪油，让菜色更闪亮，味道更厚实，很受欢迎。现在，这种油腻土司和猪油"盖浇菜"还会有人吃么？

江南一绝：炙豆

中国是大豆原产地，全国各地都种植大豆。但是，夏秋之交，把结荚的大豆剥壳取碧绿的嫩豆（长三角一带叫"毛豆"），炒菜入馔，这种习俗仅江南才有。

当年在江西插队，割稻时见田塍上长满绿荚累累的大豆，遂摘下带回知青宿舍煮盐水毛豆荚，村民见之十分诧异："青豆子也能吃？"尝后大为感叹："哎呀！比炒黄豆好吃多了！"

毛豆是长三角老百姓夏秋的主菜之一，雪菜毛豆、萝卜干炒毛豆、青椒毛豆、盐水毛豆，都是家家户户餐桌上不可或缺的菜肴。

把带壳毛豆洗净，剪去两端尖角，与洗净的芋艿加盐同煮至烂熟，这是江南人家中秋节赏月必备的美食之一。中秋之夜，一家人围坐在一起吃饭，除了鸭子、月饼、桂花酒，还放一大碗堆得冒尖、褐绿相间的芋艿烤毛豆，看上去就是一道秋天特有的丰收风景。

江南的毛豆，不仅做出品种繁多的菜肴，而且出神入化，做出一款只有在上海市郊古镇才能见到的佐茶零食——炙豆，亦名熏青豆。

中秋前，与太太到朱家角古镇漫游，许多沿街小店都在卖一种黄绿色的豆子，太太见之大喜："熏青豆，好久没见了。"

到底是江南人，她非常内行，问老板娘："这是新摘的毛豆吗？"

老板娘直言相告："这批炙豆是去年的，今年的炙豆还没有上市，再过半个月,'牛踏扁'就上市了。"

"牛踏扁"是上海市郊的古老的毛豆名种,外壳扁而宽,像被牛蹄踩扁一样。色碧绿,豆荚布满极细嫩毛。每一豆壳里,均匀地生着三粒毛豆,豆形长圆扁平,豆色嫩翠而新鲜,一层淡绿色的薄翳,粒粒圆润饱满,像刚出生的肉嘟嘟婴儿。

由于产量低,"识货"人少,一度几乎被高产洋种毛豆取代而绝迹,最近几年,传统优质农产品的价值纷纷被重新认识,"牛踏扁"也恢复种植了。

"牛踏扁"毛豆,带有一股特殊清香,口感软糯非常美味,用它做炙豆,堪称一绝。

3周后,我和太太又去朱家角,碧绿的炙豆已摆上柜台的竹匾,太太与老板娘寒暄:"这是新摘的毛豆做的?"

老板娘恭维一句:"你是内行,一眼就看出来了。"用勺舀起几颗:"你尝尝。"

我们细嚼慢品:"味道对的,新的熏青豆,有股特殊清香,而且越嚼越鲜。"

老板娘从另外的竹匾里舀出几颗:"这是牛踏扁,味道更好。"

果然一颗颗炙豆扁扁的,碧绿生青,鲜香软糯,口感明显上一档次。

我对太太说:"真正的炙豆,用稻草燃烟熏制,那才叫熏青豆!"

老板娘很激动:"今朝碰到真懂行的了!"

她从柜台后取出一只塑料袋:"放在外面人家也不识货。我放在柜台里,只卖给真懂行的,这是我娘亲手做的,老太太90岁了。"

我尝了一颗,淡淡的烟熏味加牛踏扁的鲜香,霎时,久已淡忘的童年味觉被唤醒了——五六十年前外婆做的炙豆,就是这种味道。

太太小时候吃过,她也兴奋莫名。

"放在竹匾里用稻柴暗火熏的。"老板娘告诉我们。"做起来很繁杂,整整一天,老娘一共只做了2斤。"

太太不假思索:"全部给我。请你妈妈再做一些,下周我再来。"

几个北方游客在一旁看热闹，问道："这是啥玩意儿？"

"江南一绝，熏青豆，全世界只有江南出产，现在是时鲜货，过了这个季节，只能吃到过时货了。"我为老板娘做推销。

回家路上，我给太太讲炙豆加工工艺："田里新摘的毛豆剥壳，加盐水煮十几分钟至熟，不能煮得烂熟，用漏勺舀出毛豆，放在铁丝做的匾里，在煤炉上微火烘焙至半干即成。小时候见外婆就是这样做的。难点就是用稻柴暗火熏制，城里根本无法做到。网络介绍熏青豆可以用微波炉烘焙，那是扯淡。现在有的熏青豆加糖、加笋丝甚至红辣椒，不对的。就像巧克力月饼，芝士月饼、海带月饼一样，'名相近，质相远'，不正宗了。"

回到家里，在凉亭泡一壶龙井，装一碟炙豆，面对满园青翠，幽香丹桂，香冽清茶佐以牛踏扁烟熏炙豆，尽享人生快意。

夏日味蕾行

一

江南天气，梅雨季节一过，6月下旬七月初，接踵而至的就是盛夏酷暑。

自从空调如手机般普及后，大城市盛夏的室外空间就变成了热岛。

上海外环线以内的中心城区，面积约200平方公里，住了1000多万人。

现在上海市民的住房条件普遍改善，一般人家至少两房一厅，3间房装3台空调，1000万人的家庭空调就是1000万台。再加上商务楼、酒店、机关单位、商场餐馆等等的空调，估计平摊下来也合到人均一台。

空调是"内冷外热"的，室内温度越低，往室外排放的热量越高，在200平方公里的中心城区内，有2000万台空调，平均每平方公里10万台，再加上200万辆机动车排放的滚滚热浪，可怕的热岛效应就这样形成了。

气象台报32度，感觉至少36度，气象台报38度，体感就是45度了。

在烈日炎炎的热岛中生活，从空调办公室走到街上，挥汗如雨，湿衫贴背，非常不好受。首先是食欲和胃口大减，然后情绪随之低落，整个夏季的工作生活质量就可想而知了。

这时，迫切需要的就是调动夏日味蕾，振兴食欲恢复体能。

夏天决不能靠红烧蹄膀油炸鸡翅冰糖甲鱼速冻饺子熟泡面充饥，更不能靠蛋挞冰沙冷面绿豆汤果腹——几顿吃下来，舌苔一定更黄腻胃口一定更坏。

调动夏日味蕾的的捷径，是食新食异。

所谓食新，是尝未尝之物，新鲜感会引发食欲；食异有两层含义，首先是异类食物，然后是到异地品尝地方风味。

我经常盛夏离沪外出，或公差或旅游，借机遍尝各地美味；在沪度长夏，也会想方设法寻找消夏佳肴，今天特选两项食新食异体验介绍给读者，以画梅止渴方式，为大家增加一点食欲。

二

先谈食新。

上周，朋友徐君生日，我们选择浦东嘉里中心的一家刚开张的牛排馆庆贺，借机尝新。

老外仆欧上的开胃菜就令人眼睛一亮：西班牙生火腿裹蜜瓜、烟熏三文鱼拌生菜，鲜牡蛎。

西班牙生火腿是全球最顶级的火腿，这是用一种专门吃橡实的伊比利亚山地猪腿腌制的。

奥黛丽赫本主演的电影《巴黎假期》（Paris When It Sizzles）里有个场景，她和男主角剧作家李察班森两个人饥肠辘辘地"精神会餐"聊最神往的美食，其中就有西班牙火腿裹蜜瓜。

精致的道尔顿瓷盘里，红白相间薄如蝉翼的火腿片裹着雪白多汁的莫洛托夫蜜瓜，真是绝配，看了都齿颊生津。举叉入口细嚼，火腿的咸鲜、蜜瓜的清甜软糯，一种不可思议极为美妙的口感，沉寂的味蕾开始复苏。

这种原汁原味的火腿蜜瓜，我在西班牙吃过，但在上海是破天荒第一回——上海一些西餐馆也有供应，但根本不能相提并论，显然，这家老外开的牛排馆，老板是真正的美食家。

然后就是烟熏三文鱼拌生菜。烟熏三文鱼是因纽特人创造的。他们发现三文鱼的肉经过盐腌和烟熏之后能持久保存，由此诞生了烟熏三文鱼。

三文鱼不是常见的橘红色，而是烟熏色，配生菜，挤上几滴柠檬汁，浓郁的烟熏味和鱼肉的微咸，生菜的爽脆、柠檬汁的鲜酸，顿时就吊起了食欲。

新鲜牡蛎特有的微腥和天然的淡淡咸味，沾一点特供调味汁，滑爽软腴。大家都开始饥肠辘辘了。

大口喝现酿的比尔森冰鲜啤——这家牛排馆非常奢侈地在豪华宾馆里占用数百平方米室内空间，安放了8个巨大的不锈钢啤酒罐，现场酿制8种啤酒。

然后是硕大肥厚的西泠牛排。

这块牛排，平时食量小的女士，很难吃完，但最后竟然个个盘底朝天，这里的开胃菜真的能调动味蕾，大开食欲。

三

食异，可就近去舟山沈家门。

舟山群岛上周刚被国务院批准为我国继浦东新区、天津滨海新区、重庆两江新区后的第四个国家级新区。

沈家门是中国最大的渔港和海鲜集散地。

东海海鲜，中国一绝。上海的主妇去菜场，见到带鱼鲳鱼，都要问产地。印度洋带鱼、进口黑鲳，肉质粗劣，口感迥异，只有东海带鱼鲳鱼鲨鱼黄鱼，才是真正美味。

现在去沈家门非常方便，从上海开车经杭州湾大桥和舟山大桥，3个半小时即达，不开车可到南浦大桥下的长途车站乘车前往。

去沈家门尝海鲜，宜夏不宜冬。寒冬腊月，海风如刀割，人们都往房里躲，谁会跑到海边去？

盛夏酷暑季节,烈日西下,华灯初上,海涛阵阵,凉风习习,沈家门海堤旁马路边会搭起30多个大帐篷,每个帐篷前有个巨大的木桌,摆满琳琅满目的生猛海鲜。

随便挑个帐篷,然后自选海鲜:

大如蚕豆的新鲜黄泥螺,清炒。上海的黄泥螺,都是腌制品,很少有人吃过新鲜黄泥螺;

肥硕的梭子蟹,只只半斤以上,清蒸;

活乌贼,白灼;

银光闪闪的带鱼,干煎;

舟山特产"佛手"——一种生长在远海岛礁上的珍稀贝类,状如佛手,葱姜爆炒后去壳而食,极鲜;

生毛蚶,开水泡一下,撬开壳,蘸姜醋;极为鲜嫩,上海禁食毛蚶已20多年,舟山毛蚶未受污染,可放心大嚼;

再来一脸盆活"淡菜"——学名贻贝,夏天正当令,肉质厚实,清水煮熟吃,非常美味;

清蒸鲞鱼断不能少,肉质细嫩可与清明刀鱼有一比;

炒海瓜子,也难得一见,这里的海瓜子又大又肥,下酒绝配;

活斑节虾,可炝后生食,亦可煮熟再吃;

如果预算丰厚,可再来一条睽别已久的咸菜大汤黄鱼。现在上海菜场的黄鱼,根本不是东海黄鱼,肉质粗糙,味同嚼蜡。真正的东海大黄鱼,肉质雪白状如蒜瓣,在上海根本吃不到,大黄鱼在沈家门也极贵——1500元一斤!

舟山人认为,只有不新鲜的鱼,才红烧,活海鲜只有清蒸白灼汆烫热锅快炒,方能尽显其味。

所以到沈家门大排档点菜,老板问如何加工,千万不要很外行地说红烧。

酒,只喝舟山皋泻杨梅配当地土烧浸渍的杨梅酒。《本草纲目》记载,"杨梅可止渴、和五脏、能涤肠胃、除烦愦恶气。"舟山杨梅酒,5斤一坛,约二十六七度,微甜带酸,口感非常棒。到沈家门吃海鲜,一定要配杨梅酒，饮之气舒神爽，消暑解腻。有些人吃海鲜，蛋白过敏容易腹泻，杨梅酒佐餐可预防腹泻，同时起消毒作用，非常灵验。

在沈家门尝海鲜，不要进饭店，一定去海边大排档。

盛夏之夜，满天星斗，点点渔火在大海闪烁，远处山峦岛礁被淡淡的暮霭笼罩，影影绰绰，带着咸味的海风轻轻吹拂，暑气顿消。

满桌海鲜美味佳酿，朋友杯觥交错，沈家门大排档的老板娘和服务员个个漂亮，身材窈窕，见客笑脸相迎，席间端菜斟酒寒暄甚至亲自劝酒干杯，人生快意，莫过于此矣。

客家汤宴

廖君是我的忘年交、闽西客家人。讲一口乡音甚浓的普通话，为人敦厚质朴，脾气绝好，从来未见他发火或愁眉苦脸。太太小马，苏州人氏，是个娇小玲珑温婉可爱非常敬业从事资产并购的律师，去年获得浦东新区十佳青年律师称号。

他俩大学毕业留在上海工作多年，事业有成，前途灿烂。

廖君和小马多次邀请我和太太到他的家乡福建长汀去体验真正的客家文化、品味客家美食，这次逮到元旦3天假期，我和太太遂与他们同行去长汀度假。

廖君为此提前数周做了精心安排：参观永定土楼，游览连城县的冠豸山、石门湖，观赏汀州古城老街、与当地收藏家交流等等，3天行程异彩纷呈，吊足胃口。

12月31日下午，我们乘东航班机飞赣州。

一下飞机，廖君的弟弟已驾车200多公里在机场迎候。

从赣州到长汀，途径赣县、于都、会昌、瑞金——都是当年红色根据地，中华苏维埃共和国的领土。

非常有趣的是，那里的巨幅户外广告牌，都带有强烈的老区色彩：江西省农商行的广告语斩钉截铁地宣告：**省政府领导下江西人民自己的银行！**此话何解？银行还分籍贯与出生地？

还有一条极为时髦:"给力瑞金"——我们猜了半天,想不出这是什么广告。

到长汀已经晚上7点多,安顿好住宿后,廖君带我们到一家餐馆吃饭。

一进门,满桌的亲朋已经起立迎候。

廖君告诉我:"这是客家人的传统习俗,只要有朋友来,亲戚朋友们就认为是大家的朋友,都要一起吃饭。今天来的,有舅舅、兄弟、堂兄弟、高中同学、父亲的朋友,以及弟媳等等等等。"

我的朋友中,客家人很少,只在书本上接触过客家文化,这是一种远观,从现在开始,真真切切地近观和体验客家文化习俗了。

真的,所有亲戚见到我们都流露出真实的溢于言表的高兴,见到陌生人的拘谨一扫而空。

满桌佳肴,都是闻所未闻的:大鲍鱼炖野竹鸡、"三氽满丸"、茼蒿饼、炸薯饼、远山鸡蛋炖山獐、簸箕饭、淮山炖番鸭等等,都是闽西特产,菜都用类似脸盆的大瓷盆盛放,惊人的量。

酒是色泽犹如红酒的长汀米酒,米酒一般无色透明,但客家米酒色泽殷红,我以为如黄酒般添加了焦糖色,但请教后得知,这是把米酒坛子放在砻糠或炭火上烘焙一天一夜后自然形成的色泽,当地戏称"红军可乐"——当年闽北是红军根据地,红军战士个个酒量惊人,饮米酒如灌可乐,遂得此名。

客家米酒醇厚如醴醪,口感微甜,后劲很足。

我发现,客家人嗜饮汤。

从前,上海人戏称宁波人为"宁波汤罐",盖因宁波人嗜汤出名,无汤不成餐。但江南一带,宴客绝不会上数道汤,这次在长汀,一顿饭上了大鲍鱼炖野竹鸡、"三氽满丸"、远山鸡蛋炖山獐、淮山炖番鸭、眼镜王蛇炖党参等5道汤,颇不解。

太太尝后顿悟:"这些食料,都是清炖才能彰显其鲜,久炖才能口感丰腴。"确实如此。

客家菜,强调清淡和原汁原味,以炖煮为主,较少浓油赤酱,所以，走在长汀街上，绝少见到体态富裕的胖子。

最有趣的是，闽西毗邻赣南，江西人嗜辣成性，但近在咫尺的闽西客家人，基本不吃辣。

廖君解释道："客家人族群认同感极强，甚至从是否吃辣角度判断某人是否客家人，当年，凡嗜辣者一概视为异类，因此，即使喜欢吃辣，也不敢在客家人内部显露。现在，这种习俗已经淡化，但大部分客家人仍然远离辣椒。"

菜非常好吃。颇惊异于他们的烹调手艺。

许多野味，天生一股浓腥，如蛇、如山獐，如鱼，但他们竟然完全消除了腥味，而且炖成清汤，显然有秘诀。

席间，杯觥交错轮番敬酒，气氛热烈。醇厚的酒、醇厚的民风，我感到微醺。

在上海，亲戚关系早已淡化，除了过年偶尔走动，基本不可能出现来一个朋友，亲戚全体出动作陪接待的情形，而在长汀，我感受到一种浓郁的亲情，这可能就是客家文化的一种典型特征吧？我想。

遥忆云南美食

云南去过2次。

一次是06年随浦东政协自费旅游团，到了昆明、丽江、玉溪、西双版纳；一次是07年为昆明商业银行做发展战略，在昆明先后住了约7天。

2次云南之行，对那里的美食印象深刻。

云南美食的最与众不同的首先是食材选料——云南地处云贵高原，气候接近南方，崇山峻岭中生长着各种内地罕见的菌菇、菜蔬、水果、香料、飞禽走兽；其次是各民族杂居，不同民族的传统烹调，使得美食异彩纷呈，连名称都是别具一格、颇费猜详，需要请云南朋友介绍、再亲自品尝才略解真味的。

下列菜名，不介绍知道是什么吗？

黑三剁、鱼酢、糯米胖、大救驾、凉米干、辣子干巴……

下面择要介绍：

黑三剁

剁就是剁碎。三剁就是三种剁碎的食材。

其中的"黑"就是著名的云南大头菜，以前经常吃的，云南大头菜切碎拌麻油，是早饭过泡饭的酱菜。

在昆明，把云南大头菜剁碎、再加肉糜和红辣椒，大油锅急火煸炒，其味咸鲜辣脆，其色黑红黄绿，非常爽口。

大理乳扇

中国油炸芝士。乳扇是大理特产，为白族人的风味食品。用牛奶制成。因呈乳白色，半透明状，光滑油润，形如扇子，故名乳扇。

先在锅内加入半勺由木瓜制成的酸水，加温至70℃左右，再以碗盛奶倒入锅内，牛乳在酸和热的作用下迅速凝固。此时迅速加以搅拌，使乳变为丝状凝块——这与欧美的奶酪做法异曲同工。

然后把凝块用竹筷夹出并用手揉成饼状，再将其两翼卷入筷子上，并将筷子的一端向外撑大，使凝块大致变为扇状，最后把它挂在固定的架子上晾干，即成乳扇。在晾挂中间必须用手松动一次，使干固后容易取下。将乳扇包卷豆沙后再卷起来油炸，叫"夹沙乳扇"。食之甜腴酥脆，奶香浓郁。

油炸干巴牦牛肉

牦牛是云贵青藏高原的特产动物。牦牛干巴是把牦牛肉用少量盐腌制后晒干的制成品，非常硬实，咬劲极强，牙口不好的人，可能咬不动，因此，卖牦牛干巴的店里，女孩会在一个树桩的木砧上，用木槌把干巴锤松，然后再吃，比南方城市里卖的湿漉漉的牛肉干好吃的多，一块可以嚼半天。

在丽江的餐馆，把牦牛干巴再油炸，牛肉变得非常松脆，咸鲜满口，下酒最佳。

傣族酸鱼酢

是另一种风格的腌制美食。傣族有腌制酸鱼酢的传统习俗。农历正月、二月间，傣族农民到山坡上割来茅草，扎成扇形草排，放入河水里，鲤鱼会到草排上产卵。然后把附着鱼卵的草排取回放在自家的小鱼塘里，十多天后鱼苗即孵出。早稻栽下后，再将鱼移苗入水田中。到收割季节，即可捕获到巴掌大小的鲤鱼。剖开鱼腹取出内脏，撒上盐、草果面、花椒粉，再把事先酿好的糯米白酒连糟带汁灌装进鱼腹内，合扰后装入罐中，密封贮存半年以上即可食用。这时，鱼肉变成淡黄色，鱼骨酥软，可生食，亦可油炸而食，酒香鱼香俱入口鼻，入口酥化，是傣家的传统名菜。

生拌刺五加

刺五加见于《神农本草经》，列为上品。久服可以轻身、延年益寿。刺五加自古即被视为具有添精补髓及抗衰老作用的良药。在日本则称为虾夷五加，而在俄罗斯又称为西伯利亚人参。

李时珍《本草纲目》称，五加治风湿，壮筋骨，其功良深，有"宁得一把五加，不用金玉满车"之称。用新鲜刺五加叶凉拌，蘸特制酱料，非常清新爽口，尤其是吃了大理乳扇以后。

油炸雪山地参

雪山地参生长在云南大理2000多米的高原林地。其状如虫草、参条内白外黄、松脆可口。补虚、清热。

臭菜蛋饼

来自于西双版纳的"臭菜"真的菜如其名，虽然模样有点像北方的"茴香"，有点毛茸茸的小叶子，可是闻起来能把人呛个跟头。

时令：每年6月到9月是"臭菜"的出产期，盛夏期间尤好。

臭菜煎蛋——因为味道浓烈，如果"单独出场"可能很多人都很难接受。把臭菜切成碎末，和鸡蛋搅拌均匀摊成薄饼，臭菜原本的味道不仅闻不到了，黄绿相间的蛋饼还别具西双版纳风情，下酒下饭都是不错的一道菜。

香茅烤鱼

西双版纳傣族美食。香茅是当地的一种香草，用香茅包裹鲫鱼，涂以酱汁，在炭火上烘烤，满屋飘香。食之，鱼腥全无，鱼肉渗透香茅特有的清香，口感独特。

芭蕉花肉汤

这也是西双版纳傣族美食。用含苞欲放的芭蕉花，炖煮经过烤制的猪肉熬成的汤，浓郁鲜甜清香，在别处是难以尝到的美味。

炸蜂蛹

这是一种野生的马蜂蛹，很大。油炸后非常鲜脆。

云南的菌类是美食的重要组成部分。这里菌类甚多，许多都是只长在云南的，而且一定要摘下即食，非常像《荔枝图序》里所言："三五日外，色香味全去矣"——所以要在菌类盛产期去，可以大饱口福。

青椒炒鸡枞

鸡枞又名鸡宗、鸡松、鸡脚菇、蚁枞等，是云南的著名特产，因肥硕壮实、质细丝白、鲜甜脆嫩、清香可口。鸡枞中的氨基酸含量多达16种，含磷量高是鸡枞的一大特点。人体需要补充磷时，可常吃鸡枞。

鸡枞雨季多生于山野的白蚂蚁窝上，刚出土时菌盖呈圆锥形，色黑褐或微黄，菌摺呈白色，老熟时微黄，有独朵生，大者可达几两，也有成片生。烹制食用，切片肉质酷似鸡白肉，且有鸡肉的清香，故而得名鸡枞。鲜鸡枞味道鲜美，清香中透甘甜，但不易保存。鸡枞体丰肥，肉质细嫩、洁白无瑕，炒食、清蒸、串汤，清香四溢、鲜甜可口；油炸更为香脆爽口、回味无穷，故为古今中外颇为赞美的珍贵食用菌。鸡枞至今未成功实现人工栽培。

生炒牛肝菌

牛肝菌类是牛肝菌科和松塔牛肝菌科等真菌的统称，菌肉白色，有酱香味，可入药。生于柞、栎等阔叶林及针阔混交林地上，单生或群生。是极富美味的野生食用菌之一，云南省牛肝菌类资源丰富，生长于海拔九百米至二千二百米之间的松栎混交林中，生长期为每年五月底至十月中，雨后天晴时生长较多。

这道菜，鲜美滑爽，清香满口，很下饭。

银芽鸡丝虎掌菌

虎掌菌在历史上被视为珍品，是向历代王朝纳贡的贡品之一。这种菌无盖无柄，在菌体上长满一层纤细的茸毛，呈黄褐色，并有明显的黑色花纹，形如虎爪，因而得名。虎掌菌营养价值和经济价值很高，鲜时有浓香味，干制后香味更浓。虎掌菌每年八至九月生长在高山悬崖的草丛深处。云南省仅有楚雄州和丽江县的少数地区生产，故较珍贵。

用绿豆芽配熟的鸡肉丝，大火快炒虎掌菌，非常别致。

大救驾

由云南一种米粉做的糍粑当地叫"饵块"做的风味美食。

据说明朝灭亡后，永历帝朱由榔辗转来到昆明。两年后，清军三路入滇，吴三桂率军逼近昆明，永历帝与李、刘二将率军西走。至腾冲时，曾几断炊断，危及性命，腾冲老百姓炒饵块奉上，才算解围。永历帝叹，这真是救了朕的大驾。因此，腾冲炒饵块就被称"大救驾"。

"大救驾"做法：切成三角形的饵块薄如纸，佐料以鸡蛋、糟辣子、番茄、白菜心、葱为主，决不放酱油，只用盐调制咸味。因此，其色彩如水粉画，清新明快，红、黄、白、绿，甚是清秀雅洁。食之，味道也较清爽，香辣适度，别具一格。

还有很多美食，例如汽锅鸡、过桥米线等等，因大家耳熟能详而且内地多数城市都已有餐馆出售，故忍痛割爱。

岐山臊子面

一

真正好吃的还是大众化的具有特色的地方餐饮。

北京路常德路口开了一家专卖"大西北五省"面食的餐馆,我与老板略熟,经常去。

老板是张掖汉子,太太是上海支内职工的女儿,两人到上海创业。

他们的经营思路很简单,就是原汁原味的西北面食:荞麦面、蕨根粉绿豆粉做的凉面、牛肉汤面、饸饹、羊肉泡馍、羊杂汤、大盘鸡、牛肉锅贴、羊肉烤包子、桂花稠酒、甘肃灰豆、红军菜、老虎菜等等,还有岐山臊子面。

我在他们店里,不仅尝到了西北美食,还顺便纠正了著名小说家美食家汪曾祺的一个小小的文字错误。

汪曾祺在谈美食的集子《五味》中的"菌小谱"一文中写道:"我曾在沽源吃过口蘑羊肉哨子(哨字我始终不知该怎么写)蘸莜面……"

他承认不知道"shao子"的出处和正确的读音,随手写了"哨子"。

其实,哨子应该是臊子,即切碎的肉末。《水浒》第二回"史大郎

夜走华阴县 鲁提辖拳打镇关西"里就讲到"臊子":

> 鲁智深鲁达走到门前,叫声"郑屠。"
> 郑屠看时,见是鲁提辖,慌忙出柜身来唱喏,道:"提辖恕罪。"
> ——便叫副手掇条凳子来。
> ——"提辖请坐。"
> 鲁达坐下,道:"奉着经略相公钧旨:要十斤精肉,切做臊子,不要见半点肥的在上面。"
> 郑屠道:"使得,你们快选好的切十斤去。"
> 鲁提辖道:"不要那等腌臜厮们动手,你自与我切。"
> 郑屠道:"说得是,小人自切便了。"
> 自去肉案上拣了十斤精肉,细细切做臊子……

这臊子就是剁碎的肉末。"臊子"是宋朝的名词,后来成为三北一带方言,博雅如汪曾老,竟茫然不知出处了。

听老板介绍,岐山臊子面已有3000多年历史。臊子面的面条必须手工擀制,以白、细、薄、筋、光五字闻名,汤色又讲究:酸、辣、稀、汪、香。其中加入猪肉、黄花菜、鸡蛋、木耳、豆腐、蒜苗等原料以及多种调味品制成。有15字顺口溜:"薄,筋,光;煎,稀,汪;酸,辣,香;光吃面,不喝汤。"十分贴切形象地概括了这一美食的诱人之处。

这些大众美食由于做工地道,风味独特,价格低廉,加上服务员都是西北来的脸蛋红扑扑的女孩,带有一种城市姑娘久违的自然美,生意兴隆。每天中午,静安寺一带商务楼的白领纷纷到这里用餐,臊子面牛肉拉面羊肉泡馍北京炸酱面羊杂汤都是极受欢迎的,门庭若市。

二

某日,本人请几个朋友到这里用餐。其中两个香港人,一个是富商、另一个中年女人是号称在国内若干家大学任教的"著名学者"、北京政协委员。

一进饭店唯一的包房,"著名学者"就用夹着英文的生硬国语大声抱怨,桌子上水渍没擦干净、隔壁搅面机的声音太吵、服务员擦桌子的动作不对、岐山臊子面的汤太油、葛根粉太凉等等等等,随后就开始大发议论,称自己的饮食如何卫生健康、平时要么上五星级酒店吃燕鲍翅、要么在家吃麦当劳。

由于整个下午在讨论一个商业项目,这个女人的气指颐使和出言不逊已经惹恼了很多人,讨论时一个年轻人发言,她竟然喝斥:"你有什么资格讲话!你出去!"

现在吃饭了,她故伎重演,我忍无可忍:"你是国内大学的兼职教授,怎么也像社会底层的人那样开口就骂?有点修养没有?今天我请你们到这里用餐,想让大家尝尝西北风味,大家同意才来的,你不乐意可以立即离开!你要去五星级酒店,可以一个人去,在座的不会奉陪!"

同桌的几个大陆朋友热烈鼓掌。那个香港男士一脸尴尬,因为她是他的红颜知己。那晚,大家对西北风味赞不绝口。那个"著名学者"最终也没离席,默不作声地吃完了一大碗岐山臊子面。

海南珍馐:nandua、biang 酒

从个人偏好而言,我更喜欢各地有特色的民间美食,除非应酬,一般不爱去高档酒楼。

因为高档酒楼的菜已经程式化,贵族化、标准化。过于强调菜肴的外观造型、器具的精美、原材料的珍贵、厨师的级别以及钱包的厚度,至于口味,实在大同小异,很难留下味觉回忆。

某次在南京西路一豪华餐馆,品尝号称全球独创"用意大利食材和方式烹调湘菜",这非常像"关公战秦琼"——乡村奶酪炖剁椒鱼头、油浸橄榄炒烟熏腊肉,不伦不类的味觉杂糅,甚觉怪异。吃完后丝毫没有留下"意大利湘菜"的感觉,连菜名都想不起,唯一的记忆是到处晶莹剔透的琉璃和极其昂贵的餐具。此餐馆经营不久即关门大吉矣。

前年夏天去海南五指山黎族寨子调研,中央民族学院毕业的村长在绿荫遮盖硕果累累的荔枝树下摆上小桌请我们吃饭,这顿饭堪称奇特的

美食体验。

吃饭先喝酒。酒叫"biang酒"。

据村长介绍，biang是黎族语言，无法找到适配汉字。biang是用五指山特产山兰糯米发酵而制成的。

biang酒酿造方法颇为独特，制作时，将山兰米蒸熟揉散，再用五指山某种植物和米粉制成的酒药碾成粉状掺入其中，然后放置在垫满芭蕉叶的锥形竹筐内，上面也用芭蕉叶封盖。三天后，朝下的竹筐尖部开始往筐下的陶罐滴出汁液，这就是biang酒原液，呈乳白色，让其自行发酵几天后再密封进坛，经过半个月发酵便成为甜米酒。把山兰米酒装在坛里埋地下，过三、五年挖出，那就是陈年biang酒。

按照黎族风俗，biang酒放在陶罐内用麦秆吮吸，村长根据汉族习惯，把酒倒入粗瓷碗与大家干杯。

盛夏酷暑，五指山却满目青翠凉风习习，喝着冰凉清口浓郁芳香甘甜微酸的biang酒，暑气顿消。

桌上摆着我们闻所未闻的一种面临绝迹的黎族食物"nandua"。

村长介绍：这种叫nandua的食物，分素nandua和肉nandua。

素nandua是采集一种黎语叫"莉嫩"的野生植物，取幼嫩茎条和叶子，洗净盛入陶罐，倒入凉米汤后密封。保存3个月或更长时间，让其发酵，腌制出具有独特味道的酸菜。

肉nandua是宰杀黄牛后把剥下的牛皮刮毛洗净后煮熟切碎，拌入糯米饭，塞入坛子封严坛口，埋入土中3个月后取出食用。

这次他请我们尝肉nandua，每人一小碗雪白晶莹的糯米饭，里面切成碎块的白色半透明胶状物就是牛皮，入口极酸，回味带鲜甜，一种从来没有感受过的奇特味道。村长告诉我，到海南考察黎族民俗的日本学者曾把nandua带到日本进行检测，里面的氨基酸含量超过任何一种食物。

nanduah和biang酒，在海南也不是随便能够吃到的。只有到五指山黎寨，黎族同胞宴请贵客才有。

到海南旅游，建议结识几位黎族朋友，由他们带进五指山腹地黎寨,除了品尝绝无仅有的 biang 酒和 nandua,还能吃到非常精彩的"五脚猪"——这是海南本地小种母猪与野猪配种生下具有野猪习性与体质的小猪,它们像野猪一样脚短小,嘴巴尖长,喜欢在野外到处拱土觅食,走起路来嘴巴贴着地,从后面看就像五只脚,所以当地人就叫它们"五脚猪"。

这种五脚猪个体不大,六七十斤,皮厚少油,肉质结实,白切蘸椒盐,鲜嫩爽口,满口特殊清香,堪称一绝。

咸鲜一秋

咸鲜，是一种美妙的"重口味"菜肴，特点是偏咸口感中融合浓郁的鲜味，特别刺激食欲。在中国，这类菜肴做得最出神入化的是宁波人。民国才女苏青曾经表示，自己是宁波人，常被内地人视为惯吃咸蟹鱼腥的。

上海人称菜肴为小菜，宁波人讲："阿拉宁波人叫下饭，勿管下饭好坏，主要目的是拿饭送下去，下饭叫法交关正确。"

中国地方菜系，强调咸鲜的只有宁波下饭。咸是烹制方式，主要是腌、蒸、炝、煎、烤；鲜以海鲜为主，宁波地处东海之滨，与象山和舟山渔场毗邻，"靠山吃山，靠海吃海"，这是老宁波们取之不尽、用之不竭的聚宝盆。东海特产鱼虾蟹贝甚至海苔，都是咸鲜主角。

品尝咸鲜的最佳季节是十月金秋，海鲜们为了熬过漫长严冬，长得膘肥体壮，梭子蟹、海虾、黄鱼、带鱼、鲨鱼、乌贼、海鳗、黄泥螺、海瓜子、毛蚶、淡菜、龙头烤纷纷登场，厨师和主妇们开始大显身手，一盘盘咸鲜下饭依次上桌：炝蟹、蟹糊、醉黄泥螺、新风鳗鲞、清蒸乌贼蛋、雪菜大黄鱼、干煎带鱼、肉饼蒸咸鲞鱼、马鲛鱼烧咸菜、剥皮大烤、苔条花生、煎龙头烤、盐水虾……

这类咸鲜，决不能像梁山好汉"大碗喝酒、大块吃肉"般狼吞虎咽，只能夹一小筷入口细品，红膏炝蟹的丰腴、鳗鲞蘸醋的酸香、醉泥螺的滑爽、乌贼蛋的坚实、蟹糊的咸鲜，苔条花生的香脆，再轻啜一口温热黄酒或一口新米饭,是一种只有江南人才能真切感受难以言喻的绝妙美食体验。

眼下适逢金秋,菜场的海鲜琳琅满目,不是正宗老宁波,好一口咸鲜的人们,也可在家自制几款创新美味咸鲜:

干煎带鱼:

带鱼3斤,去鳞去内脏,切5厘米段,放盘内用一调羹白酒拌匀去腥,二调羹盐,半调羹花椒把带鱼拌匀腌制一小时,然后起大油锅炸至两面金黄色,起锅装盆上桌。此菜咸鲜香脆,特别适宜下泡饭或清粥。

盐焗梭子蟹或基围虾:

此菜原创是广东人,但他们只做盐焗鸡,烤箱盐焗梭子蟹基围虾,是海派创新咸鲜,本人在老宁波面前班门弄斧,尚望海涵!

梭子蟹3只洗净,粗盐4包,花椒一调羹拌匀。

找一只烤箱铁盘,放入2包盐盘底铺平,放入梭子蟹,上面再铺2包盐,盖没梭子蟹,铁盘入烤箱,200度半小时,取出铁盘拿出蟹装盆即可上桌剥食。此菜盐味已渗入蟹壳蟹肉,口感微咸甘爽,远胜清蒸梭子蟹,下酒最佳。

盐焗基围虾做法同上。虾肉咸鲜坚实,如吃上等开洋,下饭佐酒皆宜。

苔条花生:

苔条50克(南京路邵万生有售)用手撕散(不能洗),剪成2厘米长短;

花生米500克,洗净;平底不粘锅放油500克,煤气开小火,花生米冷油入锅,轻轻用锅铲翻炒,花生米呈深黄色已熟,漏勺捞出花生,把不粘锅移开煤气灶放灶台上,(这是苔条花生成败的关键,继续在煤气火上翻炒,苔条一定漆黑焦苦,)再放入苔条轻轻翻炒约2分钟,苔条呈深墨绿色用漏勺捞出,与花生米拌匀即可上桌。这也是下饭佐酒均宜的美味。

有些咸鲜下饭的拳头产品,如醉泥螺、炝蟹、蟹糊、鳗鲞,从食材的保鲜保洁、腌制的调料配置到加工工艺颇多讲究,非老宁波自制不易,大家可到南货店、菜场甚至网上购买,一样能大快咸鲜朵颐。

滑铁卢啤酒配本帮菜

那天下午3点，徐君短信："在家等候，车即刻到，先去买红酒，晚上去吃本帮菜。"

车来了，随即赶到肇嘉浜路，台湾人在那里开了一家"橡木桶"洋酒专卖店，是大陆的旗舰店，店很大，有专门酒窖，门店陈列的酒上千种，琳琅满目。

2个月前该店刚刚开业，与徐君就去光顾过，并成为该店的首批VIP贵宾。我们买了不少酒，包括威士忌和著名的法国木桐堡酒庄的酒。

该店最大的特色是每种酒都可以先品尝再决定是否购买。

我和徐君先后品尝了十几种红酒和苏格兰单一麦芽威士忌。

在货架上我发现一种比利时的啤酒名字竟然叫"WATERLOO"——滑铁卢，由BEEREXPORT SA生产，瓶口用软木塞塞住，再用细铁丝缠紧，类似香槟，瓶子很大，750CC容量，瓶标是一群骑马的18世纪欧洲骑兵。

"怎么用滑铁卢做商标？"徐君不解。

"对法国人而言，滑铁卢是失败，是耻辱，但对比利时人而言，滑铁卢是胜利的象征呀。"

我笑道。

店经理介绍，这种啤酒口感非常浓郁，国内绝无仅有，他们刚进的货,错过似乎比较可惜。

想到今晚吃本帮菜,这种酒弟兄们都未尝过,遂购四瓶。此酒价不菲,59元一瓶,抵上一箱其他啤酒了。

然后驱车前往中华路董家渡的德兴馆。

这是一家百年老店,创建于1883年,申城本帮菜的发源地,在餐饮界有着"本帮元祖"之美誉,以浓油赤酱的本帮菜著称,而且,极为罕见的是,这家饭店竟然现在依然是国营饭店!

由于这家饭店坐落在上海老城厢,周边都是平民居住老式里弄,菜价极为便宜,但口味是其他地方罕见的正宗。

老同学周君对这家饭店的上上下下都稔熟,周君先电话预订,我们赶到后,他立即要求把啤酒红酒放冰柜冷藏,然后进包房聊天。

周君告诉我们,这家饭店的厨师都是上海人,深谙本帮菜的烹调要义。

几个哥们都是吃客。

徐君点菜,都是本帮菜里的精华:糟白肚、糟毛豆、糟带鱼、酱萝卜;油爆虾、草头圈子、炒鳝糊、红烧肚档、虾子大乌参、红烧秃肺、八宝辣酱、生煸水芹、蛤蜊炖蛋,点心是汤包。

草头圈子

将熟直肠切成2厘米长段,草头摘去黄叶及老梗,清水洗净沥干。炒锅烧热,用油滑锅,放入圈子(猪直肠段,状似圈子而得名),加黄酒、酱油、糖、味精、白汤、姜末,烧开后移入小火煮20分钟左右,旺火收汁,勾少许芡,淋上麻油待用。另用炒锅烧热,放猪油,投入草头,旺火煸烧同时加盐、酱油、糖、味精至断生即出锅,倒入盆中,将已炒好的圈子放在草头中间即可。

这道菜,草头碧绿,圈子红润,肥美浓郁,是上海本帮菜的当家花旦,在中国各大菜系中,未见类似做法。

虾子大乌参

乌参是海参的一种,将原只大乌参用水反复洗净,放入漏勺中沥去水份,将炒锅放在旺火上烧热舀入猪油,待油烧到八成热时,将乌参皮朝上放进油锅中炸,约十秒钟后将乌参连油倒出沥去油份,用原锅放入葱油,将大乌参皮朝上放入锅中加进料酒、酱油、白糖、酱色、高汤,把虾子均匀地撒在大乌参上面,用旺火烧开后,即盛入瓷碗内,上笼蒸半小时左右,待大乌参酥软时取出,推入热炒锅中,加盖后用微火煨4分钟后,即将大乌参盛起皮朝上平放于盆中,锅内原汁用水菱粉勾芡,放入葱段,淋入葱油,浇在乌参的面上即成。这道菜是本帮菜的经典。肥浓软腴,口感一流。

红烧秃肺

青鱼肝俗称秃肺,又肥又嫩,用油稍煎之后红烧,出锅略加醋和胡椒,便是著名的上海菜红烧秃肺,糯软且带韧性,口感不亚于法国鹅肝。

好菜需配好酒。我要服务员取出冰冻后的"滑铁卢"啤酒。

服务员解开瓶口铁丝,瓶塞"砰"一声巨响,飞出瓶口直冲天花板,把服务员吓了一大跳。

此酒斟入酒杯就不同凡响。酒体是深琥珀色的,细腻的泡沫带有淡淡的黄色,凝聚在杯口久久未散。

举杯尝之,浓郁的麦芽和焦糖香味,淡淡的苦味,绝妙。

但是,此酒很"凶",酒精浓度甚高,达8.5度,是普通啤酒的4倍!黄酒的酒精浓度12度,一瓶750CC滑铁卢啤酒,等于一瓶黄酒。

这种啤酒,不能像普通啤酒般大口牛饮,只能一小口一小口地慢慢喝。

大家忽然发现,用冰凉浓郁的滑铁卢啤酒配浓油赤酱的本帮菜,天作之合。

喝完啤酒,再上澳洲玫瑰山庄的色拉子红酒,又是一番风味。

就这样,我们5个人边吃边聊,谈上海菜的渊源、典故、烹调手艺,极为快意。

几个人都是地道老上海,除了我和胡君有过插队经历外,另外三位一直生活在沪上,我们对老街老镇有强烈的怀旧情结,很久未到这种老式砖木结构、楼梯吱吱作响的餐馆了。

现在，上海到处高楼林立，非常冷峻壮观，很多餐馆都上了档次——金碧辉煌的装饰、过于清洁的桌布、光可鉴人的餐具、轻声细气的侍者，缺乏温情的食物，在那里吃饭，总觉得少了些什么。

物质生活越来越充裕，精神生活却日益贫乏，所以大家越来越怀旧。

在德兴馆，我们找到了久违的感觉：生活气息，浓郁温馨的上海平民生活气息。

微醺。进入鲁迅所言的"醉眼陶然地眺望人生"境界矣。

隔壁食客的大声对话，耳朵上夹着香烟的"堂倌"满脸笑容地用正宗上海话的寒暄，俯瞰临街的木窗，沿街赤膊乘凉、摆小桌悠然自得喝黄酒吮螺丝的老人，葱油饼的炉子炭火正红，香味扑鼻，我觉得似乎回到了二三十年前。

与时俱进的上海沙拉

沙拉沪语称"色拉",这道西菜,与1842年"五口通商"上海开埠同龄,迄今已有174年历史。

上海开埠以后,欧美老外纷至沓来,定居上海经商,带来了欧美的文化和生活习俗,随着华洋杂处、东西方文化的交融,西餐也逐步进入上海人的生活。

沙拉是西餐凉拌菜,与中餐凉拌菜的常用食材:海蜇头、马兰头、香干、虾皮、黑木耳、芹菜和调味品:酱油、麻油、香醋、蒜蓉、姜末不同,沙拉通常用蛋黄酱和沙拉酱凉拌土豆、红肠、方腿丁、青豆等,形成特殊风味,极受几代上海市民喜爱。

色拉是源于西餐的地道上海菜。上海人愿意尝试从欧美来的新事物的种种特性,融合了法国水果色拉,俄国土豆色拉和中国人喜食的凉拌菜做法,与炸猪排、罗宋汤一起成为上海许多主妇拿手海派西菜的主角。

170多年来,在中华大地,只有上海人一直与沙拉相伴,当年,内地许多省会城市,人们根本不知道沙拉为何物,沙拉走上内地餐馆,还是改革开放以后的事情呢。

从三年自然灾害到文革结束的短缺经济时代,沙拉在上海属于奢侈品。上海人家餐桌上出现沙拉,一般只会在春节、国庆节。因为当时根本没有色拉酱供应，家庭做沙拉，首先需要调制色拉酱：打几个鸡蛋取蛋黄，与凭票供应的只有在上海才有的色拉油或几调羹花生油和少量白醋、绵白糖、细盐用筷子从一个方向使劲搅，一直搅到手酸，制成色拉酱。这是妈妈命令孩子们做的苦差事。再煮几个洋山芋，去皮切丁，加红肠丁一起调味拌匀，做成一盘漂亮的沙拉。

色拉是当年孩子们的最爱，妈妈把沙拉端上餐桌，一调羹舀进嘴，那种丰腴软糯鲜甜的充满异国情调的美妙口感顿时会让他们陶醉，成为久远的美食记忆。

色拉代表着上海人的生活基本方式：亦中亦西，但上海人把它们融化成属于自己的、带着这个海派城市痕迹的美食。

改革开放是短缺经济时代的终结。中国人的生活水准大幅度提高，市场供应也日趋充盈，超市货架上，各种色拉酱琳琅满目，现在，老上海再也无须自己调制色拉酱了。而且，低糖低热低脂的餐饮习俗已经成为生活主流，上海的沙拉也与时俱进，已经完全不局限于土豆红肠沙拉了。

首先，色拉酱异彩纷呈：认为市售色拉酱过于浓腻的人们，可以用苹果醋、巴森米克醋或柠檬汁加黑胡椒颗粒、橄榄油和切碎的罗勒叶甚至酸奶自制清淡型色拉酱，口感更丰富别致。

其次，食材更广泛，水果玉米粒、鲜嫩豌豆、茼蒿、生菜、苦苣、莴笋、黄秋葵、胡萝卜、鲜藕、山药、紫薯、南瓜、苹果、生梨、猕猴桃、牛油果、香蕉、荔枝、鲜桂圆、柚子、蜜瓜、樱桃、草莓等各种水果，红肠、方腿、蟹肉、罐头金枪鱼、鲔鱼、熟虾仁、熟鹌鹑蛋、培根、德国水煮香肠、意大利橄榄都可以随意搭配成为沙拉的主要成员，再加一些切碎的芝士，一盘亦中亦西精彩纷呈的上海沙拉就拌成了。如果嗜辣，不妨再加点老干妈或日本芥末酱，味道就更会与众不同，家人朋友聚会，端出一盘创意什锦色拉，一定会大受欢迎。

这道什锦色拉，欧美菜谱上找不到，国内其他城市也不会有，因为这是上海人融合中西餐饮文化的创造。从土豆色拉到现在的什锦色拉，折射出海派文化兼容并蓄、与时俱进的特性，更展示上海市民善于创新的精神。

春到天马山

星期天上午,我正在家里写研究报告,徐君来电话:"何不出去郊游?闷在家里难过伐?"我欣然搁笔。

很快,他开车来了。

去哪里?他想去松江天马山踏青。

很多人不知道上海其实也有山。

上海是长江入海口的冲积平原,一马平川,但在松江青浦境内有九座袖珍小山,均在海拔100米以下,古称"松泖九峰":依次名为小昆山、横山、机山、天马山、辰山、佘山、薛山、厍公山、凤凰山。

其中,最出名的是佘山,因为山上有建于20世纪初的号称远东第二的佘山天主教堂、佘山天文台,现在是国家级旅游区,游人如潮。

天马山在松江县城西,距上海市区约50公里,一座袖珍玲珑的小山,海拔仅98.2米,周围2.5公里,山地面积1800亩,因山形如行空天马,故名天马山。

山上原有岳祠、来鹤轩、变石鱼、二陆草堂、看剑亭、八仙坡、半珠庵、留云壁等十景,还有著名的三高士墓(元末明初著名江南文人:山阴杨维桢、钱塘钱维善、华亭陆居仁)。

现古迹大多已毁,徒留下空空墓穴,诚所谓"古今将相在何方,荒冢一堆草没了",我们观之不禁唏嘘。

天马山半山间有一座千年斜塔，名叫"护珠宝光塔"，北宋元丰二年（1079）由横山乡人许文全建，距今已921年，塔七级八面，高20余米。塔身虽小，但屹立山间，奇峻挺秀。南宋绍兴二十七年（1157），高宗赵构赐五色佛舍利藏于此塔内，时显宝光。

到了清代，天马山香火极旺盛。据清人诸联的《明斋小识》记载：乾隆五十三年（1788），寺里演戏祭神，燃放爆竹，因而起火，烧去塔心木及扶梯、楼板等，塔梯、腰檐、平座也都毁坏，仅剩砖砌塔身，现在塔身上截西南角留有残木一段，便是明证。后有人在砖缝中发现宋代元丰钱币，遂不断拆砖觅宝，使塔底西北角转身渐被拆去，形成约2米直径的大窟窿，但宝塔屹立不倒，堪称奇迹。

由于地基变动，使塔身逐渐朝东南方向倾斜。据1982年勘察，塔身已向东南方向倾斜62°51′52″，塔顶中心移位2.27米，故俗称"斜塔"。护珠塔比比萨斜塔还倾斜1°多，实乃天下第一斜塔。

塔前是近600岁的古银杏，老枝已枯，新芽茁壮。

仲春的天马山，通山翠绿，幼嫩的树芽枝头绽出，娇艳欲滴。

竹林里，春笋沾着晨露，努力顶去枯叶，破土而出。

古树残留的树桩，里面倔强地钻出蕨的幼芽，身披金色柔毛，煞是可爱。

全山人迹罕至，寂静无声，我和徐君在山道盘桓，呼吸着山里湿润的泥土芬芳，通体舒泰，烦恼尽扫。

山间有牡丹，寂寞盛开。

樱花也在春日映照下吐艳。

由于毗邻的佘山声名在外，游客都集中在那里，天马山不为外人广知，所以游客寥寥，全山只有十几个人在山间漫步。这正是我们最喜欢的，我随身带了松下DCM-LX2袖珍相机，边走边拍，记录春的气息，徐君则带了尼康胶卷相机和微距镜头，仔细拍下烂漫的春光。

时已中午。尽兴下山。

我们到山下农家菜馆吃饭。我点了四菜一汤，都是地道的江南风味：

马兰头拌香干参见前文《春蔬滋味长》(第186页)。

雪里蕻咸菜炒河蚌肉

这是江南一道不上酒席台面农家土菜。

农民从河塘里捞出河蚌,用弯如小镰刀的刀具沿蚌壳缝道插进去,挖出蚌肉,放在脚盆里在鱼摊上出售,每斤仅二三元,价格远低于鱼虾。

买三四斤河蚌肉,去掉肚肠,冲洗后放入一调羹白酒一把盐用劲揉,主要是揉去浓重的土腥味,再冲洗,边洗边揉,洗去粘液后,放砧板上,将蚌肉用刀背拍松拍软,然后把蚌肉切小块,大锅滚油,下生姜花椒快炒,倒料酒一两,转小火盖上锅盖焖。约半小时待到汤色变浓呈奶白色、蚌肉酥软,再把雪里蕻咸菜切碎末,放入蚌肉同煮3分钟,撒一把葱花,即成。

咸菜烧蚌肉是一种极其低调的鲜美,其烹制要诀是用白酒和盐揉去土腥味,缺少这个程序,蚌肉是难以入口。

昂刺鱼炖豆腐

昂刺鱼学名黄颡鱼,又名嘎牙子、黄鳍鱼、黄刺骨,广布于中国东部,与四川嘉陵江边的著名的黄辣丁是同一种鱼,长在河塘,约三四寸长,通体嫩黄色,以前野生,现已人工繁殖,菜场多有出售。

昂刺鱼一斤约五六条,去内脏、鳃清洗净备用;豆腐切小块;生姜切片。

起油锅,下昂刺鱼,两面略煎。

锅内加水,加入豆腐块、生姜片、花椒、盐、料酒,大火煮开,中火加盖煮10分钟,加入味精、胡椒粉、葱末,出锅。

昂刺鱼肉细嫩与豆腐同炖,汤极鲜。

毛笋红烧肉

生煸枸杞头

江南人家在开春喜食枸杞嫩芽,大火煸炒片刻即上桌,清脆味微苦,非常好吃。

我们要了一瓶石库门黄酒,还要了6只红焖麻雀。

这一顿饭,只花了 150 元。

徐君带了明前龙井,两人先喝酒吃饭再饮茶聊天,一顿饭吃了约 2 小时,然后,打道回府。

长居喧嚣闹市,仲春郊外踏青的感觉真好。

黄梅天郊游

梅子黄熟之时，正值初夏，江南经常出现一段持续较长的阴沉多雨天气，俗称梅雨。

"清明时节雨纷纷，路上行人欲断魂"，这是杜牧的名句。

但如果不是冒雨撑伞彳亍于泥泞村道，而是斜倚小窗，与三二知己泡一壶新茶，面对窗外润物细无声的丝丝春雨，翠绿柳芽粉色海棠艳红山茶和遍野金黄油菜花、一池吹皱的碧水，这时的心情就绝不会"断魂"了。

被喧嚣都市吵得不耐烦，可乘梅雨时节驾车郊游。

上海周边一小时车程内，可欣赏雨景的古镇甚多，朱家角、新场、金泽、锦溪、同里、甪直、芦墟、西塘、乌镇，另有新建的无数遍布乡间度假村农家乐，不仅有水乡美景可饱览，更有只能在江南尝到的美食。

到古镇乡间观赏梅雨季特有的美景，再加美食，人生无憾矣。

江南习俗择时而食，讲究时鲜。

梅雨季节，时鲜纷呈上市，目不暇接：

河虾进入产卵期，这时的雌虾俗称"籽虾"，用盐水煮熟，通体艳红，加上腹间密布的虾子和状如红膏的虾脑，口感丰腴，鲜极。用虾脑虾仁虾子做的"三虾面"，堪称一绝，而且一过梅雨，虾产了卵，肉质松散，不复美味矣。

河蚌经过一冬，养得肥壮，河蚌肉用盐、烧酒"捏"一下，油锅下葱姜煸熟，再加入老豆腐同煮，汤汁浓稠，口感软腴，此乃典型农家菜；

鲃鱼也适逢其时上市。当年经于右任先生热捧，现在已成游江南必尝名菜，通常"二吃"，其一为鲃鱼肝煮嫩豆腐，即"鲃肺汤"；其二即红烧鲃鱼，佐以黄酒，绝配；

乡间竹林新笋刚出土，鲜嫩多汁爽脆，可烹制许多名菜：

竹笋切滚刀块，大火旺油煸炒，下酱油白糖煮片刻收汁，这是油焖笋；

竹笋切条，开水汆熟，鲜莴笋切条用盐腌制2小时，再与竹笋、麻油、鲜酱油同拌，翠绿嫩黄相间，清香扑鼻，此为"文武笋"；

竹笋与咸肉同炖，再加百叶结煮片刻，这就是著名的"腌笃鲜"，号称鲜得眉毛都会掉下来；

竹笋红烧肉，早已名闻遐迩。

田埂野菜马兰头，在春雨滋润下，破土而出，绿叶娇嫩，长及盈寸，农妇清早采摘而归，用开水汆熟，切细末，拌以香干末、麻油、少量盐，此即马兰头香干，绿白杂陈，清鲜爽口；

蚕豆已结荚，去壳嫩蚕豆大火快炒，软糯清甜，此亦时鲜菜；

油菜开花前已抽薹，俗称"菜苋"，切碎盐腌封坛一月，开坛菜香扑鼻，咸鲜异常，与塘鳢鱼同汆烫，咸菜金黄，鱼肉雪白，汤清肉鲜，堪称一绝，此即"咸菜塘鳢鱼汤"；

近年江南农家开始散养土鸡，饲以谷麦，这种鸡生野外生长期一年以上，丝毫不带洋鸡场AA鸡的鱼粉腥味，炖汤时能闻到久违的鸡香，竹笋土鸡汤、白斩鸡、栗子鸡，是令食客垂涎欲滴的美味；

水乡盛产鹅鸭，吃田间水中活食长大，肉质紧实，充满咬劲，红烧鹅、风鹅、老鸭扁尖汤，都是可以一尝的佳肴。

莴笋叶蚕豆咸肉菜饭。莴苣在沪语中叫"香莴笋"，一般都是去叶削皮切片，稍加腌制后生食，也有用莴笋做炒菜的。

其实，莴笋叶的营养价值很高，由于略带涩味，人们就弃之不用了，很可惜。

春季，新鲜莴笋上市，鲜蚕豆也上市，可以做一道非常美味的莴笋叶蚕豆咸肉菜饭。

最新鲜的莴笋3根，剥下莴笋叶，洗净切碎。

新鲜去壳嫩蚕豆一斤。

肥瘦相间的咸肉约半斤。

大米一斤。

咸肉洗干净切丁，用热水浸一下，去掉过咸的盐味。

大米淘洗干净。嫩蚕豆洗一下。

起油锅，爆炒咸肉2分钟，再下蚕豆煸炒一分钟，然后下莴笋叶和大米煸炒2分钟，煸透后加一碗水，由于莴笋叶和蚕豆都富含水分，因此加水要少于煮饭的水量。大火煮沸，尝一下，再转微火焖饭至熟。或者把煮沸的饭放入电饭煲煮熟，效果也一样。

饭熟开锅盖，一股浓郁的莴笋叶特殊香味扑鼻，晶莹的米饭、暗绿的莴笋叶、青翠的蚕豆、红白相间的咸肉，组成一幅极美的图案，入口尝之，莴笋叶的脆嫩、蚕豆的糯软、咸肉丁的鲜美加上米饭的清香，绝配。

还有就是江南点心。

草头是江南特产蔬菜，初春鲜嫩，采摘后用盐稍腌，挤去多余菜汁，与糯米粉同拌后做成杯口大小饼，油锅煎熟再加糖水略煮，这就是著名的"草头塌饼"，非常好吃；

青团；取艾草汁拌糯米粉，加入桂花豆沙馅，搓成乒乓球大小，大火蒸熟，冷后涂以麻油，这也是只在清明前后才有的江南美食。

至于清蒸白丝鱼、白米虾、银鱼炒蛋、粉皮花鲢鱼头汤、熏鱼、红烧蹄膀、油爆虾、炒鳝糊、面筋塞肉之类，因常年在餐馆出现，这里就省略了。

说句笑话，如果现在有人冒雨跑到阳澄湖去吃大闸蟹，进古镇饭店点基围虾七星斑剁椒鱼头猪肉炖粉条，那绝对是煞风景到家的。

所以，品尝江南美食，一定要择时，尤其在烟花三月的梅雨季节，多少江南美食在等候吃腻盒饭公司快餐的都市白领呢。

崇明农家菜

我们的课题组为崇明某公司做"浦江—三岛旅游方案"已进行数月，今天，课题组几个人专程去崇明，与公司领导讨论课题的下一步运作问题，我们早上7点出门，赶往宝杨路码头，乘坐快速双体客轮前往崇明南门。

崇明是中国第三大岛，位于长江口，是长江泥沙堆积的河口岛屿，1949年以后的50多年，面积从500多平方公里增长到1200平方公里，——几占上海市域面积的五分之一。由于上海市政府对崇明岛采取了严格的生态保护措施，不让任何污染企业上岛，20多年来，崇明成为整个长江三角洲地唯一的一片大面积未受污染的净土。

一上岛，就感受到明显的绿意、凉意。岛上植被极为厚实，到处郁郁葱葱。

著名的东平国家森林公园，水杉林面积超过5平方公里，成为华东地区最大的人工林。

我们考察了崇明岛西端农村，也是绿意盎然的田园风光，与上海的都市景象形成了巨大的反差。

课题的下一步工作很快就谈妥——为明珠湖的农家乐项目提供咨询。

明珠湖是一个2平方公里的人工湖，准备进行生态旅游开发。

随着上海——崇明的桥隧工程2010年竣工，上海到崇明的长江口天堑阻隔将变为通途，届时厌倦都市生活的人们，将首选崇明作为度假胜地。

中午，公司领导在县政府招待所请我们品尝农家菜。这是离开崇明很难吃到的真正地方特色江南特色菜：

糟螃蜞

螃蜞是在淡水和咸水交汇的河边生长的一种小型蟹类，仅一元硬币大小，抓来洗净后用佐料、酒糟活腌生食，清鲜满口。这是从前穷人的口福，现在，螃蜞仍满河沿乱窜，一会即可抓一脸盆，农民多把螃蜞砸碎喂鸭的。

拌金瓜丝

金瓜是崇明特产，比甜瓜大，重约2斤，金黄色。初秋成熟。

这种瓜最奇特之处在于，留皮横切一寸宽，放开水里汆三四分钟，用调羹刮或手撕，金瓜就会像面条一样，被拉成一丝丝的，用麻油酱油拌之，爽脆清口。

"鼻冲"

崇明一绝。以猪鼻暴腌，煮熟切片，喷香软糯咸鲜，下酒的绝配。

咸肉牛蛙炖鳝筒

牛蛙是人工养殖的，黄鳝是野生的，咸肉是用梅山猪肉暴腌的。味道大家可以自己想象。

炝河虾

江南名菜。活河虾洗净，用白酒、红乳腐炝之，乘活食之。

很多地方水质污染，没人敢吃炝虾，但在崇明，可以放心啖之——这里环境非常洁净。

咸菜豆瓣汤

新鲜嫩蚕豆去壳去皮。剥出碧绿的豆瓣，加雪里蕻咸菜煮汤，地地道道的江南家常菜。

咸肉蒸崇明毛蟹

崇明蟹的名气原来很响，因为长江口是蟹苗的产地，阳澄湖大闸蟹的幼年均在长江口度过。崇明蟹个小但长得十分壮,肉鲜,蟹黄丰腴,口味绝不亚于大闸蟹。

用咸肉同蒸,咸鲜异常。

水笋红烧肉

笋干用淘米水浸发后切段,洗净后与猪肉放坛子内闷烧,这也是江南家常菜。

清蒸白丝鱼段

白丝鱼是江南著名的淡水鱼,味道不亚于鲞鱼,重约 1-2 斤,清蒸食之,肉质极为细腻鲜美,唯一的缺点就是刺多。

红烧鮰鱼

鮰鱼生长于淡水与海水交汇的河口,肉嫩刺少肥腴,以大蒜仁红烧,口感十分软滑,如食豆腐,但腴香满口。

主食:白扁豆咸肉菜饭

以崇明特产白扁豆、梅山猪的咸肉加青菜大米在大铁锅焖煮,从前的上海人俗称菜饭、"咸酸饭",清香飘逸,闻之真的食欲大开。

崇明老白酒。

用糯米酿造,过滤后封入酒坛 2—3 年。色泽微黄,清甜醇厚,后劲颇大。

这顿饭,绝无山珍和禁食动物,都是普普通通平平常常的江南家常菜,但大家吃得十分尽兴。

作为上海的"绿肺",崇明严格限制工业发展,生态环境旅游是发展方向,品赏农家菜家常菜将成为重要内容之一。

味觉老镇

江南水乡多古镇，古镇多沿河而建。

古代运输主要靠船，古镇是货物加工集散地和商贾云集之处，商贾谈生意往往在酒楼茶馆，因此古镇有好菜好茶好景致。

近世火车汽车问世后取代内河航运，曾经繁华千年的古镇逐渐寂寞冷落。

改革开放30年，城市拆旧建新大兴土木，摩天大楼豪宅洋房取代了老街旧巷。

当人们厌倦了车水马龙灯红酒绿都市喧嚣以后，开始怀旧思静，寻找昔日的记忆。人们发现，江南不少古镇幸运地逃过"建设性破坏"一劫，默默恪守着小桥流水白墙黑瓦古宅深巷吴侬软语，那一小片祖宗传下来的天地。

这几年，寂静的古镇被唤醒，石板小巷廊桥老宅酒楼茶馆人声鼎沸，成为旅游热点。

游古镇，美食是不可或缺的节目。

从前古镇，官宦巨贾不屑居留，他们更垂青宁杭苏扬富贵繁华温柔之乡。

古镇居民多为殷实的商人手艺人，古镇餐饮，也适应这个阶层的消费，没有山珍海味熊掌鹿筋龙虾石斑燕鲍翅，多为就地取材的鱼蟹虾鳝猪牛鸡鸭菜蔬瓜果，以江南人特有的精细，做出一道道各具特色脍炙人口的佳肴。

可以说，在江南每个古镇，都有名闻遐迩独一无二的传统特色美食：

枫泾丁蹄

枫泾是上海金山区历史古镇，成市于宋，建镇于元，地跨吴越两界。枫泾周围水网遍布，区内河道纵横，素有"三步两座桥，一望十条港"之称，镇区多小圩，形似荷叶；境内林木荫翳，庐舍鳞次，清流急湍，且遍植荷花，清雅秀美，故又称"清风泾"，"枫溪"，近年已成为新沪上八景之一。

丁蹄是枫泾特产。清咸丰二年，有姓丁氏兄弟在镇上张家桥开"丁义兴"酒店，独创红烧猪蹄，取材为细皮白肉、肥瘦适中，骨细肉嫩的枫泾猪，用其后蹄，要经过蹄形整修、焯水、拔毛、文火焖煮、加佐料、出骨等8道工序，烹制时用嘉善姚福顺三套特晒酱油、绍兴老窖花雕、苏州桂圆斋冰糖，以及适量的丁香、桂皮和生姜等原料，经柴火三文三旺，再以温火焖煮而成。熟后外形完整，色泽暗红光亮，热吃酥而不烂，冷吃喷香可口，久吃不厌，故很受欢迎，人称"丁蹄"。

枫泾丁蹄，百年来获奖累累，1910年获南洋劝业会银奖，1915年获巴拿马国际博览会金奖，1935年获德国莱比锡博览会金奖，1986年获上海市地方名菜和传统优良食品证书、并载入《中国土特名产》集，1993年获《中华老字号》称号、1996年获上海市专利技术与产品博览会金奖。

去枫泾，可到丁义兴点刚出锅的热丁蹄，再配盐水河虾、清蒸鲈鱼、爆炒螺丝和几样时蔬，临河酒楼凭窗而坐，来3斤枫泾黄酒，佐以丁蹄河鲜时蔬，地道古镇美食之旅就开始了。

高桥鲫鱼

高桥镇是浦东四大名镇之一，在南宋年间，这里就商贾日敏，市居稠密。明初朱元璋建都南京后，长江口成为捍卫京都的第一道屏障。洪武年间，这里建起了清浦旱寨，有四百名驻军。永乐年间，这里筑起了城池，名为宝山堡，后更名高桥。浦东超过三分之一的名胜古迹、名宅故居都在该镇，大部分名宅故居集中在有着800多年历史的高桥老街，高桥老街被市政府列为历史文化风貌区。

鲫鱼为产于长江的淡水鱼，其肉嫩味鲜美，富含脂肪，又无细刺，蛋白质含量为13.7%，脂肪为4.7%，被誉为淡水食用鱼中的上品。

高桥镇地处浦东长江岸，这里产鲫鱼。

红烧鲫鱼是高桥镇一道名菜。

做法：鲫鱼宰杀洗净后，斩成4公分见方的块；生姜切成指甲片；香葱切成小段。锅内加植物油，旺火烧热后推入鱼块和姜片，快速翻炒几下即烹入黄酒，加红酱油、盐、白糖、翻拌几下，待鱼块染上酱色后添加清水，烧开后加猪油，盖上锅盖转小火焖烧40分钟左右，锅转中火上，收稠卤汁至浓粘能包住鱼块时，淋上清油、旋锅、翻身、撒上葱段即成。

据高桥镇厨师介绍，鲫鱼的鱼皮、鱼鳞富含蛋白质，鱼肉除富含蛋白质外，还含有多种游离氨基酸、维生素和钙、磷、铁等物质。所以，这道菜不仅美味，还是很好的营养品。红烧鲫鱼油煸后一定要长时间的小火焖烧，这样能使卤汁中的明胶越来越多，明胶附着力极强，能包裹在鱼块身上，起到勾芡的作用。

高桥镇的红烧鲫鱼，色泽红润光亮、鱼块饱满挺刮、咸鲜丰腴透出甜味。

真如羊肉

真如镇原属嘉定，后划归普陀区。

古镇得名于始建于元朝的真如古寺。其寺庙中的元代大殿，已被列入国家重点文物保护单位。真如因地处水陆交通要道，香火颇盛，寺周渐成集市，发展形成一大集镇。

我国著名的高等学府暨南大学，抗战前创立于真如镇，解放后院系调整，暨南大学迁至广州。

真如羊肉是闻名苏浙沪的传统风味小吃，成名于清乾隆年间，至今已传承二百多年历史。清代，嘉定各乡镇有很多人家都自己养羊，于是羊肉就成为当时嘉定县普通人家中桌上的常菜。旧时嘉定农民有伏天食羊肉传统，每天凌晨3时半，农民上街泡茶馆，4时半许，进羊肉馆要上一碟羊肉，酌一二两白干，嗣后一碟羊肉汤面，即下田干活。

真如羊肉品种有白切、红烧两种。白切羊肉，在清朝已经开始流行，在当时上海的白切羊肉中，以真如镇所产的最为著名，时称"真如白切羊肉"，尤其在冬季，真如白切羊肉更是人们争相啖食的滋补佳品。真如红烧羊肉又称"生糟羊肉"。民国初，扶栏桥东有赵群林、赵云山兄弟，每天清晨在北大街固定摊位出售自制的红烧羊肉，制作方法：活宰山羊，连皮带骨切成小方块，按小、中、大的规格用丝草紧扎入锅，再在配以水、糖、黄酒、酱油、葱、姜的老汤中焖成。有卤浓、肥甜、鲜糯的特点，且有酥而不烂，肥而不腻，香而不膻，香甜美味的特点。食时须热锅热吃。旧时每天都有许多顾客从上海市内外各地慕名来真如享用羊肉，吃完后再大包小包带回家供家人食用。真如羊肉由此闻名遐迩，成为沪上一绝，1986年4月20日中共中央政治局委员、国务院副总理吴学谦来真如视察，谈起少年时随祖父食真如羊肉的趣事，临行还特地购买了3斤白切羊肉带回北京让家人品尝。

南翔小笼

南翔是上海千年古镇，南北朝梁天监四年（公元505年）建成白鹤南翔寺，镇因寺得名，是上海市四大历史文化名镇之一。

明清两代，南翔人文荟萃。明代贡生14名，举人16名，进士10名；清代贡生20名，举人19人，进士7名。

南翔小笼起始于清同治年间，至今已有100多年历史。由日华轩点心店主黄明贤创始，选用精白面粉紧酵擀成薄皮，以精肉为馅，不用味精，用鸡汤煮肉皮取冻拌入，以取其鲜。馅内洒入少量研细的芝麻，以取其香；根据不同季节，加入蟹粉虾仁或春笋，以取时鲜。每只馒头14个褶，50克面粉制作10只馒头，形如荸荠呈半透明状，小巧玲珑；出笼时任取一只放在小碟内，轻戳皮子，汁满溢碟。

其实，南翔小笼的名气远胜于南翔镇。吃过小笼包的人，大部分未去过南翔。

南翔颇多古迹，有<u>南翔寺砖塔</u>一对，在镇中心香花桥北堍，是建于梁天监年间的白鹤南翔寺仅存的<u>遗物</u>，明清园林20多座，明代通判闵士籍建猗园（今称古猗园）于东市，至今仍为南翔名胜。此外曾有计氏园（后改为来鹤园）、怡园、巢寄园、桐园等。故有"小小南翔赛苏城"之誉。

古猗园是江南名园，大门口就是南翔小笼店。到南翔，游古猗园后再品尝原汁原味的南翔小笼，就会知道，这里的小笼才堪称地道正宗。

现在去南翔很方便，地铁11号线江苏路终点站50分钟即可到南翔，票价5元。

早晨7点，乘11号线到南翔，8点游古猗园。漫步故园，春探梅夏观荷秋赏桂冬踏雪，在老戏台下品茶听完昆曲，去园门口的小笼店，来一笼热气腾腾的南翔小笼，配一碟镇江香醋，举筷轻夹，入口轻吮，浓郁汤汁满口鲜香，然后细嚼丰腴肉馅，此种美景美味，非亲临难以想象。

这些佳肴美味，在各地都有出售，但非常奇怪，真正能够尽显美味真髓的，还是古镇。如果离开拱桥廊棚古街老店，就难以展示那种与古镇不可割舍的情调和风味，这大概就是古人所云："良辰美景赏心乐事"，四美齐聚，才是完整的美吧。

鲃肺汤与河豚刺身

一

鲃肺汤是苏州名菜，原名"斑肺汤"。用斑鱼肺（是一种淡水无毒河豚类的鱼，仅生长于江南，长约四寸。鲃肺其实是鲃鱼的肝）制作的菜肴，早在清代苏州地区就很盛行。清代袁枚在其所著的《随园食单》中就有关于斑鱼菜肴的记载："斑鱼最嫩。剥皮去秽，分肝肉二种，以鸡汤煨之，下酒三份、水二份、秋油一份。起锅时加姜汁一大碗、葱数茎以去腥气。"

1927年，国民党元老于右任先生游太湖，观赏桂花之后途经苏州木渎，在石家饭店品尝了该店制作的"斑肺汤"，称赞此菜十分鲜美，随即挥笔题诗一首："老桂花开天下香，看花走遍太湖旁，归舟木渎犹堪记，多谢石家鲃肺汤。"于右任是陕西人，当时该店的苏州老板讲"斑肺"，他听不懂吴语，便据谐音写作了"鲃肺"。从此"鲃肺汤"便代替了"斑肺汤"并闻名全国。当地用生长在太湖木渎一带的鲃鱼制作此菜。

现在，在江南的水乡古镇，如木渎、东山、锦溪、朱家角、甪直、同里的农家饭店，多有鲃鱼出售，通常是一鱼二吃，价格通常在10元—18元一条。用餐时每人一条。

鲃肺汤：以当地自制嫩豆腐与鱼肝、高汤同煮，豆腐软滑、高汤清鲜，鲃肺腴美，加上于右任先生的典故和江南水乡的小桥流水，实在是人生的一大享受。到江南古镇旅游，不尝鲃肺汤是一大缺憾。

红烧鲃鱼：鲃肺取出烧汤，鲃鱼红烧。鲃鱼的味道有点像鮰鱼或四川的江团，肉嫩少刺，鱼皮厚实。以当地上等黄酒佐之，绝。

二

在日本，河豚刺身是非常奢侈的享受，价格奇贵。

我曾在大阪"太政"河豚料理店吃过河豚刺身。

活河豚养在巨大的玻璃鱼缸里，用网捞出后，由持有河豚厨师执照的专业厨师宰杀后用利刃片成晶莹透明薄如蝉翼的刺身，盛在色彩淡雅的日本陶瓷盘里，犹如水晶花瓣，蘸芥末酱油食之，鲜脆肥腴，口腔里有一丝难以言传的麻酥酥的欣快感——那是极微量河豚毒素形成的一种刺激，据说，这就是吃河豚刺身的绝妙体验。

对于胆小的食客，饭店早有准备，在餐桌放一火锅，可以涮熟食用。

近几年，国内河豚的人工养殖已经在江南实现，与野生河豚相比，毒素已经大大降低，生食已无危险。而且价格大大低于日本。

吃河豚刺身，镇江和江阴是首选，南通、海安、启东、海门和上海崇明的一些饭店都有。最佳品尝时间是春末夏初。

我在南通专门考察过海安县的河豚养殖场。据老板介绍，野生河豚剧毒，由于过度捕捞和长江污染，现在已极罕见。春末夏初的野生河豚，每斤售价超过 2000 元。

人工养殖的河豚，可以根据配比不同的饲料投放控制毒性。剧毒河豚专门提取河豚毒素，用于生物制药，食用河豚基本无毒。目前，江苏省的河豚人工养殖已经颇具规模，今后，内地的饭店供应活河豚也是指日可待的。

河豚刺身与三文鱼相比，三文鱼过于肥腻，加上长期低温储藏，有时食之味同嚼蜡。

河豚的另外吃法是红烧。河豚的皮比较厚实,触摸表皮的感觉类似砂皮,厨师把河豚的皮剥下,一起红烧后置皮于鱼上,主人会告诉客人,把鱼皮翻转,外皮朝内,用筷子卷起后一口吞下,可以养胃。

红烧河豚味极美腴,无怪乎有"拼死吃河豚"一说。

清炖河豚。这是河豚的第三种吃法。味道与鲃肺汤接近。

艺伎咖啡

一

我的挚友聂君，上海人。身材颀长、西装笔挺、风度翩翩、谦恭儒雅，任日本某大银行中国分行副行长已多年。

他是我认识的朋友中，咖啡道行最深、咖啡瘾最大的人。

聂君是日本咖啡协会资深外籍会员，多年来每逢假期，自费到世界各咖啡产地考察，跑遍南美洲、非洲、南亚甚至我国云南的咖啡种植园，购买当地生咖啡，带回上海在家里根据不同品种进行深度或浅度烘焙，再用整套精美的咖啡冲饮壶具，享受高水准的纯正咖啡。我曾开玩笑说，"除了无法在阳台上种咖啡，老兄的咖啡流程已经一环不缺了。"

某年在瑞金宾馆，他亲自进行咖啡冲泡演示，带来一大包器具，包括镀金的壶嘴细长的圆壶、便携式咖啡研磨器、咖啡滤杯和滤纸、纯水、咖啡豆和一套皇家道尔顿咖啡杯。

"喝咖啡，不能煮，只能冲泡"。他端起圆壶，细长的壶嘴对准咖啡滤杯，以十分优雅的动作，轻轻地、圆周状地往已垫滤纸放入刚研磨的咖啡粉的滤杯注入热水，顿时房间里香气四溢，然后，把滤杯中的咖啡倒入几只咖啡杯，这是我第一次品尝真正的咖啡。

他的咖啡癖好，已经"瘾入膏肓"。一次我和他出席浦东政协全会，在台下听领导作报告，我发现他脸色发青、冷汗淋漓，以为他病了。谁知他起身拉我溜出会场，一路小跑到新区政府对面的科技馆，买了2张70元门票，奔向咖啡吧，一口气灌下2大杯不加糖的雀巢浓咖啡，脸色顿时由青转红，缓过神来。"早上没喝咖啡，匆匆赶来开会，忘记带保暖壶了。"他解释道。

"不至于吧？"我十分诧异。

"一天8杯。日本人规矩很重，办公室里不能放咖啡冲饮壶，但对我特例，我的办公室可以冲泡咖啡。"聂君不无得意地告诉我。

二

前几天收到聂君短信："本周六下午3点到5点，在浦东环球金融中心29楼举行日本著名咖啡大师、日本精品咖啡协会会长田口护先生的演讲和顶级精品咖啡现场品鉴会，敬请光临。"这老兄，咖啡又喝出新花头了？

一次难得的学习机会，我当即回复："一定准时到。"

今天下午，背着摄影包，赶去环球金融中心直奔29楼，这是环球金融中心的会所。

30多位嘉宾已就坐，主持人聂君正在介绍田口先生："田口先生1938年出生于札幌，1972年创建'巴赫咖啡馆'，巴赫咖啡馆提供的咖啡，全部是田口先生亲自到世界各咖啡产地采购，然后逐颗精选，亲手烘焙，坚持不懈地追求'真正的自家烘焙咖啡'之道，对咖啡烘焙技术有极深造诣，在日本声誉卓著。

"巴赫咖啡已发展到品牌化集团化经营，在日本和全世界有100多家支店。他是日本咖啡文化学会烘焙萃取委员会理事长。2000年在日本进行八国集团冲绳峰会，日本首相举行的晚宴选指定田口先生现场调制巴赫咖啡招待包括克林顿总统在内的各国首脑，获得一致好评。"

在热烈的掌声中，田口先生走上讲台，开始讲授咖啡从种植、收获到烘焙、冲饮的全过程。

老先生今年73岁，精神矍铄，侃侃而谈，N君同步翻译。

背景大屏幕上,放映他在乞力马扎罗山区考察咖啡园的录像。

他讲到,2003年参加美国精品咖啡协会举办的国际咖啡鉴定会,一天品尝了168杯咖啡,还要写下鉴定意见!

"美国的精品咖啡协会(SCAA),对精品咖啡有明确定义,主要衡量标准是干香气(fragrnce)、湿香气(aroma)、酸度(acidity)醇厚度(body)、余韵(aftertaste)、口感(flavor)"田口如数家珍地娓娓道来。

"与平常喝的商务咖啡相比,精品咖啡多了繁复的栽培与精制过程,以葡萄酒比喻,商务咖啡是日常喝的餐酒,而精品咖啡就是AOC(法定产区)红酒。不过,非精品咖啡不算咖啡的极端想法并不正确,这是一种产地至上主义和品种至上主义。每天都喝高级红酒,就会失去偶尔享用的乐趣。"

接着,田口先生介绍了咖啡的品种、各国种植园的分布、咖啡从播种到采摘、加工过程,不同咖啡品种的特点和区别,以及咖啡烘焙和泡饮程序。

他特别介绍了一种巴拿马唐巴契庄园出产的咖啡"Geisha",这是目前全球最受瞩目的精品咖啡。由于发音与日文的"艺伎"接近,很多人把geisha叫艺伎咖啡,其售价竟然高于牙买加蓝山咖啡,成为全球最昂贵的咖啡。Geisha产于巴拿马西部巴鲁火山周围,1960年代,Francisco Serraci将艺伎这个品种由哥斯达黎加带到巴拿马,他的唐巴契庄园也成为巴拿马第一个种植geisha的庄园。

最后,田口请来宾提问题。

一个日本人问:全球最早的咖啡馆是否就是威尼斯圣马可广场的那家?

"否。"田口先生回答:"全球最古老的咖啡馆在开罗,因为阿拉伯人是世界上最早发现和饮用咖啡的民族,开罗的那家咖啡馆迄今已逾千年,是联合国历史文化遗产,至今尚在经营。"

一位女士问咖啡的药效和利弊,田口先生也做了详尽的解答。

我觉得他们的问题太沉闷,遂提了一个搞笑问题,活跃一下全场气氛:"美国最近流行咖啡不加糖而是加盐,喝咸咖啡,田口先生对此作何评价?"

田口笑答:"我不赞成喝咸咖啡。就像中国人和人日本人喝茶绝不放糖、而英国人喝茶一定要放糖一样。当然,美国人为了新奇,可以这样做,在日本,甚至有人往咖啡里加红豆沙的。换言之,如果在甜咖啡里放极少量盐——分量要准确,可能会产生另外的风味。"

聂君宣布,今天将品赏8种咖啡,其中就有"艺伎"。

演讲结束,稍事休息,大家来到咖啡厅。田口先生不仅带来了全球最昂贵的艺伎咖啡,还向来宾赠送他的专著《咖啡品鉴大全》并亲笔签名留念。他还赠送大家一只精美的铝盒,里面装着一只勺子。

我纳闷:送调羹干什么?

正疑惑间,聂君悄声告知:"这叫咖啡杯测,咖啡的品质是依味觉来判断的,方法是将10克咖啡粉倒入温热的咖啡杯中,再注入100度开水冲泡,以这只'杯测'充分搅拌后,静置一会儿,让粉末沉淀,用杯测捞去表面的泡沫后,舀一勺咖啡闻其香味,再将咖啡含在口中,以判断酸、苦、甜的程序及有无异味,测试完后,马上漱口并纪录结果,然后继续下一杯的测试。这只'杯测'有来历,是日本咖啡协会会员专用品、非卖品,如果你在日本参加咖啡品鉴会,拿出这只杯测,人家会刮目相看的。"

我看见咖啡厅一侧的长桌,摆放了好几种刚研磨的咖啡粉,田口的一位随行咖啡技师正在从刚泡好的咖啡杯上小心地舀去浮沫。他的左手拿的正是这个杯测。

等他舀去泡沫,我也取出杯测,开始一勺勺轻舀各种咖啡品尝。

由于对咖啡知之甚少,因此不同咖啡的口感只能用"茶感"描述:有的花香浓郁,如饮香片;有的口感厚重,似啜乌龙;有的回味清甘,堪比龙井;有的气味独特,犹如普洱。

我平时也喝咖啡,但与茶相比,约为10∶1。我偏好不加糖的意大利特浓蒸馏咖啡。那股美妙的"重口味"苦涩,才过瘾。

日本人冲泡的咖啡较淡,一如东洋餐饮崇尚清淡,再浓一些就好了。

终于发现"艺伎"的真面目了。确实是精品咖啡。颗粒均匀、色泽油亮、丰腴饱满。

我翻开现场赠送的艺伎资料,上面是这样介绍的:"geisha 是目前世界上最受瞩目的精品咖啡,'艺伎'具有迷人的柑橘果香和花蜜般甘甜的独特风味。产地位于巴拿马西部巴鲁火山周围,海拔高度、肥沃土壤及各种小气候都为优质咖啡的播种培育提供了充分适宜的条件,尤其是在种植过程中严禁使用任何农药,此后的生豆加工过程也在十分细致的质量管理下进行,从而使艺伎获得世界最佳品质咖啡的殊荣。使艺伎一举成名的是 2004 年,埃斯梅拉尔达庄园(la esmeralda)出品的艺伎,在巴拿马国际拍卖会上创下了当时最高中标价的世界纪录,此后连续四年夺冠,2007 年更以每磅 130 美元的惊人价格刷新了世界纪录。"

在日本,牙买加蓝山咖啡 no.1,100 克售价 200 日元(160 元人民币),100 克埃斯梅拉达尔艺伎,售价 2300 日元,台湾咖啡馆的艺伎,每杯 500 新台币。

咖啡厅服务员把冲泡好的艺伎,倒进一只只小杯,让大家品鉴。

我拿了一杯,闭目细细感觉。

妙绝。

喝过正宗蓝山咖啡——牙买加蓝山咖啡为日本人所垄断,全部产量的 90% 运往日本。上海街头咖啡馆的所谓"蓝山"几乎都是大兴货。

前年世博会,在牙买加国家馆买到货真价实的蓝山咖啡,所费不贵,咖啡豆密封后装在小麻袋里,250 克 1800 元。回家与太太对饮,觉得超过上海任何高星级酒店和咖啡馆里的所有咖啡。

但今天一喝艺伎,蓝山就比下去了。气味芬芳如沐春风,微苦回甘果香清新。新鲜的青草香、桃子味、浆果气息和大部分咖啡豆不具备的乌龙茶香不可思议地融合,难以形容的美妙。

还是以茶喻咖啡:就像老茶客喝完大碗茶突然喝到明前狮峰龙井、极品金骏眉、30 年陈普洱、高山冻顶,那种体验的升华、味觉的兴奋、感受的惊喜,很难诉诸笔墨。

吧台后面,日本老太太不急不徐地继续泡出一杯杯艺伎----前面是小杯品试，现在才开始真正进入主题。我取了一杯，坐进沙发，慢慢啜饮。

聂君忙里偷闲地坐下，对我说："这次品鉴会，由亚洲友好协会主办，仅仅是让上海人知道日本人对咖啡的爱好的程度和介绍顶级咖啡、精品咖啡，不带任何商业目的。"

一旁的田口先生慨叹："中国现在是世界经济实力最强的国家，中国人的购买力已经十分惊人，全球奢侈品都来中国了。我真的担心，如果中国人爱上艺伎，那就轮不到我们了。下辈子，我想做中国人。"

我们闻之，哈哈大笑。

全球夜市的正确打开方式

哈里里集市的素餐

开罗回沪航班半夜12点,酒店结帐18点,这夜色茫茫的6个钟头如何消磨?

我指着远处暮色里的巨大建筑:"去哈里里集市吧!"

进入集市,灯火通明,数千家商铺的招徕声此起彼伏。热闹异常。

足足逛了2小时,莎草画、铜盘、香料塞满箱包,大家都想休息一下了。

导游大穆带我们进一家埃及茶馆坐定,上薄荷茶,100cc小杯5埃镑,刚喝一半,伙计就收杯,再来一杯又是5埃镑!

领班是老板儿子。

我对女同胞说:"把所有的零食都拿出来。"

反正要回上海了,她们把包里的零食趁机清空。

我抓一把牛肉干、巧克力塞在领班手里说:"我们想喝中国茶,先生能给我们几瓶热水吗?"

领班嚼着牛肉干,满脸笑容,转身拿来4个热水瓶:"不要钱"。我们开始泡茶,同时不断往领班和伙计手里塞开心果粽子糖花生米。

导游告诉我,坐在茶馆最里面一桌的长者就是老板。他们正在吃晚饭。我很好奇,上前探望。非常简单的食材:埃及面饼、生蚕豆、生辣椒、生洋葱、生黄瓜，蘸一种沙司大口吃。

老板非常热情地拉我坐下共享晚餐，我掏出一包中华烟相赠。

平生第一次品尝全素全生。吃得下但总有一股"生腥气"，尤其是生蚕豆生洋葱，有点反胃，强忍住。

10点半离开茶馆打的去机场。

路上问导游："今天是穆斯林斋戒吗？"

大穆笑道："不是，我们天天吃这个。"

迪士尼火鸡腿

6月4日游浦东迪士尼乐园。朋友提示，千万不要错过晚上9点的"点亮奇梦：夜光幻影秀"——这是一场融合激光、特大高清投影和幻彩灯光为一体的超级视觉盛宴，令人叫绝的是，灯光秀的主屏幕竟然就是高耸入云的迪士尼城堡！

为了这场灯光秀，我们在迪士尼各景点排队参观，乘过山车、旋转马车、时光隧道与外星人枪战、看互动儿童剧"冰雪奇缘"，逛充满童话色彩的米奇大街，一直到夜色降临。

我们走向"加勒比海盗：沉落宝藏之战"景点，不少游客手捧蓝色纸盒，正大嚼火鸡腿。儿子对迪士尼的火鸡腿印象深刻垂涎欲滴，快步走向"土图嘉火鸡腿店"，只见上千游客正在排队等候。旁边的告示牌写着："等候时间约90分钟"。

没办法，只得排队。

整整一个半小时，近8点，终于拿到55元一只热气腾腾香味四溢的3只火鸡腿了。

黑魆魆夜幕下，巴波萨烧烤、水手大排档、海怪小吃、玉米热狗小餐车、水虎鱼大口咬、部落丰盛堂鳞比栉次，灯火通明、异香扑鼻、生意兴隆，宾客盈门，夜市风情甚浓。旁边的长凳上、石阶旁，几乎人手一盒，我们找个地方坐下，拿出先前买的薯条三明治，就着可乐大快朵颐，非常好吃。

硕大的火鸡腿颇能果腹，食毕，我们赶向城堡正面，已有数千观众席地而坐。我们也赶紧坐下，静候灯光秀开场。

锦里小吃

到成都不去锦里品尝小吃,那是旅游一大损失。

锦里就是上海新天地,但消费价格便宜得多。

入夜,我带着几个朋友从武侯祠出来,转身进入锦里美食街。

一股四川特有的融合花椒红油粽叶回锅肉香扑面而来,每家古意盎然的摊档都热气腾腾、人头攒动,路边站着蹲着的食客都在大嚼,朋友们食欲立刻大增。

我介绍经验:"见到好吃的,最多买一份2人分食,这样可以多品尝美味,否则一下子吃饱,只能望美食兴叹了。今天来个友谊赛,看谁品尝到种类最多。"

大家分散行动,找自己的美食。

叶儿粑、蒸蒸糕、糖油果子串串、蜀竹香黄粑、三合泥是嗜食甜食女孩的最爱。

嗜辣男士则首选粉蒸牛肉、咔咔豆腐、锦官烟排骨、竹叶牛肉担担面等洒满红辣椒和花椒的地道川味,再来一壶冰啤,人生之乐,莫过于此。

一个半小时后,大家在锦里入口处集合。

"我吃了6样。"

"五种。"

"不好意思,7种!"一群意犹未尽的驴友,打着饱嗝,走在夜雾弥漫的成都街头,"明天再来!还有好几样没吃,实在吃不下了。"

在那个瞬间，我爱上了干巴牛肉

所谓零食，顾名思义，就是人类一日三餐主食以外的小吃。

吃零食，是人类古老的习惯。

上古先民，茹毛饮血饱食之余，不会拒绝狩猎途中偶然遇到的满树浆果和野蜂巢蜜糖——这就是他们的零食。

中国人具有的天生细致入微的味觉系统，数千年的农耕文化造就的美食文化，形成了极为丰富的食物体系，包括零食。

五味杂陈解馋解闷，这正是中国零食的精髓或神韵所在。

改革开放近40年，中国人的生活水准有了极大提高，以前吃惯的零食山楂片话梅糖冬瓜盐金枣有点吃腻了，总想"食新食异"，寻求全新的零食感觉。

机会来了。

前年冬天，在昆明做课题，早晨逛街，见一个广场上正举行"迎新春云南土特产展销会"，彩旗招展，摊位林立，各种江南罕见的云南美味：鲜花饼、腊竹鼠、吹肝、乳扇、荞酥、鱼酢、猪肉酢、油辣菌菇、丽江粑粑、宣威火腿等等琳琅满目，身着盛装的少数民族女孩叫卖声此伏彼起，种种异乡美味，看名字都会引起强烈好奇心和试味冲动。

见到两个傣族女孩在一个半人高的木砧上用木锤敲击褐色的干肉，非常感兴趣，上前探究，女孩拿起一片肉片："先生，尝尝我们傣家的干巴牛肉。"

我接过已被锤松的肉片,入口细品,比常见的牛肉干更干韧,极有嚼劲,鲜香麻辣,一下子把馋虫勾上来了。

"好吃吗?"女孩笑眯眯地问道。

"非常好吃。为什么叫干巴牛肉?"我指着广告牌问道。

"我们傣族把黄牛肉切成长条,用盐、白酒、花椒和辣椒、草果、茴香腌制,然后再风干,就是干巴牛肉。这种牛肉非常干,久藏不坏,但直接吃,牙齿受不了,我们习惯把干巴牛肉用木锤锤松,就好吃了。"女孩停手,向我介绍:"除了直接当零食吃,干巴牛肉还能做菜,可以油炸,也可以加菌菇炒,下酒吃饭都非常美味。"

"这么说,干巴牛肉没有经过炖煮再收干?"

"是的,我们傣族住在深山里,养的黄牛还有牦牛满山跑,环境非常干净,干巴牛肉就是生的牛肉干。"

她讲得不错。

其实,人类一直有吃生肉传统。

韩国的生拌牛肉丝、西班牙火腿等等,都是肉的生加工产品。

傣族干巴牛肉,与西班牙生火腿,都是经过腌制风干的肉类,西班牙火腿鲜嫩幼滑,干巴牛肉干爽厚实耐嚼,异曲同工,口味迥异。

"多少钱一斤?"我取出皮夹。

"展销会期间一百元一公斤。"女孩称了一包锤松的干巴递给我。

我买了一公斤。取出一块,边走边嚼。浓浓肉香的一块干巴,嚼一刻钟依然余味悠悠,太精彩了。

回沪后,秘藏到春暖花开,邀好友徐君在家中凉亭饮酒赏花。开一瓶格兰菲迪威士忌,一碟干巴牛肉佐酒。

徐君品尝后,赞口不绝:"这种牛肉干蛮别致的,味道邪气。啥地方买的?"

"千里迢迢从昆明带来的,上海好像没有。"

"淘宝上一定有。"徐君打开手机搜索,果然被他找到。

他啜一口酒,拿起一片干巴:"这种牛肉干,非常耐嚼,老半天嚼一片,吃不多,比巧克力鸭胗肝和其他蜜饯更低脂低糖,我也弄一斤。"

酒酣耳热,他毫不客气地装了半包:"网购快递至少3天,先带点回去让太太尝尝。省得她一面吃零食看电视,一面担心发胖。"

他摸摸有点发酸的腮帮子,扬长而去。

3块钱的上海早餐

上海生活米珠薪桂，颇让一些小白领感到拮据。

其实，从早餐看，上海还是各个阶层都能共同生存的城市。

钱包厚实的，可以去遍布全市的五星级宾馆自助早餐，品尝从英国芝士到西班牙火腿、法国生蚝到芬兰鳕鱼、印度飞饼到日本酱汤、韩国泡菜到德国香肠、扬州炒饭到广式虾饺异彩纷呈的美味。

钱包稍薄，去广帮餐馆喝早茶，一壶乌龙茶、一碟叉烧包、一碟潮州咸菜、蒸饺加豆豉排骨、再来一碗艇仔粥或皮蛋瘦肉粥，一个上午可悠闲消停。

对上班族而言，遍布街头巷尾的小餐馆和摊档，是不错的选择。

今天早晨，我照例黎明即起，二号线头班地铁。

出地铁站，晨光微曦，路灯还亮着，马路上行人寥寥无几。

一路上，大大小小的摊档已经开张，油条炸得焦脆、大饼刚出炉、生煎锅贴满街飘香。

这几天，胃口欠佳，只想喝粥。

可能粥的技术含量和附加值不高，难获暴利，故一般饮食店不屑为之，在上海，早餐要在外面喝到热烫浓稠的大米粥，不是件容易事。

但上海有粥店。

在南京西路的一条弄堂里，有家粥店，现煲海鲜粥、瑶柱粥、大闸蟹粥，那是给粥披上老虎皮，当老虎肉卖的，我去过一次，2人喝粥喝掉300多现大洋。

沿路看见一家装潢还算过得去，店堂干干净净的饮食店，门口的招牌上"鸡粥"赫然醒目。

这家店名字竟然叫"如花"——我不知老板是否学过心理学，"角色联想"会使路人一看到这名字，立刻会连想到周星驰搞笑电影里的李健仁满脸络腮胡、臃肿肥胖、打扮得花枝招展、嬉皮笑脸用小拇指抠鼻孔的"如花"！

不管了。满眼晃动着"如花"抠鼻孔的形象，冲着鸡粥，也要硬着头皮进去。

店不小，有20张桌子，顾客盈门。

东西还真不少：各种浇头面生煎锅贴油豆腐线粉汤大饼油条馒头包子豆浆小馄饨一应俱全。

老板娘亲自在擦桌端碗。

我要了一份鸡粥、一个黄桥烧饼——上海大饼的升级换代产品，更多的芝麻、油酥，咸甜皆备。

"3块。"老板娘对我说。

有点不相信自己耳朵。

我迟疑地看着她。

"鸡粥2块一碗、烧饼一块一只，一共3块"。老板娘重复了一遍。

给了3块钱。

在今天的上海，3块钱可以买什么？不够一支软壳中华烟、一瓶瓶装水，大概可以买2份报纸、半块蛋糕、一支冰棍、半棵大白菜、2只菜包子、2包牙签，或乘坐一次短途地铁，等等。

所以，"如花"的早餐非常便宜。

3块钱的早餐，要喝到鸡汁大米粥，现在上海已经很难找了。

服务员很快端来了热气腾腾的一大碗鸡粥，和一只烤得焦黄的烧饼。

鸡粥浓稠，上面加了一调羹用鸡肉碎屑炸香后调制的酱油，尝一口，非常鲜。显然，粥是用鸡汤煮的。

烧饼洒满芝麻，里面满是葱花，咸脆。

边喝鸡粥边打量。原来，这是一家卖三黄鸡的食肆。

三黄鸡做白斩鸡，需要用滚水煮，这滚水煮多就成了鸡汤，用这汤煮粥，是物尽其用。显然老板娘非常会经营，因为许多饮食店，认为早市利润薄，不屑为。

而且，进店食客很少会单点鸡粥，总要加点生煎锅贴肉包之类的。

毗邻"如花"的"新×大包"，国营连锁店，一碗皮蛋粥4块5，油条2块5一根，东西差不多，性价比差远了。

走出店门，回头看"如花"店招，想起黄永玉的名言："一家饭店，饭菜质量绝佳而服务态度甚劣，走还是留，这是精神和物质谁战胜谁的哲学问题了。"

今天同样如此，早餐绝对价廉物美，但店名却叫"如花"，也出现了进去还是离开、精神与物质谁战胜谁的哲学问题。

我想出实用主义的折衷主义办法：进去喝美味鸡粥，但用力不去回忆周星驰电影里那个抠鼻孔的如花，结果，精神物质双丰收！

明天还要去。

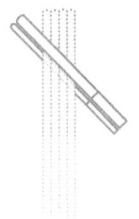

江湖食话

适者生存

一

中国工程院院士、中国食品安全关键技术重大科技专项首席科学家、中国疾病预防控制中心营养与食品安全所研究员陈君石，批评食品安全问题上的媒体炒作和舆论的不科学导向，并指出媒体进行的食品不安全炒作导致消费者在食品安全问题上产生认识误区。

陈君石指出，在舆论引导下有众多消费者认为农药、兽药甚至食品添加剂是我国最重要的食品安全问题。实际上，我国乃至全世界最主要的食品安全问题是微生物引起的食源性的疾病，而大家恰恰对其了解很少。

陈君石认为，消费者现在要求食品安全"零风险"，但从科学角度讲，食品领域也应该存在可以接受的风险。"许多人要求食品能够保证下一代的安全，但谁能说清吃什么能保证下一代的安全？这本身就是不科学的。"他说，大家习惯笼统地把假冒伪劣和食品安全划等号，但从专业角度看，这是两类性质完全不同的问题。

陈君石尤其强调，致癌物污染的食品不等于致癌食品，不合格的食品也不能认为是有毒食品。他表示，自己并不否认苏丹红是动物的致癌物，但报纸上把含有苏丹红的油炸方便面等食品称为致癌食品，甚至认为人吃了会致癌,这都是错误的——人通过辣椒酱吃进的苏丹红远比不上吃烤羊肉串等摄入的致癌物。

陈君石认为,专家作好风险评估,政府部门制订好管理措施,与消费者作好交流,再加上正确的舆论引导,我国的食品安全问题才能不断改善。

二

十分赞同陈院士的观点。

由于中国的老百姓有关食品安全的信息几乎100%来自于各种媒体,因此,媒体的宣传会对许多人的饮食行为产生重大影响。我们的记者,并没有几个是食品卫生领域的专家,他们的一知半解和危言耸听,往往会对读者形成误导。

本人的一位朋友,已经到了出门就戴口罩、基本不去公共场所、连洗鸡毛菜都用药棉蘸洗洁精一片一片仔细擦,然后至少过水5遍,吃了仍然心有余悸的地步。

其实大可不必如此惊恐。

我的观点是:凡有工业就有环境污染,这是众所周知的事实。人们在有污染的城市工业环境中生活,也是"适者生存",即逐步适应被污染的环境,对污染物的耐受程度抵抗程度逐渐提高,可能会变成一种对污染环境的适应基因,代代传承。长期生活在工业化地区的人可能比一些未实现工业化的偏僻农村地区的人更能够适应工业污染环境。

大仲马小说《基督山伯爵》里讲到,基督山伯爵为了避免被人下毒,经常服用极微量的砒霜,过一段时间再增添一点点,结果,他对砒霜的耐受量远远高于常人,能够毒死常人的剂量,对他毫无损伤;

当年本人在非常偏僻不通公路的山区插队,70年代,有几个浙江人到我们那里的山上种香菇,他们患了伤寒,结果引起全村爆发性流行,但全体上海知青安然无恙。原因很简单,村里的农民只有2个人出过"远门"到过南昌,他们一直生活在山里,从未与外人接触,因此体内没有伤寒抗体,而知青来自上海,从小就接触大量流动人口,体内早已形成各种抗体；

偏僻农村考到上海的大学生，很多人一到上海就会得病，原因与上面讲到的一样。

上海是我国第一个工业城市，1842年"五口通商"中英南京条约签署后，上海就开始发展工业，迄今已170年。解放后，上海是中国的经济中心城市和工业基地，当年决策者不懂经济和环保，竟然在市中心布局大量化工厂，而且根本不进行污染整治，工厂直接排放三废。

现在绿树成荫、老洋房鳞次栉比的新华路，一公里不到的马路，1990年前，钛白粉厂、五洲药厂、竞进化工厂、第五化纤厂、第八化纤厂、新华化工厂、油漆厂等重污染化工企业，竟然与老洋房老公寓比邻而居。我的同学张君，住在新华路"红庄"，是解放前中国银行高级职员宿舍，他家的小花园，隔墙就是五洲药厂。整条新华路，成天废气弥漫，如雾霭缭绕，熏得人们头昏眼花。

直到改革开放以后，这里的所有污染企业才陆续外迁或关停并转，新华路才恢复昔日的宁静。

其他街区亦然。

上海市民，几代人在这种环境下生活长达数十年，不少人因工业污染患各种疾患去世，但更多的居民可能逐步适应了这种环境，对污染物形成了"抗体"，否则很难解释上海市民的平均预期寿命已达82.7岁，位居世界前列的原因了。

本人在此绝非"赞扬"被工业化污染的环境，也不是鼓励大家都像基督山伯爵一样主动"服毒"，而是想说明，既然已经在这种环境下生活了，那就只能随遇而安，没有必要成天惶惶不可度日、成天惴惴不安。

其实，非工业化的农村地区一样有严重环境污染，那是农药和化肥污染。

插队十年我亲眼所见，水稻田经常遇到水稻螟虫和稻飞虱、稻瘟病的侵害，50年代就开始用六六粉、后来用"敌百虫"、"乐果"灭虫，由于害虫的耐药性和环境适应力快于农药的升级换代速度，因此农药越用越毒,最后用上了"1605"和"1059"这两种极毒的强致癌有机磷农药,它的残留期超过60天。

农民根本不管水稻收割前60天绝对禁止使用的605和1059的规定,遇到虫害照样撒播,最晚的,收割前20天还在使用,而且用药浓度大大高于使用说明。这种被有机磷农药严重污染的大米,当时都被毫不知情的城市居民吃掉了。

刚去插队时候,天上老鹰在翱翔,田里青蛙甲鱼黄鳝泥鳅随手可以抓到,村前村后蛇极多。到知青大回城的1979年,除了人和家禽家畜,所有野生动物已经罕见,因为打了农药后,引起自然界食物链连锁反应:首先是青蛙黄鳝泥鳅小鱼被农药毒死,然后蛇吃青蛙蛇死、老鹰吃蛇老鹰死,一路死下去,食物链断了,依存食物链的动物也就绝种了。

当地农民,由于无知,喜欢在小溪和河里撒农药毒鱼,最初是"鱼藤精",后来用六六粉,撒下去后,一片死鱼浮起,他们就非常轻松地用网捞即可,比钓鱼、"拷浜头"轻松多了。

由于那里农民都是直接吃进自己种的含有过量残留农药的稻谷、蔬菜,以及自己用农药毒死的鱼,结果是那里农民的肝癌死亡率极高,农民的平均寿命很短,鲜见70岁以上老人。

现在情况已经改变,因为各级政府已经明令禁止使用有机磷和有机氯农药,开始改为生物农药进行植保了。

上面的例子说明,环境污染并非是工业化发达地区的专利,仅仅是媒体不报道、人们忽视而已。

三

因此,本人对在目前中国环境下生长和生产的粮食、禽蛋、鱼虾肉类、蔬菜油脂、饮用水以及市场销售的各种加工食品,采取以下态度。

先讲吃什么:

第一,食品以购买原材料为主

到大的超市和信誉良好的知名连锁店、固定菜场买蔬菜、肉类、大米面粉食用油,绝不买无证摊贩和形迹可疑小店的东西,因为,中国的食物，除了先天从土地里带来的残留农药、重金属以外，在非主流加工和流通渠道，各种惟利是图利欲熏心的商贩会给食品"添加"形形色色防不胜防的东西，包括地沟油、苏丹红、福尔马林、甲醛、滑石粉、罂粟壳、敌敌畏、工业用盐、工业染料、瘦肉精之类。

粮食蔬菜先天从地里带来的残留物，我们无法消除或避免，但至少国家各级食品卫生检验部门对大批量生产的粮食、肉类、食油都会定期检验并发布检验报告，而大超市和著名连锁店，为了维护自己的声誉，不会专门挑选无证无照的假冒伪劣粮食、食油、肉禽蛋上柜，因此，到那里买原材料食品，相对安全一些；

第二，尽可能不买现场加工食品

包括熟食、半成品。尤其是流动摊贩、街头小铺，他们为了牟取超额利润，什么东西都敢往里面添加，并毫无愧色地出售。

第三，自己要懂一点烹调手艺

买了原材料自己加工，避免其他人加工过程中"恶意添加物"的危害；

第四，喜欢鱼类的，应主要购买海水鱼和远洋深海鱼类，尽可能不买淡水鱼和贝虾类

因为中国的水域污染非常严重，淡水鱼的养殖过程中，既有水体污染物的残留，更有养殖期间的各种添加物的"加盟"，非常可怕。贝虾类多生长在近海，受污染程度绝对不亚于淡水鱼。

第五、学点购买食品的鉴别经验

包括如何挑选新鲜的鱼肉、粮食、食油、蔬菜，绝对不买变质食品过期食品，例如"陈化粮"、过期食油、病猪肉，以及奇形怪状的水果土豆西红柿黄瓜之类。

再谈如何吃。

第一，蔬菜瓜果在清水里浸泡几次，但也没有必要用洗洁精一片片擦洗。所有瓜果必须去皮；

第二，尽量少起油锅，以炖、煮、蒸、拌为主，因为100克油热值超过800千卡，非重体力劳动者一天的卡路里有2000千卡即够，高血脂、脂肪肝都是吃出来的；

第三，平衡饮食，少吃肉类，多吃蔬菜豆制品；

第四，打破思维定势和固定食谱，主副食品多元化，不盯着几种自己喜欢的食物吃，吃一些以前从来不吃的食物，例如芦笋西兰花苦瓜龙豆蛇瓜奶酪之类，每周调换各种食物；

第五，多运动，运动出汗的过程也是排毒的过程；

第六，陈君石院士讲的很明白，"致癌物污染的食品不等于致癌食品，不合格的食品也不能认为是有毒食品。"

我们都应该做到坦然面对客观存在的现实，不必唯媒体是从、战战兢兢吃饭、惊恐万状生活，其实，很多癌症都是自己吓出来的。

饿了什么都好吃

小时候，听外婆讲过一个故事。

从前有个穷秀才进京赶考，一路风餐露宿，饥寒交迫。

一天晚上，到沿途荒山破庙投宿，老和尚正在用炭火烤芋头当晚餐，见饥肠辘辘的秀才，遂分几个芋头给他。

饿了一天的秀才，接过焦香的芋头蘸盐食之，大为赞叹，"天下美食莫过于此！"老僧笑而不语。

后来秀才金榜题名，官运亨通，位居宰相。天天锦衣玉食，吃遍山珍海味，但胃口越来越坏，任何龙肝凤髓都引不起食欲了。

一天，忽然想起当年老和尚给他烤的芋头，遂命御厨如法炮制。

烤芋头端来后，宰相食之大怒，根本未烤出当年的神韵！

为了吃到货真价实的芋头，宰相命下人到当年的破庙寻访老僧。

老僧还在。随官差进京。在宰相府的厨房里现场烤芋头，宰相吃了大失所望，味道还是不对。

老僧慨然进言："芋头还是那个芋头，芋头没变，但你变了，吃芋头的场景变了。你要吃到当年的芋头不难，轻车简从跟我回破庙即可。"

宰相一路颠泊忍饥挨饿跟随老僧步行回到当年的破庙，老僧重烤芋头，宰相找到了当年的感觉。

这就是经济学著名的"边际效用递减规律"在我们饮食需求方面的

体现。

所谓"边际效用递减规律"是指在特定时期内,在其他商品的消费保持不变的条件下,消费者不断地增加某种商品的消费量,随着该商品消费数量的增加,消费者每增加一单位该商品的消费,所获得的效用增加量逐渐减少。导致边际效用递减的原因主要是随着商品数量的增加,商品对人们的刺激降低,并且重要程度也趋于下降。举个简单的例子,你渴了一天,喝第一杯水时,会有极大幸福感和快感,喝第二杯水,幸福感会有,但是会比喝第一杯水的感觉减少,喝第三四五个杯水时,幸福感快感会越来越递减,喝到第十杯水时,只有痛苦了。

现在的人们,老在抱怨鸡鸭鱼肉比没前鲜,比从前难吃;主妇们到菜场,不知买什么好;朋友聚餐,最难的差事就是点菜。

原因很简单,20多年的改革开放,中国已经告别短缺经济时代,加上家用电器的普及,双休日的推行,人们不仅对食物有了极大的挑选余地,体力活动也大大减少了。

二三十年前,主副食品全部限量配给供应,好容易有个星期天,男人买煤球、买米、整修房子,女人洗被褥床单和一家的衣服,劳动强度很大。菜场排队凭票买的一点点猪肉、一条鱼,还要"分类处理"——炒一盘芹菜肉丝、蒸点肉饼子、熬一点猪油;鱼头用粉皮红烧、鱼尾"炒划水",中段做熏鱼或炒鱼片,一家人眼巴巴地等着上餐桌。老妈还会关照孩子:"一碗饭一块肉!"

现在不同了。私家车电瓶车的士地铁公交车取代了上下班的自行车,票证在90年代已经退出历史舞台,煤气、液化气、家用电器的普及,使家务劳动已经完全"轻量化",殷实家庭还可以请保姆钟点工,连做饭洗涮都不必"亲自"做了。

劳动强度的减轻,收入的增加、主副食品的充裕供应,使得人们的食欲明显降低,换言之,人们现在不饿,所以感到好吃的东西越来越少了。

怎样找回当年的感觉?

20世纪初美国小说家杰克伦敦有部名著《马丁伊登》里面有个人物

非常有趣。他采用"以退为进"的方法寻找疯狂的快感,例如为了找到渴极后第一口水进入喉咙的疯狂快感,他宁愿苦熬一星期不喝水!

我并非鼓励大家像他一样做,但他的做法对我们有启示。

见到新民晚报上的一篇文章:

盛夏的一天,多年未见的中学同学聚会,不少人功成名就,开来宝马奥迪。作者是步行主义者,冒着烈日,从徐家汇走到五角场,大约20多公里,浑身大汗淋漓。进餐馆后见同学们在开着空调的包房内对着满桌的酒菜毫无食欲地在闲聊,他端起一大杯冰啤仰脖灌下,连呼过瘾。

"这种痛快淋漓的感觉,你们开车的人是怎么也无法体验的。"

结尾是奥亨利式的。

一个开奥迪的同学请他坐奥迪回家,自己走回去。

所以,要想办法先饿后吃。

例如:

不开车乘地铁公交上下班,恢复骑自行车或步行;

杜绝一切诱人的零食;瓜子蜜饯巧克力牛肉干糖果华夫忌司蛋糕羊肉串,把胃口留给三餐;

把晚上看电视上网的时间改为锻炼,散步跳操游泳打球骑自行车瑜珈,增加体力消耗,增进食欲;

调整食谱,吃它三天素,第四天吃荤;

星期六"辟谷"一天,除了豆浆水果白开水,什么都不吃;

双休日到郊外远足,或骑自行车郊游,午餐会感到食欲大开。

其他种种办法从略。

这办法一定有效。

因为,只有饿了才有食欲,才会觉得什么都好吃。不信试试?

渐行渐远的风味

长宁支路江苏路桥下有个跳蚤市场，出售一些居民搬家遗弃物品，数十个摊位，黎明设摊，早晨7点城管上班前即散。

我时时光顾，常能淘到一些始料未及的好东西：砖头型摩托罗拉8500手机，当年名震遐迩的"大哥大"就因其得名，一度与摩托车、金项链、腰包、麦克镜为伍，第一代暴发户的标准配置，现在却"瘪缩缩"躲在地摊一角，身价百元，仅值半两茅台酒或2包中华烟，买回来放在陈列柜，也是改革开放早期的典型文物了；红灯牌半导体收音机，40年前的奢侈品，10元；一把崭新的游标卡尺，15元；20册60—80年代的《收获》杂志，20元；一把极锋利的皮匠切皮刀；3元，50年代玻璃烟灰缸，2元，等等。

上周末，在一个地摊上，2元买到一本旧书——黄浦区第二饮食公司编、上海文化出版社1979年第一版、原价0.34元的《家常菜谱》，此书一版印数高达105万册——这个天文学数字，足令现在的畅销书作家们羡慕得眼睛发绿。

文革结束，阶级斗争停息，百废待兴，大家都开始想过正常的日子、吃上一顿可口的饭菜。《家常菜谱》应时而生，起着引导和改善居民日常餐饮的重任。

此书在八十年代初绝对是畅销书，上海家庭几乎户均一册，我也曾买过,后来多次搬家,丢失了。这次重逢,倍感惊喜,立即掏钱买下。

时隔33年,重翻浏览,感慨系之。

该书出版说明开宗明义:"当前,广大群众正在意气风发地为国家的四个现代化贡献自己的力量,与此同时,他们也要求在现有条件下,尽可能地改善和丰富自己的物质生活,在家庭菜肴方面,能品种多一些、又经济实惠一些"。

菜谱编者都是上海人,很现实,他们选取的家常菜是家家买得起、户户能上桌、一学就会的日常菜肴。《家常菜谱》共分冷盆、家畜、水产、禽蛋、素菜等六大类180种。

在水产类,未见燕鲍翅东星斑银鳕鱼澳龙生蚝,因为那时的上海菜场根本不可能出现这些贵族水产的踪迹,写也白写。

而眼下仅在高档应酬、公款消费、豪华宴席作为超级珍馐出现的"清蒸刀鱼"、"红烧鲥鱼"、"大汤黄鱼"、"苔菜面拖黄鱼"、"卷筒黄鱼"、"蛋蓉黄鱼羹",书中都是作为家常菜推介的。

如"清蒸刀鱼":刀鱼2条(8两)熟火腿片3钱、春笋3钱、水发香菇4钱、青豆3钱、黄酒5钱、细盐1钱、味精2分、板油5钱、胡椒粉1分、鲜汤1两、葱结5钱、酱油1分、姜片5分。

刀鱼去除鳞鳃和内脏,用手挤尽鱼腹中血污洗净,斩断细尾,板油切成小丁、春笋切成薄片。

将鱼放入盘中,熟火腿、笋片、水发香菇、板油丁铺在鱼身上,加鲜汤、酒、酱油、味精、细盐、葱结、姜片,上笼蒸熟后,取出葱结、姜片,把先用沸水泡过的青豆放下去,撒上胡椒粉,即可上桌。

这道菜,放到现在看,简直太奢侈:"刀鱼2条8两"!

前几年,应南通市长邀请做课题,市政府款待专家,适逢刀鱼上市,每人一条,也就比"烤子鱼"略大,最多1两多。

4两一条的刀鱼，早已绝迹，40年来没见过，换言之，现在出再多的钱也买不到了。

老友徐君，前年4月有南通朋友赠送白色泡沫塑料箱一箱冰鲜刀鱼。欣喜若狂，拟在家设刀鱼宴招待各方饕餮，我主厨。暗思一箱刀鱼至少二三十条，老饕们可以大快朵颐过一次刀鱼瘾了。

揭开箱盖，面上只有3条约10多公分长的小刀鱼，遂立即"兜底翻"，一看傻眼，下面全是冰块！朋友已约了七八个，3条刀鱼如何开宴？立即直奔菜场，买了大花鲢头、一只鹅、一堆其他荤素食料，紧急"补台"，忙了3个小时，总算凑成一桌菜。刀鱼蒸熟上桌，每人仅数筷而已。

事后，我对徐君说，南通"江刀"，一斤身价逾三千，这箱刀鱼，3条约半斤一千五百元，作为礼物，可以了。真的一箱二三十条刀鱼，这份礼太重，无法还。

七十年代上海职工月收入仅数十元人民币，但黄鱼、鲥鱼、刀鱼，确确实实是菜场再普通不过的水产，大黄鱼每斤二角八、鲥鱼也就六七角钱一斤，而猪肉价格是每斤九角八，一斤肉价抵三斤半黄鱼。大黄鱼就像现在的小龙虾一样平民化。

正宗大黄鱼吃鱼头会吃出两颗松子大小、洁白晶莹的石头。从前大人骂小孩笨，叫"黄鱼脑子"，意即孩子像黄鱼一样脑袋里长石头。

时下菜场出售的浑身涂满柠檬黄、肉质松糜、腥味浓烈的所谓大黄鱼，没有一条是真的，都是大兴货。鱼肉如百合瓣滑爽圆润、口感鲜美丰腴的舟山大黄鱼，在定海，每斤身价早已超三千，且一鱼难求。原因很简单，大黄鱼迄今未实现人工饲养，而过度捕捞、海洋污染等各种人为因素，使东海大黄鱼几近绝迹。

从前舟山渔场黄鱼汛，渔民捕捞太多大黄鱼来不及保鲜，往往就把大黄鱼晒成鱼干，叫"黄鱼鲞"，最考究的一种黄鱼鲞，是不放盐晒干的，用这种黄鱼鲞加肋条烧红烧肉，肋条软腴、黄鱼鲞耐嚼劲Q，非常好吃。但这道菜可能已经永远告别餐桌了。

我母亲曾言，解放前弄堂口开店的宁波红帮裁缝，为了省钞票，顿顿给学徒吃"咸菜大汤黄鱼",学徒们苦不堪言,天天盼吃红烧肉。

那时的上海人家孩子,没吃过巧克力的大有人在,没吃过黄鱼的,几乎找不到。

而鲥鱼,眼下一些高档饭店的"古法清蒸鲥鱼",都是从俄罗斯和缅甸进口的"洋鲥",仅同名而已,半条要价都在三百元以上,但口感味觉与长江鲥鱼天差地别。正宗的野生鲥鱼在长江口,整个渔汛期,总捕获量仅数十条,而人工饲养长江鲥鱼,我只在海安的专业渔场见过,论条卖,出场价每条二千五百元,到饭店,估计没有五千大洋是难以上桌的。

呜呼!"刀鲥黄"早已远离寻常百姓的餐桌了。

随便问一下身边的八零后,哪个小家庭自己掏腰包买过长江鲥鱼、"江刀"、东海大黄鱼烹调上桌?

时过境迁。传统美味渐行渐远,整整两代人,与大黄鱼暌别久矣!

连"黄鱼脑子"这句当年的流行俗语也被现在的"一脑子糨糊"取代了。

五侯鲭、鲈鱼脍与羊公膳食

一

羊祜（221年—278年），字叔子，泰山郡南城县人。西晋著名政治家、军事家、文学家和思想家，是西晋灭东吴、实现国家统一的领军人物。羊祜的德政实践与德政思想具有历久弥新的价值，其在文学、书法方面的造诣也得到历代学者的推崇，在儒学思想、道学研究方面，羊祜的造诣也引人注目。羊祜的业绩、精神和思想，在中华传统文化的长廊中树立了一座丰碑。

羊祜为人处世恬淡退让，德操志趣不在官职行列等次上。朝野上下有目共睹，英名美德远近传播。

历史上，研究羊祜的著述甚多，从生平考证、家族文化、军事、宗教、一统思想研究到文学成就、操守美德及对后世深远影响均有涉猎。

但是，却鲜见羊祜的生活起居及餐饮膳食方面的研究。

原因很简单，中国浩如烟海的史籍中，日常生活的记载相当罕见，羊祜生活的年代距今已1800年，那时的人们，包括帝王将相贵族平民的生活起居、餐饮膳食状况，除了《晋书》有所记载，以及考古发掘能够提供一些实物佐证以外，写进著述并流传到当代的，仅《世说新语》、《齐民要术》、《清异录》等数种，有的仅留菜名而无烹饪要诀。

本文拟从上述史籍中通过钩沉梳理，进行合理推断，从一个侧面展示羊祜和他同时代王公贵族的餐饮美食，为羊祜研究拾遗补缺。

晋武帝太康元年（公元280年），武帝司马炎降孙皓三分归一统，结束了董卓之乱长达91年的分裂，灭吴后天下一统，武帝司马炎开始沉溺于淫乐奢靡之中："帝既平吴，专事游宴，怠于政事，掖庭殆将万人。常乘羊车，恣其所之，至便宴寝，宫人竟以竹叶插户，盐汗沥地，以引帝车，而（皇）后父杨骏及弟珧、济始用，交通请谒，势倾内外。"（《晋书》）

皇帝带头奢靡，首席大臣、太尉、太保兼司徒何曾也紧随其后。"性奢豪，务在华侈。帷帐车服，穷极绮丽，厨膳滋味，过于王者。每燕见，不食太官所设，帝辄命取其食。蒸饼上不坼作十字不食。日食万钱，犹曰'无下箸处'。"（《晋书》）

西晋贵族的生活细节，亦可从《世说新语》窥见一斑。《世说新语》《汰侈》十二则，描绘晋武帝手下大臣们竞相斗富、"食不厌精、脍不厌细"的生活："武帝尝降王武子家，武子供馔，并用琉璃器。婢子百馀人，皆绫罗裤，以手擎饮食。烝豚肥美，异于常味。帝怪而问之，答曰：'以人乳饮豚。'帝甚不平，食未毕，便去。"

从上述记载，可以推断，出身泰山名门望族的羊祜，"世吏二千石，至祜九世，并以清德闻。"（晋书羊祜传）家族名人辈出，东汉名臣蔡邕为其外祖父，祖父羊续曾任南阳太守，父亲羊衜曾任上党太守；其姊羊徽瑜为晋景帝司马师的皇后；其妻为夏侯霸的千金。

二千石的官职为郡守，相当于现在的省长，羊祜曾任给事黄门侍郎，相当于现在的中央办公厅主任。贵族化并与天子联姻的家族，羊祜钟鸣鼎食的生活是毋庸置疑的。

二

1800年前的美食有哪些？

首推汉代美食五侯鲭。葛洪《西京杂记》卷二载："五侯不相能。（汉成帝母舅王谭、王根、王立、王商、王逢时同日封侯，号五侯）。宾客不得来往。娄护丰辩传食五侯间。各得其欢心。竞致奇膳。护乃合以为鲭。世称五侯鲭。以为奇味焉。"

裴启《裴子语林》载:"娄护,字君卿,历游五侯之门。每旦,五侯家各遗饷之。君卿口厌滋味,乃试合五侯所饷之鲭而食甚美。世所谓五侯鲭,君卿所致。"

五侯鲭,据传是用鱼肉、豚肉、虾肉、鲍鱼、鳖肉等五种食材精心烹制的杂烩,坊间传说,福建名菜"佛跳墙"的源头就是"五侯鲭"。

时至今日,西安某餐馆复古制作"五侯鲭",主料为水发刺参、鱼肚、鱼翅、裙边、鱼皮、鲍鱼、干贝及高汤,选料珍贵,汤清味鲜,为宴席珍品。

显然,羊祜餐桌上一定出现过五侯鲭。

与羊祜同代的西晋文学家张翰字季鹰,有清才,善属文,而纵任不拘,时人号为"江东步兵"。会稽贺循赴命入洛,经吴阊门,于船中弹琴。翰初不相识,乃就循言谭,便大相钦悦。问循,知其入洛,翰曰:"吾亦有事北京。"便同载即去,而不告家人。齐王冏辟为大司马东曹掾。冏时执权,翰谓同郡顾荣曰:"天下纷纷,祸难未已。夫有四海之名者,求退良难。吾本山林间人,无望于时。子善以明防前,以智虑后。"荣执其手,怆然曰:"吾亦与子采南山蕨,饮三江水耳。"翰因见秋风起,乃思吴中菰菜、莼羹、鲈鱼脍,曰:"人生贵得适志,何能羁宦数千里以要名爵乎!"遂命驾而归。俄而冏败,人皆谓之见机。(《晋书》卷九十二"文苑列传·张翰")

因张翰而出名的美食"菰菜"、"莼羹"、"鲈鱼脍"从此流传千古,迄今还是杭州酒楼的招牌菜。

菰菜即茭白,李时珍《本草纲目·草八·菰》:"春末生白茅如笋,即菰菜也,又谓之茭白,生熟皆可啖,甜美。"

袁枚《随园食单》中揭示了菰的美味所在:

"茭白炒肉、炒鸡俱可。切整段,酱醋炙之,尤佳。煨肉亦佳。须切片,以寸为度,初出太细者无味。"

第二道名菜莼羹,就是用莼菜加鸡汁炖汤。清代徐珂《清稗类钞．植物类》："莼为蔬类植物，江、浙湖泽中产生甚多，叶椭圆形，有长柄，茎及叶背皆有黏液被之，可为羹。夏日开红紫花，一名水葵。"

太湖一带的莼菜，人称"江东第一妙品"，鲜美、清香、滑嫩，既可用来炒菜，也可以炖羹。

第三道是"鲈鱼脍"。是松江特产。松江秀野桥下四鳃鲈，历朝贡品，江南第一名鱼，古代文人多有吟咏。

葛洪："松江出好鲈鱼，味异他处"；范成大："细捣枨齑卖脍鱼，西风吹上四腮鲈。雪松酥腻千丝缕，除却松江到处无。"

郑板桥："买得鲈鱼四片腮，莼羹点豉一尊开。近来张翰无心出，不待秋风始却回。"

《本草纲目》："松江四鳃鲈，补五脏，益筋骨，和肠胃，益肝肾，治水气，安胎补中，多食宜人。"

三

详细记载魏晋时代美食并留下制法的，当推《齐民要术》。

《齐民要术》成书于北魏末年（公元533年—544年），是北魏南朝宋至梁时期农学家贾思勰所著的一部综合性农学著作，也是世界农学史上最早的专著之一。它虽属农书，但内容"起自耕农，终于醯酪"。从饮食烹饪的角度看，《齐民要术》堪称我国古代的烹饪百科全书，价值极高。

《齐民要术》共九十二篇，其中涉及饮食烹饪占二十五篇，包括造曲、酿酒、制盐、做酱、醋、豆豉、齑、鱼鲊、脯腊、乳酪、菜肴和点心。列举的食品、菜点品种约达三百种。在汉魏南北朝时期的饮食烹饪著述基本亡佚的情况下，《齐民要术》的这些食品、菜点资料就更加珍贵了。

由于贾思勰生活的年代距羊祜时代仅300年，从餐饮文化角度看，300年间的食材、配料、烹调技艺不会发生根本性变化。

前清才子袁枚的餐饮名著《随园食单》，记录了14世纪至18世纪流行的326种菜肴和点心，自山珍海味到小菜粥饭、美酒名茶，品种繁多、见闻广博，堪称一部缩微版的中国饮食百科全书。《随园食单》成书于乾隆57年（1792年），迄今已220多年，但书中绝大部分精美菜肴，现在的饭店餐馆仍在传承烹饪，充分显示，袁枚推崇的美食，如今仍然广受追捧。

因此可以推断，《齐民要术》记载的美食，羊祜和他的家族的餐桌上应该经常出现：

焦（fou）猪肉：猪洗净，四破开，入大锅煮，待浮油出，用勺舀取，添水再煮，待浮油取完，把猪肉切成四方寸块，另加水、酒或酸浆煮，至无腥味后取出，猪肉切成小块，入铜锅，一层肉加一层葱、豆豉、盐、姜、花椒，放水煮，肉呈琥珀色即成。

脏鱼鲊：先用水煮盐、豆豉、葱，再下猪、羊、牛肉，煮两沸后下鱼鲊，打进4枚鸡蛋，待鸡蛋浮起时即可食用。

附：鱼鲊做法：原料：草鱼1条约1500克，黑米500克，姜米、蒜米、精盐、高度白酒、胡椒粉、辣椒粉、麻油各适量。制法：1.在草鱼尾部剁一刀，放进清水池中养约半小时，待放净血以后，捞出宰杀治净，接着用干毛巾擦干鱼身上的水分，再将刀片成带骨的厚片；黑米入锅炒熟至出香，磨成黑米粉。2.把鱼片纳入盆内，加入精盐、姜米、蒜米、高度白酒腌渍半天，再倒进漏勺中晾干水分，然后倒入另一盆中，加入胡椒粉、辣椒粉、黑米粉、麻油拌匀，放进干净的坛子里，盖好坛盖，加坛沿水，腌制约10天左右，即可随吃随取。

蝉脯菹（zu）：1.蝉脯（将幼蝉入沸水中，取出阴干，制成蝉脯）捶打，上火烤熟，浇醋食用。2.蝉脯蒸熟，加切细的芫荽食用。3.蝉脯用沸水氽过，加芫荽食用。

蜜纯煎鱼：鲫鱼去鳞和内脏，用等量醋、蜜加盐浸渍一顿饭时间，取出用膏油煎，至色红而成。

胡炮肉：羊肉切碎，加豆豉、盐、葱白、姜、花椒、荜拨、胡椒调和，纳入洗净翻开的羊肚，再缝合羊肚，放入灰火坑中烤熟。

白菹：鹅、鸭、鸡入水煮熟，去骨，肉切长方块，放入碗中，加紫菜浇上盐、醋、肉汁调成的酱料而成。

油豉：豆豉与油、醋、姜、桔皮、葱、胡芹、盐拌匀，入蒸笼蒸熟，再浇上油即成。可入瓮久藏。

𦧈茄：取未长籽嫩茄，用竹刀破四开，沸水余熟，再入葱油锅炒，加酱、葱白同煮，撒椒姜末食用。

羌煮：鹿头洗净煮熟，切块，入猪肉浓汤中再煮，加葱白、姜、桔皮、花椒、醋、豆豉调味后食用。

《齐民要术》记载的烧、煮、蒸、𦧈、煎、消、绿、炙、腤、糟、酱、醉、炸、炒等烹饪方式20多种，菜肴点心已达200种以上，如八和齑、裹鲊、蒲鲊、五味脯、甜脆脯、鲤鱼脯、猪蹄酸羹、鸡羹、莼羹、鸭臛、鳖臛、蒸熊、蒸豚、绿肉、炙豚、奥肉、糟肉、苞肉等等，这些羊祜时代的烹调技艺和美食，应该得到继承和创新。

富裕奢靡生活，古今中外都以批判的视角记载，但奢靡生活的重要组成部分——美食文化，却给餐饮历史留下了宝贵的文化遗产。

毕竟，吃糠咽菜的贫民餐饮，"易子而食、析骸而炊"的灾祸动乱，绝非人们希望和追求的。

改革开放30多年，中国人民的生活由温饱到小康，对生活质量包括餐饮膳食的要求日益提高，美食文化也越来越受到重视。

美食文化的重要组成部分是历史传承，把业已失传或湮灭的古代王公贵族、文人墨客推崇的美食文化遗产进行发掘整理，为旅游餐饮、居家烹饪提供新的素材，这也是羊祜研究领域的新探索。

外卖

改革开放以后，洋快餐进入市民生活。由于标准化生产和价格适中，加上连锁经营和送餐快捷，外卖逐渐成为上海人不可或缺的用餐选择之一，尤其受到年轻白领的青睐。"鸡、劳、堡、客"很快占领了上海餐饮的外卖市场，连锁店多如过江之鲫，且生意兴隆食客盈门，那些送外卖的小伙计，电瓶车时时刻刻在车流中穿行。

受其启发，中餐外卖也顺势发展，已经遍布街头巷尾。

外卖的发展，首先得益于电信业，如果没有电话、手机、因特网，有谁愿意骑自行车跑几条街到某快餐门店"亲自"叫外卖？有这点功夫，干脆进店吃算了。

我也经常叫外卖。这是经历一次教训后学会的。

十多年前，读初中的儿子叫了班里七八个同学在家过生日。

我正在挖空心思地拟菜单：清炒虾仁、红烧蹄膀、荠菜冬笋、葱烤鲫鱼、响油鳝糊、清蒸鲞鱼、火腿老鸭汤，准备下厨大干，太太在一旁冷笑："当心马屁拍勒马脚上！"

我大感不解："迭几只小菜，都是我拿手功夫菜，准备借机会显显手艺的。"

"侬哪能一眼不领市面？现在的小朋友，啥人会对迭种小菜感兴趣？又费铜钿又吃功夫。教侬既省钞票又讨巧省力的懒办法——到对过肯德基叫三大桶鸡翅加炸薯条、土豆泥、生菜色拉，再配面包可乐，一只电话就解决的事体！"

对，有道理。

晚上，果然一群小朋友对着满桌的鸡腿鸡翅炸薯条，欢呼雀跃，风卷残云，顷刻而尽！

从此，只要家里来客，除了亲自下厨备菜，我也经常乐得省事省力地翻开手机电话簿，叫一些外卖。

吃辣的朋友登门，楼下黔菜馆的干锅牛蛙辣子鸡定规要叫的；晚辈小朋友来家，12寸披萨意粉鱿鱼圈非常受欢迎；马路对过苏州夫妻开的面馆，"藏书红烧羊肉"则是老饕级食客的最爱，每逢他们"豁翎子"："交关辰光没有吃羊肉面了"，我马上心领神会："给我2个钟头准备。"然后赶回家，先找到小苏州老板娘定3斤红烧羊肉加羊杂汤、自己再下厨配荠菜冬笋、黄豆芽油豆腐、盐水虾、水芹香干、生煸海瓜子、蘑菇肉片，等到朋友按响门铃，一桌热气腾腾的菜加温热的十年陈花雕已经准备停当。这些吃厌鱼翅海参的家伙，一进门闻到羊肉香，先夹一大块炖得颤巍巍的羊肉入口，满嘴油花连呼过瘾，然后再开始就坐入席。

当然，也遇到过"拎不清"的店家。

楼下有一家餐馆一度生意兴隆，食客盈门。

我去上门叫外卖，帐台的打工妹牛劲十足，口气傲慢俨然七星级宾馆领班："我们从来不送外卖！堂吃请候座！要等至少半个钟头！"

由于过分傲慢待客，此店口碑江河日下，09年金融危机中黯然倒闭，直到今天，铁将军紧锁玻璃门，里面满地狼藉。

与此鲜明对比的是，去年一名英国女士在法国旺代省旅游，突然疯狂想念家乡塞尔比"辣味磨坊"餐厅咖喱饭，打了外卖电话后，餐厅老板亲自驱车17小时路程1127公里（显然那里没有高速公路！），跨越国境送一份14.95英镑外卖上门，送餐费高达1200英镑约合12600元人民币。

写到这里，我很想东施效颦地给北京全聚德打电话订一只正宗烤鸭。

仔细算了京沪来回机票和浦东机场到我家来回500多块打的费，估计这只烤鸭值4000千块，有点肉痛。

太太又在旁边撬边："侬不妨打只电话试试看？如果人家不拿侬当神经病，伊拉是神经病！真的送，我买单！"

还是算了。楼下小安徽开的烤鸭铺，只要廿块一只，还附送甜酱京葱面饼呢。

辣椒的故事

一

中国古代没有辣椒。那时的五味——甜酸苦辣咸里的辣，是指花椒的味觉。

距今1600多年晋朝的《华阳国志·蜀志》称：蜀人"尚滋味，好辛香"。花椒原产地是中国，是中国特有的香料。《诗经》多处提到"椒"这种东西，《诗经·周颂》中曰："有椒其馨，胡考之宁"，意思是的花椒香气远闻，能使人们平安长寿。

东汉时期，胡椒随佛教传入中国，辣味里增加了胡椒。

辣椒（Capsicum.frutescens L.）原产于美洲，别名番椒、海椒、秦椒、地胡椒和辣茄等，是印第安人最早种植的。哥伦布从美洲把它带回欧洲。1493年，辣椒传入西班牙。明代后期（16世纪末）辣椒由荷兰传入台湾再进入大陆。一说辣椒由日本经朝鲜传入中国。

据南京农业大学蒋慕东王思明考证，我国文献最早出现"辣椒"这个名词，是康熙十年（1671年）的《山阴县志》："辣茄，红色，状如菱，可以代椒"。

李时珍的名著《本草纲目》出版于1596年，没有"辣椒"条目。

直到1803年，清初药学家赵学敏编著的《本草纲目拾遗》，才出现辣椒："性辛苦大热，温中下气，散寒除湿，去痰消食，杀虫解毒，治呕逆，疗噎膈，止泻痢，祛脚气"。

很有意思的是，我国最嗜辣的中南西南地区：赣、湘、川、黔、云、桂的辣椒记载，晚于江南。

康熙二十三年（1684）湖南《宝庆府志》和《邵阳县志》已出现"海椒"这个名词。是目前所见国内最早的将"番椒"称为"海椒"的记载。"海椒"的称呼表明，湖南的辣椒可能传自海边的浙江，明代从浙江杭州沿运河到长江，再由长江经湘江进入湖南是很方便的。

四川地区辣椒记载比湖南迟半个世纪以上。乾隆十四年（1749）《大邑县志》："秦椒，又名海椒"，是四川辣椒最早记载。

嘉庆年间，四川辣椒仿佛一夜普及。金堂、华阳、温江、崇宁、射洪、洪雅、成都、江安、南溪、郫县、夹江、犍为等县志及汉州、资州直隶州志中均有辣椒记载。光绪以后，除在民间广泛食用外，经典川菜菜谱中已经有了大量食用辣椒的记载。清末徐心余《蜀游闻见录》亦记载："惟川人食椒，须择其极辣者，且每饭每菜，非辣不可"。

二

据专家研究，五味中的甜酸苦咸都是我们舌头的味蕾感知的。

辣严格说，不能算味觉，辣椒的真正感觉是"烧灼感"。

一个非常有趣的现象是，你把白糖、米醋、食盐、苦瓜汁涂在手背上是不会感受到甜酸苦咸的，但把辣椒汁涂在手背上，热辣辣的烧灼感就会产生。

1912年，美国帕克戴维斯药厂制药师史高维尔发明了一种测定辣度的方法，即通过测定辣椒中辣椒素含量，将辣的程度分为0～200万单位不等。这种方法叫"史高维尔辣度单位"，一直沿用至今。很简单的测试：一克辣椒放入一公斤水，如果未感觉辣味，这种辣椒的辣度就是零。墨西哥的哈巴涅拉辣椒辣度最高，为30万单位。前年在印度发现一种"魔鬼辣椒"经测定史高维尔辣度达120万！这是什么概念？120万史高维尔辣度，是指在120公斤的食物里加一克魔鬼辣椒，可以明显感受到辣味！

很奇怪，中国至今未引进和普及这项测评标准，嗜辣者凑在一起，喜欢像比酒量一样比谁更能吃辣；各地的辣椒也自称是最辣的，往往口说无凭，如果有个小型测辣仪，往辣椒或辣菜里一伸，立刻显示辣度，那该多好。

不同产地、不同品种的辣椒，辣的程度天差地别。

江南盛产的灯笼辣椒，俗称甜椒，辣度为0，可以当水果生吃，川黔嗜辣人士见之嗤之以鼻。

同样是灯笼辣椒，产于海南的黄灯笼辣椒，个头玲珑，色彩嫩黄，不像通常辣椒火一般艳红，人们往往会被它的外形和色彩欺骗。我就上当过。

一次在三亚吃饭，见黄灯笼辣椒形象可爱，海南人称其辣极，我自认为在江西插队十年，无辣不欢，遂要服务员拿几只生的黄灯笼辣椒和一小碟酱油，拿起一只就蘸而嚼之。结果是可以想象的，我立刻打嗝抽噎，卡在喉咙里的辣椒塞入一块火炭，如针刺如火灼，半天才缓过神来。大家见之笑做一团。

这大概是我在国内尝过的最辣的辣椒了。但是，黄灯笼辣椒一旦做成辣酱，辣味也就平平了。

海南人对黄灯笼辣酱的评价是"只辣在口、不辣在喉"。

三

以前一直弄不懂为什么中国真正嗜辣群体主要分布在湘赣川黔一带。谚云："四川人不怕辣，江西人辣不怕、湖南人怕不辣"。北方人也吃辣。如陕西的油泼辣子、吉林延边的朝鲜泡菜、新疆烤羊肉上面撒的辣椒面，但与南方尤其是湘赣川黔一带相比，"辣的很轻柔"。东北西北地区的菜谱上，辣菜凤毛麟角。

插队期间，终于搞明白。这是自然环境造成的。

中国南方地区，丘陵居多，山岚湿气较重，人们又是以偏寒性的稻米菜蔬为主食，与北方人嗜食牛羊肉等热性食物和干燥的气候环境完全不同。

辣椒具有"性辛苦大热，温中下气，散寒除湿，去痰消食，杀虫解毒，治呕逆，疗噎嗝，止泻痢，祛脚气"的作用，正好能够起到散寒除湿杀虫解毒功效。

因此，尽管辣椒传入中国的路径是由北向南由东向西，但把辣椒作为不可或缺食物的，还是湘赣川黔。

在我国，很多地区的人多吃辣椒，就会上火，长小痘痘，而成都重庆女孩，天天吃辣，脸蛋依然光洁白净，这充分显示辣椒在调节人体温热寒湿方面的特殊作用。

江西人也嗜辣。

插队期间，发现一个有趣的现象。公社干部到生产队巡视或蹲点工作，由于村里没有食堂或饭店，干部都在农民家吃饭。标准是每餐一角四分，半斤粮票。这叫"吃派饭"，村里农民每家轮流接待干部。

通常，农民会比平时多准备一两个菜。

家境略好的农民，炒菜多放点油，炒个鸡蛋，热点米酒，非常丰盛了。

但是，饭桌上可以没有肉，但不能没有辣椒。哪怕是腌辣椒，炒青辣椒也成。

如果没有辣椒，那是对干部的严重怠慢，以后就再也不会上他家派饭了。这是一笔不小的损失：三顿饭四角二分可以买2包香烟或一斤鱼，一斤半粮票值一块五角呢。

有时看到小孩捧着饭碗在家门口眼泪汪汪，问他为何哭，答曰："冇辣子。"

四

插队十年，养成吃辣的习惯。

早上到自留地摘一堆红辣椒回来，剁成碎末，加几勺酱油。中午收工回家，几个知青就用腌辣椒下饭，一小脸盆辣椒顷刻就没了。

最好吃的菜，是农民家的青辣椒炒小鱼。

农民出工，腰里会系一只小竹篓。在耘禾时，看到稻田里的小鱼泥鳅就随手塞入竹篓。晚上，则点着松明，带一根插满细针的竹竿，到水田里捕小鱼。

这种小鱼，洗净后放在铁锅里用微火烘焙，焦脆喷香。再用青辣椒一炒，实在好吃。

我们不抓鱼，晚上打着手电去抓青蛙。那里的农民当时不吃青蛙。

夜色里，月光下，稻田蛙鸣一片。在手电光的照射下，青蛙一动不动，随手捡就是。一个钟头就可抓几十只。

抓来青蛙，剥皮去头，留下两条肥白的蛙腿，先干锅煸炒青椒，然后起油锅，冒烟后倒入蛙腿快炒，再加米酒酱油蒜蓉和煸好的青椒煮片刻，一脸盆青椒蛙腿就端上桌子。干煸青椒的焦香，蛙腿的鲜嫩，浓郁的辣味，那叫绝。

五

回城以后，嗜辣习惯始终未改。

单位午餐，送来的盒饭菜凉饭冷，于是常备各种各样的瓶装辣酱，超市调味品货架上的辣酱几乎全部尝过。

家里的厨房，也塞满剁椒、辣豆豉、油辣椒、海南黄灯笼辣椒酱、广东瓶装朝天椒、辣椒粉、泰国红咖喱、日本芥末酱、美国塔巴思科等一大堆调味品。

但是，都不够辣，不过瘾。

2007年3月到东京考察，早上跑到海边的筑地鱼市场闲逛，见一家杂货铺的柜台上放着几瓶辣酱，瓶贴上是一个骷髅举着两只红辣椒。瓶盖上还系着一个塑料骷髅。起先未在意，以为又是商家的噱头。

再看旁边的一块牌子上写着一定要放在小孩拿不到的地方，防止误食的文字，这引起了我强烈兴趣。化700日元买了这瓶产于哥斯达黎加的史高维尔辣度30万"DEATH sauce"。

拿回家打开略舔，果然不同凡响，辣得精彩，超过国内任何一种辣酱。

一次，请朋友家宴。席间讲起这瓶辣酱，碰到不买账小盛认为我在瞎吹。我当即拿来 DEATH，用筷子蘸了想递给他，他冷笑一声："你就这样小看我？"

我倒了一小调羹，他轻蔑地接过去送入口中，顿时脸色大变，话也讲不出了，奔到厨房水斗边，打开水龙头猛灌，半天才缓过神来："哦哟！格只辣酱真个结棍！"

听说马来西亚 Mamee Daebak（妈咪鬼椒杯面）辣椒辣度是 100 万史高维尔，这是什么概念？它比号称中国最辣的小米椒，（只有五万史高维尔）整整辣了 20 倍！心想神往，于是网购 4 份，快递送到后立即开杯尝试。

这完全是一次可怕的经历。

鬼椒方便面是拌面，我未看说明书就加开水泡，十分钟后舀一勺入口，这种辣，完全超越自己的想象，人简直会抽风，张口结舌，泪流满面，胃里翻江倒海，一阵阵痉挛，喝了整整两大杯冷水，时隔半小时才缓过神来。我想，仅仅一口就辣到这种地步，如果整杯吃下，如果是吃干拌鬼椒面，那还不会辣死人？

所以，我们嗜辣的朋友要谦虚一点，湘赣川黔尽管嗜辣成癖，但似乎未遇到过真正原产地的辣椒。就像欧美把 42 度的威士忌、伏特加当作烈酒，在中国，四十几度白酒，都叫低度酒。老外号称海量的汉子，到中国喝二锅头一定趴下。

网络上查了一下，史高维尔辣度仪淘宝有售，但 3 万元售价，令人望而却步。

金秋食蟹之道

一

又到"秋风起、蟹脚痒"桂子飘香节令了。

金秋食蟹,似乎是江南人独有的传统习俗,但近年来已流行全国。

考古发现,江南人从河姆渡时代就开始食蟹。

其实,全球各民族都有吃蟹习惯。

全球有500多种蟹,日本人吃"卡尼"帝王蟹,一只重达三四斤;浙江宁波、舟山、温州、玉环沿海一带,嗜食青蟹、梭子蟹;粤港人则喜食越南软壳蟹、黄油蟹。但此蟹非彼蟹,江南人吃的,是学名曰中华绒螯蟹的大闸蟹。

大闸蟹产地首推阳澄湖,"鳌封嫩玉双双满,壳凸红脂块块香"的绝美口感,是其他任何蟹无法望其项背的。

现在的年轻人,吃过真正的阳澄湖大闸蟹的不多。

几天前看博客,有外地傻小子问一个令人喷饭的问题:"大闸蟹里边透明果冻状为何物?"

江南人精通食蟹之道,大闸蟹唯有洗净清蒸,擂姜泼醋,佐以绍兴黄酒,方能彰显佳味。

红烧、咖喱、香辣、焖煮、生炒、炖汤——那是暴殄天物。

大闸蟹在中国是受人追捧的美味,但在英国包括泰晤士河在内的很多河里泛滥成灾。怎么对付这种外来生物,英国人开始问自己:为什么不吃?吃这种东西是需要勇气的,因为英国人根本不吃大闸蟹。《独立报》记者理查德·夏普决定尝试一下,去泰晤士河抓蟹吃!他的"食蟹记"刊登在英国《独立报》上。

非常搞笑的是,他们按照英国方式"烹调"大闸蟹。

先是把大闸蟹洗净煮熟,然后用擀面杖把它们敲碎(可能连蟹鳃和"沙和尚"都未去掉),再放入洋葱、奶油、大蒜、柠檬汁、芹菜、胡萝卜、大米、番茄浓汤、鱼做的高汤、各种香草和调料。

大火煮开后,又小火炖了一个小时,最后里面的配料都煮烂了,再把螃蟹滤出来。

他把一公斤大闸蟹,变成了3升汤。最终,他们配着胡椒味大蒜酱和冰镇红酒把汤喝完了。据称,其味甚鲜腴云云。

大闸蟹何以出国留洋?

170年前的清朝五口通商,荷兰人用货轮从上海运茶叶和瓷器到欧洲去。茶叶和瓷器都是体积大、分量轻的商品,为了增加稳定性,要在货轮的蓄水舱内灌满压舱水。黄浦江里的蟹苗也就随着黄浦江水被带进船舱。一个多月后,货轮开到莱茵河。由于莱茵河很小,只比苏州河宽一点,没有主航道,货轮纷纷将压舱水排出,使船体上浮,便于航行。这时,蟹苗就随着压舱水进入莱茵河。

欧洲没有淡水蟹,大闸蟹自我交配繁衍,品种十分纯正,由于没有天敌,近百年来大闸蟹开始以极快的速度繁衍和拓展疆域,现在,大闸蟹几乎爬遍德国、英国、荷兰、俄罗斯、波兰、捷克、葡萄牙……还有美国的底特律、五大湖区、旧金山湾和夏威夷等地区,都有"横行公子"的家族在愉快地生长。

二

但是,作为原产地的阳澄湖,大闸蟹却因杂交而品质"愈演愈劣",具体表现为蟹越来越小,壳越来越薄,肉越来越松,蟹黄越来越粗。

从上世纪90年代开始，吃大闸蟹成为举国时尚，养蟹成为获利极丰的产业，大闸蟹无法在养蟹场繁殖，一定要到长江口捕捞蟹苗，20年来，长江口蟹苗被捕捞一空。受利益驱动，人们从辽河、瓯江水系引来蟹苗养殖，使得原来纯种的大闸蟹与"辽蟹"、"瓯蟹"杂交，严重破坏了大闸蟹的种质。

上海海洋大学专家前几年在江苏各地河蟹场抽选700多只中华绒螯蟹做品种分析，仅4只较纯。

近几年，一到"九雌十雄"的食蟹季节，不计其数的"正宗阳澄湖大闸蟹"广告铺天盖地遍布上海，其中，不乏"过水蟹"——一些蟹商把太湖巢湖洪泽湖微山湖军天湖养殖的"大闸蟹"运到阳澄湖，在湖里养几天，用布质抛光轮磨去蟹肚的铁锈色，俨然以阳澄湖大闸蟹的身份招摇过市了。

要吃到真正的纯种大闸蟹，很难。首先是价格，现在礼盒装大闸蟹，半斤重蟹每只都在二三百元以上，钱包足够厚，可以一试；其次是谱系难查，能一眼辨出真伪的食客，凤毛麟角。

在这种情况下，我认为，既然"真迹"难寻，不妨退而求其次，找一些标明太湖、洪泽湖、微山湖的蟹摊，买外形与阳澄湖大闸蟹区别不大但价格相差10倍的"类大闸蟹"，同样可以大快朵颐。

因为现在的蟹农市场意识极强，而且与时俱进，几年前他们把状类蟛蜞的小蟹运到上海，发现绝对卖不出大闸蟹价，大亏其本。于是，包括军天湖、鄱阳湖、甚至洞庭湖的蟹农，也通过引进人才、学习技术、改善水环境，已经培育出几可乱真的"类大闸蟹"了。

此类蟹，前几年曾冠名阳澄湖大闸蟹在菜场销售，但反应冷淡，还有冒名顶替之嫌，现在，他们干脆打出自己的品牌，如苏北宝应的"泓膏"、河南民权的"秋水湖"安徽安庆的"皖江"等等等等，尽管价格比阳澄湖大闸蟹低几档，但上海人非常实惠：30元一只的4两半雄蟹，比300元一只的阳澄湖大闸蟹，毕竟价差10倍！

我做过试验，把单只重量相近的太湖蟹，与去掉"戒指"的礼盒装阳澄湖蟹同煮后混在一起端上桌，结果没有一人能准确区分谁是谁。

所以，在食蟹季节，只要是壳凸红脂鳌封嫩玉圆瞪两眼口吐白沫双钳舞动的四两以上的铁青色大闸蟹，就可以了。不必苛求所谓正宗阳澄湖了。

换言之，正宗阳澄湖大闸蟹，年产量约5000吨，大半运到香港卖天价，一部分晋京，一部分进定点酒店，一部分在阳澄湖镇作为昆山市政府公关宴请，能有多少流入菜场？

3周前，我请朋友吃饭，向阳澄湖大闸蟹专业养殖户周先生直接买大闸蟹，他亲自开摩托车送达，因为朋友关系，只收成本价，10只蟹3000元。

朋友都是老饕，今年已多次吃过大闸蟹，这次的周氏大闸蟹虽然正宗，但似乎未能引起他们强烈食欲，倒是我炖的红焖羊肉、粉皮鱼头煲、荠菜冬笋更受欢迎。

席散后，我盯着桌上未动的一堆正宗阳澄湖大闸蟹暗思，蛮好去买"类大闸蟹"充数的，还可以节省2700元呢！呜呼！

相亲餐事

按照中国传统习俗，所谓相亲，是经长辈朋友介绍，拟建立恋爱关系的男女双方约定日子首次见面的中国婚介仪式。

从前，相亲通常是由媒人带领男到女家，父母还要教儿子怎样衣着打扮，怎样说话称呼，然后在媒人和父母带领下前往女家。相亲结束，由双方父母给男女双方赠钱或礼物，双方是否同意结亲，须由媒人传话，非常隆重和讲究礼仪。

现在的相亲，简单多了，都不上门，由介绍人带双方在约定的公园、咖啡厅、红茶坊见面，寒暄后，介绍人择机退场，接下来就由男女双方直接对话交流了。

交流，需要载体、场合和方式。最能够迅速进入恋爱氛围的，是吃饭，最佳场合，是西餐馆和带简餐的咖啡馆，因为西餐馆和咖啡厅是天然的情人聚会场所。

中餐馆不适合相亲。灯光太亮，太嘈杂，不利于情感的培育和升华，自助餐厅亦然，最好不要去，星级酒店豪华餐厅也不宜，第一次去了，下次去哪里？

在幽雅的西餐馆坐定，然后就开始选择美食进餐并进行首次情感交流了。

首先是饮料。

如果略能胜酒，红酒是首选，不必整瓶，各点一杯即可。

鸡尾酒也是增加浪漫情调的重要形式，可点带有隐喻色彩的红粉佳人（Pink Lady）、杰克玫瑰（Jack Rose）玛格丽塔（Margarita）。

不饮酒，可点猕猴桃、芒果、木瓜等鲜榨果汁。

然后根据双方喜好点菜。

西餐的头盘也称为开胃菜。常见的品种有色拉、熏鲑鱼、鸡尾杯、奶油鸡酥盒、焗蜗牛等。

第二道菜是汤。有牛尾清汤、各式奶油汤、海鲜汤、美式蛤蜊汤、意式蔬菜汤、俄式罗宋汤、法式葱头汤等。

鱼类一般作为西餐的第三道菜，亦称副菜。品种包括：

奶酪酿蟹盖、煎比目鱼、烤三文鱼柳配香草汁和黑橄榄酱、黄油柠檬汁扒鱼柳、茄汁明虾、蒜茸大虾、黄油烤龙虾、奶酪汁龙虾、香炸西班牙鱿鱼圈等等。

最后是主菜，通常以西冷牛排、黑胡椒牛排、红酒香菇酿猪扒、炸猪扒、新西兰羊排为特色。

然后就是甜点和咖啡。

第一次见面用餐，按照传统习惯，通常是男方买单，男士可与女生商量着点，千万不要"掼派头"，以人均消费二三百元为宜。点什么，点多少，是门学问，非常重要，直接影响相亲的成败。

因此，可按照西餐的顺序，每种点一样即可。

如果不懂西餐，可直接点定食。现在的大部分西餐馆，如著名的"红房子"、"德大"、"东海"，都供应西餐定食。其菜单根据内容和价格分为A、B、C几档，非常简洁明了。

在幽幽的烛光下，面对晶莹的酒杯、锃亮的餐具和色彩缤纷的美食，第一次见面会很自然地产生心灵共鸣和深入交往的意愿。

相亲，需要美食辅佐，更需要环境映衬。

试想，如果首次相亲选在街头大排档、弄堂口拉面铺馄饨店小龙虾摊，还会有第二次约会么？

蜜饯与零食

一

所谓零食,顾名思义,就是人类一日三餐主食以外的小吃。

吃零食,是人类古老的习惯。

上古先民,茹毛饮血饱食之余,不会拒绝狩猎途中偶然遇到的满树浆果和野蜂巢蜜糖——这就是他们的零食。

零食中的主打角色是蜜饯,也是国粹,是中华舌尖文化的组成部分,迄今已有2000多年历史。东汉《吴越春秋》曾谈及"越以甘蜜丸檽报吴增封之礼",是我国有关蜜饯较早的记载。唐宋盛世,农业生产带动果品和养蜂、制糖业的发展,使蜜饯食品的产品及品种大为增加,成为一种独立于美食之林的休闲食品。

在中国,不论盛世或荒年,蜜饯始终在人们的生活中占据一席之地。

中国的城市孩子,几乎都是吃蜜饯长大的。

小时候,住在法华镇路河畔老宅,附近有蜜饯作坊。

夏天,老板买来成筐的桃李梅子橄榄,洗净,放进木架上的竹制大簸在烈日下暴晒干缩,然后放入坛中用蜂蜜、白糖、甘草粉腌渍密封一段时间,使之入味,再取出放入竹簸里继续暴晒数日,美味的蜜饯就做成了。

看到一篚篚的拷扁橄榄、白糖杨梅、甘草桃板，我们几个五六岁的小男孩挡不住诱惑，垂涎欲滴，乘老板不注意，偷偷钻到木架下，伸手到竹篚里抓一把蜜饯塞进裤袋逃之夭夭，然后几个小伙伴躲在墙角分食，大解馋虫。

我们自以为做得天不知地不觉，其实，厚道的老板早就发现了，只是假装没看见而已。

三年自然灾害时期，全国供应匮乏，大部分食品都凭票供应，蜂蜜白糖十分紧缺，蜜饯也成了贵重稀罕之物。

国家大量进口伊拉克蜜枣——现在叫椰枣，这是一种口感极甜的干枣，无皮，肉质厚实，当时敞开供应，几角钱一斤。上海的食品厂把伊拉克蜜枣加工成一块块薄薄的枣泥糕，每块5分钱。

当时，枣泥糕是食品店出售的唯一不凭票的价廉物美的蜜饯，颇受女士和孩子们的青睐。

整整二三年，我童年的零食记忆就是枣泥糕。

改革开放以后，中国人的生活水准有了极大提高。

走进任何一家食品店超市，都有"休闲食品"专柜，堆满引人垂涎欲滴琳琅满目的零食，话梅桃板杏脯蜜李嘉应子盐金橘糖山楂拷扁橄榄冰糖莲心都是用水果制作的蜜饯，老老少少男男女女，几乎每个人都能在食品店找到自己的最爱。

与困难时期相比，现在蜜饯的用糖量明显减少不太甜，但果味余韵绵长，而且创新品种越来越多；芒果、菠萝、木瓜、榴莲、柠檬、猕猴桃、香蕉、蓝莓、番茄都是蜜饯队伍的新成员，糖炒栗子天府花生椒盐核桃奶油瓜子巴丹杏仁属坚果类炒货；牛肉干猪肉脯鸭胗干鱿鱼丝鲜虾条则是"荤的"零食。

用伊拉克蜜枣做的枣泥糕，早已淡出人们依稀的记忆了。

显然，蜜饯的品种和数量以及口感，也是随着物质文化生活的提高而与时俱进的。

老外饮食比中国人单调，在蜜饯领域，贡献也无多。除了葡萄干和西梅，想不起还看到过哪些进口蜜饯了。

二

零食的品种丰富程度，与一个民族的味觉系统精细程度和口感多元化密切相关。

老外以面包肉类为主食，味觉系统相当单纯，他们的西式零食非常单调，基本上与主食无异，能够果腹充饥当饭吃，特点是脂肪糖分卡路里三高，如巧克力、西饼蛋糕、炸薯条、爆玉米花、奶酪、葡萄干、糖果、开心果、花生，甚至连香肠鸡腿都是零食。

记得一次在奥兰多迪斯尼乐园，看见小贩卖烤火鸡腿当零食的，油汪汪的火鸡腿碗口粗足有二斤重，老美人手一只边啃边走，我在旁边看得发呆：这条火鸡腿，够几个中国人当一顿饭。这能算零食么？

中国人具有的天生细致入微的味觉系统，数千年的农耕文化，造就中国极为丰富的食物体系，包括零食。

中国的零食与主食有严格区分，决计没人会把米饭水饺煎饼红烧肉当零食的。

没有人考证统计过中国到底有多少种零食。但是，随便找个白领MM或上海老克拉，能够立刻能够吃出瓜子是炒的还是烤的，鸭胗干是稻香村还是阿明的，糖炒栗子是新长发的还是弄堂口小安徽的，龙井茶是雨前新茶还是隔年陈货。

传统中国零食与欧美零食的最大区别在于，主要采用蔬果原材料和非油炸加工制作，卡路里和脂肪含量极低，而且，中国人对零食和"点心"有着明确区分：点心如面包饼干生煎馒头奶油蛋糕油墩子能够充饥当饭吃，但零食就是零食，能够解馋消闲但不能"当饭吃"——吃不饱吃不厌吃不多吃不胖——谁听说过美女白领下班，买半斤香瓜子3包陈皮梅给老公孩子当晚饭？

女人是零食的最大消费群体，零食天生就是为女人准备的。

几个女人一起喝茶聊天看电视，如果没有瓜子话梅鸭胗干，一定索然无味，如同男人聚会没有烟酒。

其实，男人也喜欢零食，只是中国人传统思维认为男人公然从口袋里掏出话梅而不是香烟敬客太娘娘腔而已。

男人吃零食的方式与女人不同，他们只有在茶坊才公开地名正言顺地吃零食，因为那里随茶酒供应各种瓜子茶食。许多男士，越来越热衷于去各种自助式茶坊会友聊天谈工作，趁机饱啖小核桃牛肉干香瓜子而不必考虑人家诧异的眼神，这是近年来茶坊越来越红火的原因之一。

五味杂陈解馋解闷但不能当饭吃，这正是中国零食的精髓或神韵所在。

零食，是中国人生活的重要组成部分。

如果没有中国式零食中国茶，大家涌进肯德基麦当劳咖啡馆酒吧，喝可乐奶茶洋酒嚼鸡腿肉肠奶酪，相信中国人的休闲方式和体形都会发生根本变化，天天西式零食，俊男美女很快会吃成痴汉肥婆的。

要追求健康生活方式但又能满足味觉享受，当选中国零食。

冷饮世纪

上世纪70年代,我在江西插队。

一次,偶然收听到台湾电台在介绍"宝岛的冷饮产业",对岸的女播音员绘声绘色地大谈台湾的460多种冷饮,把我整个愣住了——因为完全超出了我的想象力。

那个年代,即使在上海,商店供应冷饮品种是扳脚指头就可以点清的:冰淇淋一种:益民食品厂出的"光明牌"冰砖,分大中小3个规格,大冰砖7角6,中冰砖4角,简装小冰砖1角9。

汽水3种:普通汽水、棕色的沙士汽水(口感类似可口可乐)、桔子汽水;

还有就是棒冰雪糕,都是光明牌的,赤豆棒冰、绿豆棒冰、奶油雪糕。

再加上啤酒和少数商店供应的酸梅汤冰冻绿豆汤,这就是当年上海的全部冷饮了。

农村插队,三伏天下地干活,赤日炎炎似火烧,我的喉咙也像野田禾稻一样半枯焦,唯一能喝到的"冷"饮,就是田边的溪水。

浑身大汗淋漓腰酸背痛地收工回宿舍,冷水淘饭加大头菜,就是晚餐。

山区的晚上,闷热异常,躺在已被汗水湿透的竹床上,很自然地想起上海的赤豆棒冰、奶油雪糕和酸梅汤，垂涎欲滴。

所以，当我听到台湾竟然有460多种冷饮，真的太神往了。

1979年回沪，那时刚改革开放，上海的冷饮还是那几只老面孔。

80年代初，可口可乐开始在市场出现，但要用外汇兑换券购买，成为奢侈品。许多新婚青年，婚房的玻璃柜里一定有一只空的可乐红色易拉罐非常显目地放着，就像现在客厅里挂着的国画。

第一次喝可口可乐，是88年在上海展览馆的友谊餐厅，当我接过台湾亲戚递上的易拉罐往杯里倒可乐时，感觉就是在斟50年茅台！

上海市民真正感受冷饮世纪的到来，是九十年代以后。

改革开放带来的市场繁荣是神速的，令人惊讶的，"光明牌"独家垄断被打破，无数家冷饮厂应运而生，搞活了全国的冷饮市场。而且"厂商们争奇斗巧，不断出新。

不知不觉之间，上海乃至全国的大街小巷，冷饮柜遍布每家超市和路边小店，五彩缤纷、风味各异的冷饮如雨后春笋般出现。从液体饮料看，早已突破汽水范畴，单茶饮料就有红茶绿茶乌龙茶普洱茶菊花茶中药保健茶美容茶减肥茶数十种，还有无数种乳品和果汁以及各种低酒精度饮料；固体冷饮品种更多，从不同口味的蛋卷冰淇淋、巧克力咖啡雪糕到鲜果冰糕、红豆、绿豆、花生、榛仁间杂其间的棒冰，品种难以计数。

可以说，没有一个人能够宣称，他已经吃遍所有冷饮。

与此同时，各餐厅和咖啡馆酒吧红茶坊，都把现场自制冷饮作为重要的营销手段，从冰沙到刨冰，从酸梅汤到水果冻，从现榨鲜果汁到冰淇淋布丁，从鸡尾酒到冰鲜茶，争奇斗艳异彩纷呈，就看你的胃口大小和钱包厚度了。

这几天上海已入夏，万里晴空烈日炎炎，我在超市冷饮柜取出一瓶冰凉的"印度奶茶"，边喝边回想起当年在偏僻小村以山溪当冷饮，再看看货架上琳琅满目的冷饮（何止460种），真的恍如隔世！

穷家富路

一

旅游,要遵循"穷家富路"原则。所谓"穷家富路",意即居家生活可以节俭些,出行途中该花的要花,别亏待了自己。

说白了,出去走一趟,省钱在家里省,钱包心态都要宽松,否则自取其辱。

改革开放初期,国人手头普遍拮据,外汇更是金贵,偶然有到境外参加培训或考察的机会,旅行包里塞满熟泡面和榨菜,硬是从牙缝里抠出一天一美元的补贴,买些廉价电子表、计算器回来,也算衣锦荣归,不枉此行了。

遇到公派出国留学的,省下一二年零花钱,弄些"境外买单国内提货"的黑白电视机、四喇叭,跑到陕西南路的"外货供应处"提货,抱着拖着大纸箱在围观的黄牛群里招摇过市,其得意神态,远超过现在从新天地宾利专卖店开出"银天使"的感觉。

这三十年,变化不可谓不大。出国旅游已经成为常态,外汇身价暴跌,任何银行都可以用人民币购买,国币在欧美可以直接拉卡消费,周边国家地区,人民币是早已成为比肩美元的硬通货,出去走一圈,殷实的腰包,经常惹得外人(包括港澳台)们红眼病突发性流行。

不知从何时起,开始有了"零团费"港澳游。这是一种"金田螺钓玉蟹"的拙劣技俩。号称港澳游零团费,来回机票甚至连住酒店的钱都免了,但人家盯住的是你钱包,要你到港澳大笔挥霍消费,那里的导游以伪劣商店高额回扣为生,一旦期望泡汤,老羞成怒是非常自然的反应了。因为,普天下没有免费午餐,这是如同马克思主义"放之四海而皆准"的科学规律,但不少国人往往忽略了这一点,天真地认为境外同胞个个成雷锋白求恩了。

经常看到媒体报道,国内旅游团在港澳受辱的消息:被导游骂"狗"者有之、半夜全团被保安赶出酒店街头露宿者有之、展示咏春武功肉搏战有之、犬牙交错互殴咬断手指者有之、遍体鳞伤同进警察局者有之,媒体一致指责国内游客素质差,其实未必尽然,那里的导游又有多少素质?

实在弄不懂,现在办个港澳通行证,比办结婚证还容易,跑两次出入境管理局即可办妥,可以一年2次自由进出香港澳门;昨天看到报道,这几天飞香港,最低机票人民币99元,为什么还要去找那些旅行社呢?

对待内地"同胞",港澳人的嫌贫仇富心态从来没有消失过。

从前,大陆人穷,他们以"表叔"冠名进行居高临下的鄙视性羞辱,看看上世纪八九十年代的港片,里面的赴港大陆人几乎都是被他们尽情嘲笑奚落的对象。现在大陆人的日子好过了,他们的心态更坏,往往溢于言表。

去年8月,我去香港办事,在铜锣湾的一家烧腊店吃午饭。我先点了一份29元烧鸭饭,见有52元的烤乳猪饭,要老板换一份,他极为轻蔑地盯了我一眼:"先生,烤乳猪饭很贵的!"

我当即回答:"很贵的这句话只有对面半岛酒店可以讲,但他们绝对不会出此狂言!你一个街头排挡,没有资格!"他默然,然后恨恨端出烤乳猪饭,那副神态,颇为悻悻然。

同样场景,非常强烈的对比是,这次在瑞士卢塞恩,我抓拍在餐厅门路边长凳口休息的4位瑞士厨师,他们满脸阳光满脸笑容,举手与我热情打招呼。

所以，去香港澳门，绝对建议自助游，爱上哪上哪，遇到心态欠佳满口香港话的"同胞"，还可以劝导两句："香港回归已经14年了，你还不学国语？你们的特首歌星影星早已普通话满口了耶。"

二

这几年，我们每次出去，一概自己组团，自己制定旅游线路和行程，由国内品牌旅行社安排，导游则是随从，只能听我们的。而且事先讲明，不去任何指定购物场所，不吃团餐——费用稍贵，但我们绝对掌握旅途主导权。

或者就像前年瑞士自助游，干脆连旅行社导游都免了，邀请一批志同道合的朋友同行。

当然，前期做功课是必须的。

首先，志同道合不仅包括对旅游项目的爱好相同——例如在伊斯坦布尔看肚皮舞，人均消费100美元，讲好一起去就一起去。

其次饮食习惯相同，要能够忍受西餐。这次去瑞士半月，吃了42顿西餐（另外三顿中餐）——天天面包奶酪生菜色拉披萨意面炸鸡，大家毫无怨言。记得有次去西班牙，一对母子对西餐彻底排斥，我们大啖西班牙海鲜饭，她们愁眉苦脸要导游去中餐馆外卖汤面，稍显煞风景。

当然，未雨绸缪是必须的。出行前，我去超市买了三五十包小包装雪菜冬笋、榨菜、贵州酸辣菜，成为旅途中大家吃饭时的唯一期盼，同行的10岁小女孩，吃饭时第一句话就是："伯伯，今天有榨菜吗？"

另一个小男孩更有趣，一开始我递上雪菜毛豆，他一本正经地拒绝："到国外就应该吃西餐。"

终于在最后几天，他的防线也崩溃了："伯伯，我要咸菜！"

第三，酒店订好点，住得舒服些，宽敞些，离中心城区近些。这需要事先对预订酒店有个详细了解。记得多年前去加拿大考察，单位为了省钱，酒店都在数十公里外的远郊，到市里观光购物，根本无从出行，非常不便。

这次在苏黎世，酒店就在火车站和苏黎世的南京路班霍夫大街，逛街购物就省心多了。

第四，拒绝团餐，遍尝各国佳肴。其实，从穷家富路角度看，自助游省下付给旅行社和导游的钱，可以享受多次美味了。

到外国，一定要品尝那里的好东西：日本松阪牛肉、河豚鱼刺身、松叶"卡尼"、清酒是不能忽略的；瑞士奶酪火锅、老瑞士牛排、苦艾酒一定要尝的；西班牙海鲜饭、生火腿、橄榄、德国慕尼黑皇冠啤酒馆（希特勒啤酒馆政变的地方）的德国咸猪手、酸菜、黑啤、法国的鹅肝松露、意大利的正宗披萨、蓝纹奶酪也不应该擦肩而过。

第五，深度游。千万不要一天赶几个国家，浮光掠影，除了景点留影照片，什么感觉都没有。静静心心住下来，体验真正的异国情调。

总之，穷家富路是旅游的原则，居家时应该尽量节省开销，例如自己做饭比到饭店消费，至少可省下五分之三的钱；衣着买非名牌或外转内销名牌；出行乘地铁公交少开车，也能省大笔开支，省下来的钱，宽宽松松用在旅途上，宁愿把5欧元硬币扔给街头拉小提琴的乞丐，当作小费付给出租车司机、餐馆侍者，绝不给那些心态坏极的"境外同胞"，让那些宰客导游干瞪眼去！

扣斤剋两

中国人习惯使用的重量计量标准是十进位的斤、两、钱、分。

非常凑巧，我们的斤，正好是国际标准公斤的一半，500克，因此不像一些国家的重量标准如英美的磅、盎司、品脱、加仑，俄国的普特、俄斤俄两一样，需要经过复杂的换算才能够明了。

从古到今，中国人买食物，都是按斤按两整数计价，这已成为大家的习惯，扣斤剋两是人们最厌恶的奸商行为。

好像是在80年代，我国政府为了"与世界接轨"，公布了法定度量衡的名称，取消了斤两钱分和公斤、吨、公里的中国人约定俗成的度量衡单位，规定在各种媒体和书面文字里，一律把斤改称500克、把公斤改称1000克、把吨改称1000千克，把公里改称为1000千米，化简为繁，实在莫名其妙——我们说或写一公里、一吨简洁还是说1000千米、1000千克方便？

由于取消了"斤"作为中国人习惯已久的度量衡的一个重要指标，因此，现在的商店超市，许多生产厂商售卖的商品，都玩起了各种猫腻——许多商品已经不是以斤为度量衡标准了。

例如买盐，从前是去酱油店论斤称的，现在是去超市买小包装盐，谁都认为应该是每包一斤的，现在你去看看自己买回家的盐，每包400克！整整少了20%。

有些香菇，每包重量360克，许多瓶装酒，也早已不是一斤装，而是480克、450克、400克甚至375克！

大家不妨进超市在货架上仔细查阅许多包装商品，看看那些千奇百怪的重量标识吧。

这是被绝大部分中国人忽略的一种变相涨价的行为，已经风行一时，这种明目张胆的扣斤剋两奸商行为，其实早已悄悄进入我们的生活，仅仅是大家没注意而已，而且有些还是国营垄断企业。

连"国酒茅台"也赶了这趟车，前几天朋友送我一瓶装在金碧辉煌的木盒里的黑陶瓶装的"陈年茅台"，酒瓶标识容量是450克，九两。

他们的理由非常充分，既然"斤"已经不是标准计量单位，现在按照国家标准使用"克"来计量，那你管我的商品每包每瓶应该重几克？

社会上绝大部分行为准则、习俗、惯例，都是靠大家约定俗成地自觉遵守而不是靠法律强制执行的，例如到饭店吃饭，饭店应该向顾客免费提供碗筷杯盘刀叉，走遍全世界，也没有哪个国家会制定饭店必须向顾客提供此举的法律条文。

但是，在中国的某些饭店，就把餐具用薄膜塑封，然后收取餐具使用费，我已遇到多次。所以，商永远是奸的，不管是官商还是非官商，他们就是以逐利为唯一终极目标，而且永远在钻国家的法律政策空子，利用老百姓的传统习惯思维模式玩猫腻，吃亏的永远是消费者。

二

夏天，我喜欢喝啤酒。

这几年，发现啤酒瓶越来越苗条清瘦，日益小巧玲珑化，啤酒则越来越清淡寡味，都淡出鸟来了。

按照国际标准，啤酒瓶的容量是640毫升，从1900年俄国人在哈尔滨建立中国首家啤酒厂——乌卢布列希夫斯基啤酒厂出售"哈尔滨"啤酒到90年代，全国的啤酒瓶都是640CC的，这也已经成为国人的思维定势。

我国国家标准规定：啤酒是以大麦芽（包括特种麦芽）为主要原

料，加酒花，经酵母发酵酿制而成的、含二氧化碳的、起泡的、低酒精度（2.5~7.5%）的各类熟鲜啤酒，其麦芽度应该在12度以上。

把啤酒弄淡牟利的始作俑者是日本在华的啤酒商。

他们率先推出"清淡型"啤酒，酒精度麦芽度越来越低，口感越来越寡味，离啤酒越来越远，饮者越喝越多，而且千杯不醉。

说穿了，还是奸商伎俩。

啤酒度数高，说明酒浓，假设1000斤大麦能酿制5000升酒精度7度的啤酒，把酒精度麦芽度降低3倍成为"清淡型"，只要往发酵池里加3倍水即可，水就卖出啤酒价矣！

而且，各啤酒厂商纷纷把640CC啤酒瓶改成500CC甚至480CC的，同样一瓶啤酒，份量少了三分之一，暴利获取，不费吹灰之力。

群起而仿效的是中国的各种酒厂推出的"健康型"低度白酒黄酒。60度白酒酒变成30度，17度黄酒变成10度，掺水就可以了。

除了白开水的任何饮料，都必须有一定浓度才够味好喝。

例如泡茶，通常要放5克茶叶，如果偷工减料地在茶杯里放2片茶叶，美其名曰低度茶；喝咖啡的在杯里像放味精一样地放一小撮咖啡，称之为低咖啡因咖啡；卖豆浆的用5两黄豆做100斤豆浆，大家会做何感想？我们也从来没有听说过法国人卖435CC瓶装低度干邑，英国人生产385CC瓶装15度威士忌的。

奸商，在任何国家任何地方都存在，因为任何人一旦从商，"利益最大化"就是他们生存的金科玉律，就会想尽办法绞尽脑汁地想各种获利手段。

发达国家，有完备的法律体系防止奸商钻空子，有同业公会进行自律，还有宗教信仰通过道德体系维护商人的良知，更有优胜劣汰的市场机制不断惩罚淘汰专门走歪门邪道的奸商。

例如，苏格兰威士忌举世闻名，威士忌必须贮存一定年份才可以上市销售，在苏格兰，酒厂的仓库钥匙有2把，一把在酒厂老板手里，另一把在当地警察局，只有到规定时间，2人同时开锁，才能打开仓库门。

所以，例如麦卡伦单一麦芽威士忌，如果酒瓶标识12年陈的，那一定已经在橡木桶里陈化了12年。

在中国，这是不可想象的，非常可能是当地烟酒专卖局长与酒厂老板在酒窖里监督工人往新酒瓶上贴50年陈的标签呢！

前几年考古队在四川某酒厂发现一个明朝酒窖遗址，深通商业炒作的酒厂立刻推出了比茅台还贵的"国窖1573"白酒，平心而论，这酒应该说是国内品质、性价比都较高的好酒，而且有考古证明，结果，一些无良白酒厂，纷纷东施效颦，编造故事，把自己的酒进行"历史延伸"，打出西汉酒，唐朝酒的牌子，反正死无对证。

但他们连起码的历史常识都没有——我国古代都是酿制低度酒，无需窖藏，白酒是蒸馏酒，是明朝初年才出现的，你打出西汉白酒的幌子，不是正好暴露贵厂的奸商嘴脸么？

一场有关皮肤光合作用的餐桌对话

"民以食为天"是老祖宗的古训。

本人发现这条古训有明显的偏差和遗漏。难道只有"民"才以食为天?

皇帝、总统、主席、元首、酋长、祭司、官僚、总裁无需"以食为天"?

本人认为这条古训似乎犯了"以偏概全"的毛病。不食人间烟火的,那是神仙。

本人非常崇敬的一位高僧达缘法师,90岁了,经常"打关"(即除了喝水,不进任何食物),最长的一次达90天。

但老法师出关后仍然要吃饭。

真有不"以食为天"、见吃饭有仇的官么?

我恰恰遇到一位,动摇了本人想修改古训的企图。

九十年代某次,本人有幸与某大专校长同桌吃饭,这位体态臃肿的仁兄可能对一日三餐有仇,讲到吃饭,开始愤愤然。

席间,他一面把筷子伸向毛氏红烧肉,一面突发高论:"人天天要吃饭,真是烦透了,为什么人的皮肤不能像树叶一样进行光合作用?这多省事?把做饭吃饭的时间节省下来,可以做多少事情!"

我听得差点喷饭,因为校长大人是个脑肥肠满的行政官僚,不是不思茶饭天天埋头研究歌德巴赫猜想的陈景润型专家，他一面大啖红烧肉，一面继续语惊四座。

我忍不住，请教道："雷锋当年有句名言：'人吃饭是为了活着，但活着决不是为了吃饭。'他的意思是活着是为了革命，为革命吃饭。校长先生干脆连吃饭都省略了，比雷锋进了一大步。那么把做饭和吃饭省下来的时间做什么呢？"

"可以搞科学研究呀。"校长不假思索地回答。

"那科学研究是为了什么呢？"我问。

"解放生产力、提高人民生活水平。"

"我听明白了。校长的话是否可以这样理解：到将来，皮肤光合作用的科研成果已经转化为生产力，全世界人民都无须劳动了。人人长着一身绿油油的皮肤，而且衣服必须是全透明的，否则皮肤会像不见阳光的树叶一样变黄，所有的住房、办公室都必须安装太阳灯，或者干脆在露天办公？全球农田和牧区全部改为国家森林公园、游乐场，所有农民都因为生产力得到解放，无需种地，天天躺着晒太阳？"

校长愣愣地看着本人："这我倒没想过。"

本人继续侃侃而谈："其实，×校长，你忽略了一个重要方面，人吃饭，固然是为了维持生命，但更重要的是，吃饭本身就是一种每个人都喜欢的并且纵贯一生的享受。我们大家都有这种经历，饥肠辘辘时，看到食物就会产生条件反射，三月不知肉味时，一筷肉进口顿时会产生强烈的幸福感。这种感觉你一定有过。其实，无需研究皮肤光合作用，无须高科技，按照几十年前的低科技手段，通过静脉输液、鼻饲等种种非吃饭手段，把维生素、蛋白质、碳水化合物、葡萄糖输入体内，能够让一个人活得好好的，你愿意吗？"

校长语塞。

散席后，太太数落我："人家发高论就让他发，一桌人都不讲话，就依来三！"

"如果是普通人，我绝对不会与他辩论。可他是大学的一校之长呀。这种人当校长，一定误人子弟。"

一打听，本人不幸而言中，该校是该市"考试环境"最宽松的高校，学生考试集体作弊荣获全市冠军，考试时监考老师会躲进办公室吞云吐雾，学生作弊率超过80%。

后来，听说×校长被撤了。再后来就没有音信了。可能他还在一面吃肉，一面进行皮肤光合作用的科研吧，不知他的皮肤变绿了没有。

男士餐桌礼仪

中国人的社交场合，无论亲朋聚会、商务洽谈还是居家迎客，"吃饭"都是重要的、不可或缺的节目。

"吃饭"，有餐桌礼仪，体现在主客多方面细致入微的言谈举止、服饰衣着甚至席次排位和"吃相"，这既浸润着中华数千年的文化传统，也渗透了欧美优秀的社交礼仪，已经逐渐成为餐桌潜规则。谙熟此道者，能够在社交场合朋友圈子赢得口碑和更多的朋友。

由于多年来礼仪教育的缺失，许多人不懂餐桌潜规则，自行其是，往往被人点点戳戳，诟病不断，个人形象也因此受损。归纳和总结餐桌潜规则，对完善男士内涵和整体形象（不仅仅是漂亮外表），应该说是大有裨益的。

餐桌礼仪，通常包括以下十二方面：

一、守时

守时是中国人传统美德。约定时间准时到，这是潜规则的第一步。迟到者往往会以堵车、开会、公务繁忙甚至PM2.5为借口，但实质上是对宴客主人和在座朋友的不尊重。"迟到者罚酒三杯"是朋友聚会对迟到者不得已的轻罚，换个场合，如果是第一次约会，型男们敢迟到么？

二、服饰

尽管中餐"吃饭"并未规定必须西装革履,但衣着整洁得体,是一个人外表形象的具体展示。

首先,男士们不能背心拖鞋脏衣破衫自我感觉甚佳地迈进饭店或朋友客厅,皮鞋至少应该擦净擦亮,衬衣领子牛仔裤不能油垢斑斑,清清爽爽的,会给人好印象。但也要避免走另外一个极端,过于光鲜浑身名牌、颈链手串金表戒指一应俱全闪闪发亮,这就洋溢土豪味矣。

三、介绍

出席吃饭的人士,都是主人的朋友,但席间有陌生者,主人应及时引见介绍,介绍顺序是先长后少、先女后男,不注意这个程序,陌生人邻座,往往会因生疏而不太习惯自然,主人介绍互识交换名片后,容易打开话题,融洽气氛。

四、就座

就坐,也是餐桌礼仪的组成部分。不能一进门大大咧咧一屁股坐下,要听从主人安排席次,等长者坐定后再入座;女士在场,须等女士坐下后方可入座。坐姿端正,坐有坐相,不可斜倚侧坐翘二郎腿,更不可头枕椅背仰面朝天,给人以轻狂感觉。

五、点菜

点菜是一门学问,通常由主人点菜。前提是适合大部分就餐者的口味、偏好和食量。在内地一些地方,主人为了显示自己好客,往往摆出满桌的菜盘,菜肴堆积如山,但吃掉的是小部分,十分浪费而且土气盎然。

懂行的主人,点菜前先请餐厅领班介绍本店特色和时令佳肴,随后请教各位,有什么不吃或忌讳的,再点一些有特色的大家喜欢的菜肴,量不能太多太大，冷热荤素搭配，最好餐毕光盘。一定要避免自顾自地乱点一气，花了冤枉钱，朋友们回家还要方便面充饥。

六、轻声

公众场合大声喧哗，这可能是中国人的传统习惯，早已为外人诟病，必须改。不管在饭店包房还是朋友家中，用餐时一定避免语音高分贝，切记。大家都有亲身体验，饭店里邻桌一伙旁若无人声震屋瓦，往往会引起别人侧目而视甚至斥责或引发争吵，嗓音放低，是餐桌潜规则，显得有教养。

七、饮酒

用餐时饮酒，是中餐西餐的共同的潜规则。点什么酒、喝多少酒，取决于场合、季节、出席对象。主人应询问出席者，点何种酒合适。

盛夏，可点啤酒；严冬，黄酒更适宜，红酒则全年可点。不建议点高度白酒，除非纯爷们加酒友聚会，可开怀畅饮。但仍然要防止"酒驾"，害人害己，极不合算。

大部分女生不擅酒，可专门为她们点红酒或冰酒，注意，禁止强劝酒，这是对女生和不擅饮酒者的不尊重。

饮酒时，也不能大声喧哗，强逼互灌，应该微醺即止。

八、禁烟

现在的公共场合包括饭店餐馆，都已明文禁烟。餐桌有女士在座，敬请型男们暂别小白棍，实在烟瘾难熬，可到大堂吸烟处过瘾，你在餐桌吞云吐雾，旁坐女士皱眉白眼咳嗽，非常失礼。

九、吃相

"吃相难看"，是上海人对一些不守礼仪、不懂规矩、自说自话，举止失当、形象恶劣者的评价，包括餐桌表现。

用餐时，主人或尊长未举筷，切忌自说自话先动筷；不能自顾自埋头吃喝，要与邻座轻声交流；转盘转到面前，轻捡一筷即可，不能用筷子"兜底"翻动菜肴，这是大忌；更不能死盯着喜欢吃的，筷如雨点嘴如荷包；喝汤要用调羹轻轻舀，切忌端起汤碗猛喝；吃菜细嚼慢品，不能狼吞虎咽咀嚼有声；鱼刺肉骨轻轻用筷放入骨盆，不能随意吐在桌上；饮酒轻啜一口即可，不能仰脖狂灌；主人或邻座用公筷奉菜，不能拒绝，应轻拿餐盘接受并示谢；不喜欢吃的，可等服务员换骨盆时撤下。

十、话题

餐桌是交流平台，选择话题很重要。可选一些养生、保健、旅游、体育、音乐、艺术、育儿等大家都能谈的轻松话题。女士在场，"荤段子"不应出现，另外，不能在餐桌上吹嘘某某饭店的某菜如何一流，这是当面贬斥主人的失礼举措。

千万避免眼下最流行的仇富嫌贫、贬斥时政以骂为主题的、炫耀自夸的、以及捕风捉影耸人听闻的八卦，麻将、彩票等不入流话题。

经常在餐桌遇到一些人，心态失常，负能量充裕，一开口愤愤不平语惊四座犹如宣讲员，从食品安全骂到pm2.5；从微波炉致癌骂到土豪们不仁，从×××超生骂到菜价上涨，一路骂下去，或者就是盲目吹捧自己根本没有去过、道听途说的西方社会如何像共产主义伊甸园，再回头痛斥中国如何如何，祥和餐桌变成控诉会，把大家的食欲都骂没了，而且会引发餐桌争辩，吃饭变成脸红颈粗大嗓门辩论会，非常倒胃口。

十一、买单

主人宴客，通常由主人餐毕买单。如果是AA制，不要在餐桌当场算账点钱掏腰包，很不雅观，可在事后付钱。

有时候，过于热心的朋友会在席间偷偷外出帐台买单，这会引起主人不快和误会，"朋友，侬算有钞票？台型不是这样扎的！"

十二、告辞

如果确实有事要餐间离席,应向主人诚恳招呼并致歉意,同时要向席间每个朋友握手或挥手告辞,切忌不打招呼擅自离席,这是非常失礼的。

吃饭临近尾声,应由主人宣布结束,主人起身大家才起身,先让尊长女士离席,互相握手告别。通常,主人最后一个出门。在走向楼梯或电梯间时,要与主人、朋友寒暄,赞扬宴会的成功和菜肴的美味,朋友情深,留给主人和朋友尤其是女士一个良好印象。

餐桌礼仪,根本要义就是"自律",也就是按照社交礼仪约束并优化自己的言行举止服饰打扮,没有人强迫你该做什么,全凭学习和领悟,久而久之,就会越来越自然而然地践行,成为一种习惯,推而广之到整个工作生活社交领域,人格和形象就会升华,这是必然的。

会点菜的人都有一颗玲珑心

我居家下厨逾30年,除了伺候好太太儿子媳妇孙女孙子,经常家宴飨客,从买菜到下厨均亲力亲为,因此对食材搭配、烹饪方式、菜肴的色香味形都心中有数,菜上桌后,看到大家或惊讶或欣喜,筷如雨点的场景,就非常高兴。

今年8月,儿子媳妇请孙女淇淇的同学和家长十多人举行家宴。我非常了解,这批八零后爸爸妈妈很少下厨,以饭店和外卖为"主食",居家私房菜接触不多,于是准备了这份菜单:糟毛豆、熏鱼、醉麸虾、卤肉、煮豌豆荚、辣牛肉丁拌花生、苦苣松仁水果色拉、炸猪排、老油条丝瓜、锅巴虾仁、槟榔芋老鸭煲、清蒸鳜鱼、鸡毛菜肉丝、干贝冬蓉、开洋葱油拌面。配冰啤、冰镇白葡萄酒和红酒。

效果是可想而知的,留下满桌空盘和整整一箱白葡萄酒空瓶、一堆啤酒罐。

由于具备这方面基本技能,每次朋友聚会或商务应酬,我都要承担点菜重任。

点菜是项"技术活",需要对餐馆的帮别、食材的构成、烹饪的特色、朋友们对菜肴的喜好以及最重要的一点:对菜价有通盘了解,才能实现点菜"吃力又讨好"目标。

每次与朋友到饭店吃饭,我先翻阅菜单,问一句:"预算多少?"

然后开始点菜。

一次，朋友C君宴客阿一鲍鱼，见几位美女同桌，肾上腺素顿时勃发："老杨点菜。预算上不封顶。"

我与他很熟，当场"叉"一句："真的假的？你准备好50万。十个人，4瓶红酒，87年罗曼尼康帝，10万一瓶，我打电话，半小时送到。再每人上一份3头吉品鲍，一万一份，其他菜就忽略不计了。"

满桌人哄堂大笑。

"还是实惠点，人均一千如何？菜和酒我都心中有数了。"

这顿饭大家吃得十分满意，席间杯觥交错，笑语不断。

点菜的玲珑心，其实就是善解人意。既不能太寒酸，满桌青菜豆腐，也不能太浪费，食毕尚留满盘没有动筷的菜肴。

朋友聚会，如果十人，八个冷盘，六个热菜，再加汤和点心。

点菜时，我会问服务员："这里最拿手的特色菜是什么？"服务员会推荐几款，例如某饭店的盐焗大闸蟹，不用姜醋，咸鲜软腴，热气腾腾上桌，大家都觉得比传统大闸蟹更好吃。

老友聚会都喝酒，现在餐馆允许自带酒，我们通常是茅台、五粮液、泸州老窖。在这种情况下，要点适合下酒的菜。如冷盘点新风鳗鲞、风鹅、糖醋小排、马兰头香干、油爆虾、盐焗白果、凉拌冰草、咸烤花生、五香烤子鱼等等。

热菜可丰腴一些，古法清蒸鲥鱼、烤牛肋排、辣子鸡、龙虾焗面、油焖笋或油焖茭白、罗汉上素、马桥豆干、百叶包、砂锅羊肉、塌棵菜冬笋、酒香草头、荠菜豆腐羹等等。

如果备了坛装花雕，可选择海鲜餐馆，黄酒海鲜是绝配：醉泥螺、糟青鱼、清炒梭子蟹、白灼草虾、炒划水、清蒸梅子鱼、生煸海瓜子、咸鸡、蚝仔煎、炒鳝糊、百叶结蒸咸肉、粉皮鱼头煲、银鱼炒蛋、韭黄炒螺肉、手剥笋、干煎带鱼、葱油蛏子等等。

点菜还要注意菜量。有些服务到位的餐馆，在菜单上注明四人份或六人、十人份，这样点菜就心中有数。有些餐馆，盘子仅饭碗大小，八个冷菜放桌上，寥若晨星，所以，每次到新的餐馆吃饭，我就先问服务员："贵店的菜量多少、菜盆多大？"这样点菜就避免被动了。

南北货的私人记忆

上海人把卖干货食材和其他食品的店统称南货店。

南京路静安寺一带的邵万生、三阳、立丰、鼎日有、大发、叶大昌、泰康都是闻名遐迩的百年老店。

传统的南货店，主要卖腌腊糟醉海陆干货，如火腿、南风肉、咸肉、咸鸡咸鸭咸鹅、青鱼干以及黄鱼鲞、咸鲞鱼、海带、苔条、干贝、开洋、虾皮、虾干、龙头烤、鱿鱼干、海蜒、海蜇、海参、淡菜、乌贼蛋和笋干、扁尖、霉干菜、木耳、金针菜、香菇、腐竹、鸭胗干、糟蛋、醉蟹、醉泥螺，还有荔枝、栗子、核桃、红枣黑枣、桂圆、莲心、红糖、冰糖、太仓肉松和福建肉松等等。

南货店的食材，是江南菜不可或缺的精髓，例如，苔条小黄鱼，少了苔条，神韵尽失；一道素什锦，香菇、金针菜、黑木耳、栗子、腐竹，几乎就是半爿南货店，宁波汤团，能不放黑洋酥吗？可以说，没有南货店，就没有江南菜。

上海传统南货店与食品店的最大区别，南货店不卖烟酒和糖果饼干蛋糕蜜饯冷饮等入口即食的零食，南货店的食品大部分都要买回家"深加工"才能上桌的。

非常有意思的是，有人认为南货店专卖长江以南的干货，其实大谬不然，上海南货店卖的是南北干货，例如海参、虾皮、海带、口蘑、核桃、红枣、木耳等等，主要产地在北方，但上海包括全中国，并没有北货店。

改革开放以前的计划经济时代，长期供应短缺，南货店里的东西都凭票供应，许多商品，只有逢年过节才上柜，票券还分大户小户，四口之家算小户，五口以上才是大户，例如过年必备的核桃红枣黑芝麻，小户只有半斤，大户才有一斤。

记得三年自然灾害时期，连这些食材都断档，过年家家户户都要做汤圆，馅芯根本弄不到，家母未雨绸缪，夏天吃黄金瓜，母亲把瓜囊入水冲洗，留下黄金瓜籽，篮里晒干包好，放入石灰缸（那时没有冰箱，许多人家用一只蓝色大肚小口有盖的瓷罐，放入一包生石灰，再放进容易长虫或"变莒"的食材，可以长期保存）积少成多，到过年竟然也有一大包，除夕夜取出，微火炒香，再用石臼碾碎，拌入绵白糖和猪油，口感竟然直逼黑洋酥，亲戚来家做客，母亲端出黄金瓜籽汤团，竟然获得交口称赞。

小时候我"发寒热"，胃口不好，母亲从石灰缸里取出一小包几年前南货店买的珍藏开洋，豆腐干切丁，开洋泡发浇少量黄酒，与豆腐干丁拌匀，加茴香一颗，饭锅上蒸熟佐粥，真的胃口大开齿颊留香，至今难以忘怀。

三年自然灾害以后，市场供应略微宽裕，夏天燠热，母亲会拿出南货店买的扁尖、咸肉，炖一砂锅扁尖开洋冬瓜汤、半条霉鲞蒸肉饼，再来一碗霉干菜烧肉，这种美味，很难用笔墨形容。母亲的勤俭持家往往溢于言表，对几个孩子明确表示："霉干菜烧肉，一碗饭一块！"我们为了多吃一块肉，再舀一碗饭，吃得肚子胀鼓鼓的，还意犹未尽地盯着霉干菜烧肉。

光阴如白驹过隙，转瞬已过半个多世纪，供应短缺时代早已成为记忆，但上海的南货店，依然在南京路和全市生意兴隆，当然，南货店也与时俱进，已经开始卖鲜肉月饼、现榨果汁、糖果蜜饯和荤素熟菜了。

但是，各种南北干货依然是上海南货店的传统主打商品，而且越来越丰富，经常可以买到瞵别已久的好货。老上海兜南京路，路过邵万生三阳，一定会进去，拎点南风肉、霉干菜、黄泥螺、黑洋酥、糟蛋回家的。

中国臭味美食地图

孟子有句流传数千年的名言:"口之于味,有同嗜焉"。食物的美味,人类都有相同的嗜好。

某种带有浓郁臭味的食材,会引起许多人反感,但更会引起无数人的强烈食欲,各种臭味食物,经过千百年传承优化,成为名闻遐迩的美食,古今中外没有例外。

一些孤陋寡闻的人,主观认为只有少数地方的中国人嗜臭,但大谬不然,嗜臭,是人类共同偏好。世界顶级三大蓝纹奶酪:洛克福、斯蒂顿、戈根左拉就是臭芝士,带有一种强烈的阿摩尼亚(氨)味,就是臭味。还有瑞典的臭鲱鱼罐头据说连小狗闻了都会作呕。

在中国,嗜臭之夫是巨大的群体,遍布全国。而各地的"臭食"几乎能够拼出一张完整的中国地图。

中国臭食集大成者首推宁波。臭豆腐,臭千张、臭乳腐、臭海菜梗、臭冬瓜、臭芋艿蓊、臭茭白……几乎可以拼出一桌臭席。

宁波臭菜的灵魂和基础是臭卤。可以自制:取雪里蕻咸菜卤半桶,煮开沉淀,用勺舀出上面的清汁,放入陶坛,坛口盖紧封实置阴凉处,半个月后菜卤自然变成臭卤,就可以"臭"(这里是动词)各种食材了。把豆腐或千张或海菜梗等等分别放入装臭卤的陶坛,浸几天就成功了。取出食材,洗净,或蒸或炸,就是许多人垂涎欲滴的臭菜。

宁波臭豆腐，油炸后色泽金黄，外脆里嫩，蘸辣酱入口，欲罢不能。

同样臭豆腐，长沙的火宫殿非常有名，开国领袖都曾亲临品尝，但长沙臭豆腐漆黑油亮，但与宁波臭豆腐外形口感迥然有异，但非常好吃。

跑到广西，一道臭味美食螺蛳粉是当地人的最爱。螺蛳粉浓郁的臭味主要来源于独特配料——"腌制酸笋"，广西特产大头甜笋经过腌制发酵，形成"特殊酸臭"，将螺蛳粉变得引人入胜。

帝都北京，有两款臭食名闻天下。其一就是豆汁，绿豆泡12小时以上，加水磨细，用之前泡绿豆的水来过滤粉浆。把粉浆倒进容器中沉淀一晚，最上层就是豆汁，把豆汁舀出来大火烧开，小火熬，再倒发酵的豆汁再熬再发酵，多次反复，一股酸臭味就弥漫整个作坊了。

大部分外地来京人士都无法接受豆汁的酸臭味，但确是老北京的最爱。喝豆汁配焦圈、榨菜，就是老北京标配三件套早点。

另外一款帝都臭食就是王致和臭豆腐。色泽灰黑，开瓶就臭气四溢，但口感鲜美异常，一筷入口即食欲大开，佐粥下饭均宜。

臭鳜鱼是徽菜的看家菜之一。200多年前，每年入冬贵池等地鱼贩将长江鳜鱼用木桶装运至山区出售，为防止鲜鱼变质，装桶时码一层鱼洒一层淡盐水，并经常上下翻动，鱼到徽州，鳃仍是红的，鳞不脱，质不变，只是表皮散发出一种浓郁臭味。洗净后以热油稍煎，细火烹调，鲜香无比，成为脍炙人口的佳肴。

还有几款美味臭肴，遍布全国。鸡鸭屁股因带有性腺，异味浓烈，大部分人都会弃之不用，但有不少人嗜之成癖，从前的上海熟食店，会把从烧鸡烤鸭切下的屁股留作一盘，专门卖给爱好者拿去下酒。

腌咸蛋盐放少了，咸蛋黄会发黑变臭，成为臭咸蛋，全国各地随处可见，这也是许多人的最爱。

嗜臭成癖，无可非议。一些人把"食臭食腐"并列，斥之为人类的恶癖，其实，只要经过观察和品尝就知道，全世界脍炙人口的臭食，都是臭而不腐的，真正腐败变质的食物，其臭味根本不可能引起人们食欲，只会麇集一群苍蝇。

腌腊黄鼠狼

一

60年代末，中苏两国领袖因意识形态和个人恩怨而翻脸，关系严重恶化。

70年代初一度接近大战边缘。

那时的军事指导思想还是"关起门来打狗"、"农村包围城市"、"让开大路、占领两厢"之类的土八路战略，于是中央准备秘密修建一条从江西分宜到永新的铁路，据说是为先主席毛泽东和副统帅林彪重上井冈山抗击苏修打游击作准备的。

江西全省各县都奉命派出民工去修铁路。

在当年计划经济时代，政府对农村劳动力是可以无偿调遣的，不仅不付工资，连口粮食油铺盖扁担箩筐都要集体自带，上面一声令下，水库、公路、铁路工地上立刻布满像蚂蚁一样密密层层的挑土民工，工地边上，茅草搭成的工棚连绵成片。

著名的"红旗渠"以及遍布全国农村的水库、人工河道、公路铁路路基就是这样建成的。

计划经济时代的专用名词叫"劳动力平调"，但与徭役几乎无异。

本人十年插队，当过六次民工。插队知青喜欢外出当民工，最大的好处是不用自己砍柴挑水煮饭，这是沉重的生活负担。

砍一担柴火至少来回20里路，烧不了几天；挑一担村后山的清泉，来回1140步，挑满一缸水要三担。

天黑收工回来，灶是冷的、水缸是空的，还要到自留地拔菜洗菜，这种日子单身汉真的无法过。

外出打工，还可以向生产队预支十几块零花钱，到过年分红时从工分里扣除。

外出打工的另外一个好处是可以避免寒冬赤脚下水田，那种味道，现在连农民都已经淡忘了。

因此，每逢冬修水利，男知青都会主动请缨，然后挑着铺盖箩筐锄头与村里的小伙子一起战天斗地。

二

井冈山铁路蜿蜒在分宜安福永新的崇山峻岭之间，我们借住在一个离安福县城和集镇很远的山村，天天开山放炮、挑土筑路基，最后还要扛枕木铺铁轨砸道钉，劳动强度极大。

现在都说民工很苦，但那时的民工与现在的民工有天壤之别，我们没有工资，一律记工分，到生产队年终分红时领钱。富一点的生产队，一天工分可能值一块多钱，穷队同样干一天活收入只有几角甚至几分。

江西是产粮大省，集体外出，生产队都会随带足够的大米，但食油很少。

本人插队的璜陂村有上千亩油茶林，70年代土霸王程世清在江西掌权，天天"以粮为纲""割资本主义尾巴"，农民只准种水稻，所有副业一律禁止，油茶山都荒芜了，弄得以产茶油出名的璜陂，每人一年只有6斤油，生产队留成的更少，因此集体开伙饭管饱但伙食极差。差就差在油上面。

中国人常用"甜酸苦辣咸"形容食物的口味，俗称五味。其实遗漏了最重要的一种——脂味。没有脂味，主要是油，什么菜都不会好吃。

"三月不知肉味"的日子是勉强能够混的，你看和尚尼姑天天吃素也能活得雪白粉嫩，因为他们的菜里有足够的油。吃没油的素，而且是长素，日子真的非常非常难熬。

我们住的偏僻山村，前不着镇，后不着店，买包香烟都要走十几里路。蔬菜都是向村里农民买的，但荤腥就免谈了。

那时杀猪是一件大事，农民自己养猪都无权自己屠宰，首先要完成购销指标，然后要到公社批准，获准屠宰的猪，自己只能留十几二十斤，其他的由生产队分配给全村每家每户，钱记帐，年终分红时再结算。

农民的鸡鸭鹅也是宝贝，留着红白喜事用的，总不见得摆全素的喜宴吧。

所以，我们就只能天天吃"红锅菜"——灶内柴火把锅烧得几乎发红，倒入南瓜老茄子冬瓜芋头萝卜青菜"干煸"然后加水放盐放辣椒末，煮熟后再像点眼药水一样地洒几滴油花，这就是一天三餐的"下饭"，偶尔有炒肉吃，那就是狂欢节。

连续吃上一个月红锅菜，一点不夸张，人的脸都变青了。弟兄们个个大便是墨绿色的，像羊粪般呈颗粒状。

三

村子的后山上时常有野兔、獾、野鸡、野猪之类的野物出没，同去的明德老汉会装夹子抓野物，大家凑钱买来铁夹，"免除劳役"，请他"脱产"上山装夹子抓野物。

铁夹子抓野物就是守株待兔。

野物不来，我们就空喜欢一场，偶有收获，一只野兔能有多少肉？根本不够三十多个年轻力壮馋肠辘辘汉子塞牙缝。但是，一旦把野兔剁碎煮进一大锅萝卜，洒上青蒜、辣椒末，这锅萝卜立刻升级换代，成为一道美味。

每次天黑收工前，大家唯一的话题就是不知今天明德的运气如何，晚餐最好有肉，管他什么肉，管他有多少，只要是肉就成！

这句话讲早了。

那天收工，大伙拥进厨房，只见明德老汉愁眉苦脸地对着一只二尺长的野物一面抽旱烟一面发呆。这是一只黄鼠狼。

"这东西不能吃，很臭，现在不是冬天，皮不值钱，收购站不要。"明德不无歉意地解释。

"管他。先剥皮，再加辣椒大蒜炒，还怕没人吃！"

几个知青开始摩拳擦掌。

"你们弄吧。我们到外面去。"老表们纷纷朝外拥。

知青小龙拿起剪刀就对黄鼠狼开膛破肚。

一股淡淡烟雾从黄鼠狼后窍冒出，随即就是弥漫全屋的夹杂着骚味、尿味、阿摩尼亚、腐烂尸体味的混合型恶臭，沁人心脾，熏得大家头昏眼花恶心欲吐，一个个掩鼻夺门而逃。

老表们在外面笑作一团："去炒呀，加辣椒大蒜。下酒菜有了！"

明德发话了："你们知青不懂。这东西不用说现在，三年自然灾害也没人吃。看你们可怜，我去想想办法。"

他进厨房提出黄鼠狼，在井台边，仔细地剥皮，剪除尾部臭腺，开膛取出内脏，用水冲了好几遍，然后用盐、花椒擦，最后把黄鼠狼吊在灶台烟熏腊肉的吊架上，"熏它十天半月，可能会好一点。"

后来的几天，铁夹子毫无斩获。

进出厨房知青们的眼光开始有意无意地盯着已被熏得漆黑的、只有一条红肠粗细的干瘦黄鼠狼，小龙还凑上去闻了闻："已经有腊肉的香味了，老爷子，可以炒了吗？"

"好吧！等你们收工回来，晚上炒。"

收工后，大家围着明德，只见老爷子用淘米水、丝瓜筋洗去黄鼠狼外面的烟灰，起油锅用红辣椒、花椒、大蒜、生姜、八角、桂皮——只要找得到的所有作料都倒进锅内，与切块的黄鼠狼肉一起煸炒，然后再倒入足足二两烧酒，煮了半小时起锅。

可能调料味掩盖了黄鼠狼的体味；可能已经去掉了性腺；也可能我们已经与肉睽别已久，厨房里弥漫着腊肉的香味，大家馋涎欲滴。

起锅前大家已经把巨大的盛满白饭的搪瓷碗捧在手中，准备冲刺。

老爷子刚盛出黄鼠狼，还没端上桌，碗就空了，小龙干脆把饭倒入盛黄鼠狼留有汤汁的菜碗，使劲搅拌。

我抢挟到一筷。甫入口，舌尖立刻感到一股浓烈的尿骚味，嚼之犹如木渣，连碗里的饭也被熏臭了。恶心欲吐。

小龙却吃得津津有味。

"妈的！你小子嗜痂成癖、入鲍鱼之肆！"我白了他一眼。

他笑嘻嘻地回答："怪你没吃福！有黄鼠狼吃已经不错了。这点骚味也受不了，以后上山打游击吃什么？苦不苦，想想长征两万五！"

这方面他确实比我强。村里杀猪，为了与人打赌，更为了解馋，他连刚杀的带体温的生肉都撕下来吃过！

这次吃黄鼠狼，是我毕生难忘的体验。后来也吃过各种各样的怪异东西，但没有比黄鼠狼更难吃的了。

后来，我忽然想到，人类从猿到人的几万年进化过程中，一开始与其他高等哺乳动物无异，主要通过群体狩猎和野外采掘维持生存。为了常年保证（尤其在冰天雪地的冬天）有脂肪、蛋白质、碳水化合物和叶绿素供应，人类逐步把一批野生动植物驯化为家禽家畜和庄稼蔬菜。包括牛羊猪鸡鸭鹅鱼虾、五谷杂粮、青菜萝卜等等。

这些家禽家畜鱼虾庄稼蔬菜之所以成为延续至今的受全世界绝大部分民族喜爱的食物，首先是容易驯化、其次是味道能够被人普遍接受和喜欢。

我认为好吃动物的都已经被驯化，没被驯化的动物一定不太好吃。

但也有例外，广东人什么都敢吃，什么都爱吃。基本上两条腿的只有梯子不吃，四条腿的只有桌子不吃；大荤死人不吃，小荤苍蝇不吃。他们从果子狸吃到穿山甲、从蜥蜴吃到龙虱，但似乎从未听说他们吃黄鼠狼的，看来，黄鼠狼确实很难吃。

所以黄鼠狼至今未被驯化。

恶吃种种

一

恶吃，有两种意思。恶形恶状的吃和吃恶形恶状的东西。

先讲恶形恶状的吃。

2003年春节后出差到江西庐山脚下的星子县。下午到的，谈完工作已近天黑。

接待我的副县太爷另有应酬，遂叫县办公室邹姓主任陪我到县政府对门的一家饭店吃饭。

饭店装潢不错。镀金的铝合金门窗，凶悍的石狮子把门，水桶粗的脖子上还系着红领巾，两个浓妆艳抹的女孩站在门口招徕顾客，满地随风飞舞的鞭炮屑吹得她们眯缝着双眼。

主任把我引进包房坐下，然后出去了。

几分钟后，外面传来激烈的争吵声，似乎是主任在与老板娘争执。

"屌了你个娘的！你以为县政府付不起钱？"

主任正在愤愤不平。

老板娘站在柜台后，声音又高又尖："今天就是现钱，冇票子冇饭吃。"

我的眼光顺着老板娘的声音扫过去，柜台上一块铜牌映入眼帘，我目瞪口呆："**政府部门概不赊欠！**"

我的脸一下子红到脖根。算跑不少地方了，这种牌子真的还是第一次见到。

进退两难。

走吧，怕因此得罪主任。我是为做课题来的，主任找副县太爷奏一本，课题就会落空，我白来了。

留吧，形同恶丐索食，这种饭如何吃得下？

主任气呼呼地掏出皮夹往柜台上扔："你随便拿！老子今天就在这里吃！"

说罢，一把拉住我进了包房。

"今天请你吃野味。果子狸。这里的特产！"他转身向包房外喊："妹仔，炒一个果子狸、冬笋腊肉、香菇炆肉、石鸡、银鱼炒蛋……"

邹主任递给我一支"金圣"，边解释："这个女人，仗着是省府副秘书长的远亲，牛逼得很，当场出我的丑。看好，总有一天找借口把这家破店封了！"

果子狸是老板亲自端进来的。

老板满脸诚恳、陪笑："邹主任，我老婆神经病！别睬她。刚才多有得罪，我向你赔礼，今天我请客！"

一面递上皮夹："我晚上收拾她！"

邹主任接过皮夹转怒为笑："你打得赢老婆？她比你凶好多。"

"在床上干。把她打趴下！"

"哈哈哈。"邹主任大笑。

老板为我们斟上九江封缸酒："我敬两位领导一杯！"

邹主任往我碗里挟了果子狸："这是很补的，外面吃不到。"

我入口细品，吃口像放久了的干鸡，味同嚼蜡。

其他菜亦然。

邹主任食量甚大，把几个菜吃得碗底朝天。

我却食欲全无。这种恶形恶状的吃，谁会有胃口？

课题最终没有接，找借口推辞了。

二

对中国人而言,吃是头等大事。以前的问候语都是:"饭吃过了?"

"在相当长的历史阶段",(抄袭一句政治流行术语)中国人的主副食品供应一直比较短缺和匮乏。

跟随我们多年的粮票、油票、肉票、鱼票、蛋票、糖票、牛奶卡……在90年代初期还是家家户户五斗橱抽屉小铁皮盒子里的宝贝呢。

很多人包括我,以前都有一种毛病:偶尔下馆子,肉已塞到喉咙口,胃胀得发痛,但心理饥饿仍未消除,还想吃。

这大概与俺们的骨子里的"贫困基因"有关。

所谓贫困基因,是指长期生活在一个食物匮乏的环境里,或经历过大饥荒,其中能够最大限度地存储能量的人,容易捱过饥荒;而缺乏这种能力的人就会变成饿殍。

久而久之,生存下来的人就都具备了存储能量的能力,由于这是贫困的生活环境所造成,所以称之为"贫困基因"。这在食不果腹时代,是生存的优势。

我国历史上经历过无数次"易子而食、析骨而爨"的大饥荒,能够活下来的人,都是贫困基因特别发达、胃口绝佳、食量奇大的人。

我们可能都是贫困基因特别发达的某些祖先的后裔。

到了生活条件富裕之后,这种基因并未消除,表现方式是不少人食欲始终奇佳,身体迅速肥胖,谚云"职务职称不高,血压血糖血脂三高"就是指贫困基因在小康社会的延续。

现在,赌风炽盛,彩票、麻将、扑克、老虎机、牌九、赌球、F1、股票,人们都在赌。

但是,有一种与贫困基因相关的赌:赌吃,已经随着生活水准的提高和食品供应的充裕,渐渐被人淡忘了。赌吃其实也是恶吃的一种。

当年,这可是非常流行的。尤其在小青年之间。

上海某厂青工小A和小B,赌吃50只开口笑。

开口笑是一种面粉做的外裹芝麻、实心的油炸甜干点,网球大小,由于油炸时在球体会豁开一个口子，俗称开口笑。

这种点心吃口焦脆非常油腻，当时市价为5分钱、半两粮票。一般人能吃两只已属不易，他们赌吃50只。赌注是十块钱。

小B吃下50只开口笑的过程，由于无第三人在场，已茫然无法考据，但他的的确确把50只开口笑硬是嚼碎吞下的。

当他拿到小A的十块钱时，腹胀如鼓，脸色惨白、汗流如注，已经无法坐下了。

小A慌了神，把他扶进医务室，5分钟后，救护车呼啸而至。

医生检查后认为，这是暴食引起的腹胀，无需动手术。

处方很简单，需要有个人扶着他在病区的走廊里不停地走，帮助胃蠕动和消化，在第一次大便以前不准喝水，一喝水胃里开口笑发涨，小B的胃有可能胀破。等排出第一次大便后才能吃泻药，等泻出后才能喝水。

作为惩罚，小A被派到医院，扶着小B在走廊里来回往复走动了整整一天，累得腰酸背痛，小B才解下第一次大便。以后的一周，小A就天天扶小B散步消食。

这次赌吃，小A被扣一个月奖金，小B不仅奖金被扣，还因此得了胃下垂，实在得不偿失。两人的赌吃事件，还上了黑板报，同事见之，无不窃笑。

三

我插队时，春节老表家里杀猪————不是每家每户都杀的，因为首先要完成征购指标，然后还要公社革委会批准，才能够杀猪。

老表杀猪，自己留半爿，其他由队里作价收购，再分给每家每户。

通常，猪油是自留的，因为那时油是稀缺货。

几个小伙子在这家老表家里玩，灶台上的大锅熬的熟猪油已经冷却。

老表们打赌，谁能一口气喝下5斤猪油，赌注是2包"欢腾"香烟。

一个小伙聪明过人，鬼点子不少。他自告奋勇称自己能够喝下，大家用水瓢舀出5斤尚未冻结的猪油。

这小子一口气喝下，然后飞奔回家，对着自己的大铁锅猛呕一气。

等后面人赶过来，他已经把猪油呕进铁锅，然后正往灶里添柴。

他笑眯眯地说："再熬一遍，把残渣滤掉，我白赚了5斤猪油加2包香烟！"

众人见之绝倒！因为他并未违反游戏规则。

这是我见到过的最最恶行恶状的恶吃了。

四

一次去苏南某镇，镇领导设宴款待。

该镇毗邻阳澄湖，水鲜是自然少不了的。原产于太湖的"三白"——白丝鱼、银鱼、白虾以及大闸蟹，自然是宴席基本配置，这不属于恶吃范畴，故不赘。

在大家酒酣耳热、醉眼惺忪时，服务员端上一个冒着热气的酒坛，坛口散发出怪异的香味。

镇长示意服务员给每人舀一碗。这是一种汤，碗里沉浮着各种东西。

"这是什么汤？"我问道。

"可以说，离开这里，全世界都喝不到这种汤！"

镇长十分得意地宣布。"福建有佛跳墙，也就是火腿、香菇、干贝、海参、猪肉之类的一锅炖，已经落后于时代，而且到处有卖了，不稀奇。"

"我们镇，改革开放以后大家日子越来越好过，在吃的方面也要创新，今天的汤，就是创新！这种组合是前无古人的：大闸蟹、甲鱼的裙边、河鳗、河虾、老山龟、西洋参加上金华火腿、竹荪、干贝甚至鲍鱼，放在用老母鸡吊出的高汤里，装在黄酒坛里炖七八个钟头，是不是推陈出新的中国首创？"

"来来来！大家尝尝！"镇长满面春风地招呼大家。

我端碗喝了一口，味道确实很鲜，但有股隐隐的挥之不去的腥，这股腥味，把汤的鲜掩盖了。

碍于面子关系，勉强把汤喝完，碗里的东西一点没碰。

镇长频频劝汤，但几乎没有人续碗的。

我开口了："镇长，这道汤真有创意，可以申报大世界吉尼斯记录了。但是，有一点小小的不足：你把中国美食精华都融入汤内了，但没有考虑国际化因素。全球公认的三大美食：阿斯特拉罕鱼子酱、法国鹅肝、意大利白松露。把这几种东西放进去，肯定创造了一项新的世界美食纪录。这时，你的汤的名字也就出来了：环球靓汤。"

镇长似乎从未听说过鱼子酱松露和鹅肝。我在他耳边详细介绍。他听得连连点头称是。"好建议！好建议！以后一定试试！"

这个镇后来没有再去过，但这道汤，以后也再没听说过。可能镇长试过，发现吃药了？

与朝鲜"东木"的亲密接触

老友王君——长期应邀在朝鲜进行改革开放开拓性工作的筚路蓝缕探索者,打电话通知,朝鲜民主主义人民共和国对外经济总局的李总局长等一行12人,来沪考察,他设宴"留园"招待,要我陪席,原因很简单,王君酒量欠佳,我去帮他压阵。

本人混迹决策咨询界多年,各色人等均接待过,包括两位诺贝尔经济奖得主米勒博士和福格尔博士、兰德公司的首席经济学家、美中全国委员会的前主席兰普顿、古巴共产党中央政治局委员、越共中央政治局委员、越南国家社科院院长、日共中央政治局委员、俄罗斯国家社科院院长等等,(甚至包括台湾国民党中央委员之类),但是,朝鲜官员从未近距离接触过,因此,带着强烈的好奇心参加了这次接待。

"留园"在淮海路陕西路,古色古香的装潢、江南丝竹的背景音乐。

苏州留园,是盛宣怀百年前建造的私家花园。上海留园是江南菜馆,口碑甚佳。

豪华包房的书架上满是有关盛宣怀的书籍,一问,这家店果然是盛宣怀后人开的。盛宣怀是晚清邮传大臣,交通大学、上海江南造船厂都是他老人家创办。

这位声名卓著的老一辈资产阶级改革家,100年前的改革开放身体力行者,现在已成为近代史专家最热门的研究对象。

我和王君在留园大厅恭候。晚上7：15，他们来了。

李总局长不苟言笑，很严肃，其他同志亦然。

除了李总局长之外，两位是朝鲜驻华大使馆参赞，两位翻译，几位总局干部，还有就是朝鲜某大型钢厂的厂长、研究院院长、处长之类。

每个同志，胸口挂着背景是红旗、前面是金正日头像的像章。

同志们的衣着不错，西装革履，有一位胖子竟然穿着上海从前老克拉的吊带裤！但色泽款式非常落伍。

他们在街上走，绝对不会显示某种北朝鲜特征，充其量会被认为是西部贫困地区来沪的地市级党政干部。

他们腕上手表金光闪闪。

握手，递上名片。

很奇怪，我发出12张名片，只有李总局长给我一张他的名片而且是中文的，其他人都没有给我。

李总局长的名片颇有意思：

朝鲜民主主义人民共和国
对外经济总局李正辙总局长
朝鲜民主主义人民共和国平壤市普通江区

名片上既无详细地址，也无电话号码，更没有email或网址。

万一以后俺作为外商去平壤投资，如何找得到他呢？

王君轻轻告诉我，李总局长在那里是大人物，你真的去平壤，报他的名字人家就会领你去的！

王君带了四瓶五粮液，菜则事先要求留园经理精心准备。

八个风味冷盘：豆瓣酥、熏鱼、生菜色拉、口水鸡、烤麸、麻辣牛筋、一种特殊的茶叶蛋——里面竟然嵌了芒果！油爆虾、白切羊肉。

热菜极为丰盛：八宝鸭、蜜汁火方、虾仁蟹粉、竹荪火腿海参菜胆、清蒸东星斑、红烧蹄膀、澳洲龙虾伊面、水煮牛肉、菌菇土鸡、茄汁明虾、红烧鮰鱼、干锅牛蛙。

点心两道：一大盘上海锅贴、一大盘赤豆糯米糕。

这桌菜的量，几乎是平时的一倍，而且都是肥厚之物。

王兄极为谦虚，称今天的菜非常清淡，恐怕不合朝鲜同志口味，却引来席间一片赞扬声。

基本上所有的盘底朝天。

连从延边来的中方翻译都由衷赞叹："上海菜太好吃了。"

参赞通过翻译提醒我们，席间似乎未备香烟。

我心领神会，立即要服务员拿来2条中华，男士每人一包。

吃饭不能冷场。

有事没事找他们闲聊。忙坏了一旁的翻译。

朝鲜同志有点像文革时期的俺们接待老外或出国公干，————喜怒不形于色，正襟危坐、绝不主动交谈，人家问一句他答半句或几个单词。

弄得俺比较窘，先恭维一番。我说，上海开了一家名叫青柳台的朝鲜饭店，都是朝鲜风味菜，我喝了平壤烧酒，抽了"千里马"香烟，看了如花似玉的朝鲜姑娘的歌舞，感觉非常好，这是朝鲜改革开放的伟大成就，云云。

朝鲜同志并未显出丝毫的意外或高兴神色，照样冷冷地看着我。

我问，千里马香烟平壤卖多少钱一包？因为这种16支一包"千里马"香烟，售价是人民币45元：比硬壳中华贵得多。

邻座的朝鲜同志也抽烟，正在抽我递上的"熊猫"，俺们不能在接待方面掉价，既然是同志，就拿出最好的东西，他似乎不知道朝鲜有"千里马"牌子的香烟。

我想，要不然是朝鲜外销产品？文革时咱们也有过专供外销、国人一无所知的商品。

我问，45元人民币合多少朝元，答曰："十元"，也就是一块人民币等于朝元0.25元左右。

我的天，朝元这么值钱！

回来网上一查，原来这是官方汇率。

黑市汇率是人民币一块抵 300—400 块朝元。

官方汇率与黑市汇率相差 1600 倍。

比缅甸还厉害，缅甸的官方与黑市汇率相差 1000 倍。

他们吃饭丝毫不动声色，一点没露出有些人所说的猴急相，但很快盘底就朝天了。

这时，翻译提醒我们，朝鲜风俗，请客吃饭如果席间只喝酒不吃饭，等于没吃过酒席，点心不算饭。于是，立刻要服务员盛 12 碗饭，再增加麻婆豆腐、回锅肉、干锅鲳鱼、咸菜毛豆作为下饭菜，又是风卷残云。

上西瓜时，朝鲜同志才酒足饭饱心满意足。

席间，我冒昧地问朝方翻译，俺十分崇拜主体思想，非常盼望能获得一枚金正日头像的纪念章，可以像朝鲜同志一样天天挂在胸前。

但是，没门！

朝鲜同志正色告知，像章是"将军"（似乎指金正日）授予他们的，是他们的生命，是无价的，不可能以货币衡量、交换，转赠也是不可能滴。

我哑然。

王兄不无得意地告诉我，他特意挂在胸前的那枚像章，因他为朝鲜对外开放作出重大贡献，金正日的妹夫亲手授与的，外国人获此殊荣的不多哦！

记得小学里学过"罗盛教的故事"，似乎朝鲜话喊同志叫东木。席间，为了套近乎，我用五粮液向每一位朝鲜同志敬酒，先问翻译"他姓什么？"翻译告知后，举杯向"李东木"、"金东木"、"崔东木"、"朴东木"们敬酒，一路横扫，颇得朝鲜同志好感。

此举极灵，不苟言笑的朝鲜同志纷纷笑逐颜开，与我一一干杯。

其中一位，用英语向俺敬酒："密斯杨，切斯！"

俺举杯："崔东木，切斯！"

王兄借口开车不能喝酒，乘机逍遥法外。

我苦了，一路干下去，整整喝了15杯五粮液。

幸好，没当场出丑。

席散，与朝鲜东木一一握手道别，他们去外滩看上海夜景了。

俺醉醺醺地回家，写下了这篇文章。

"如烟"与福寿丸

"如烟"是什么东西？是一种号称不产生烟雾、对人体无害的能够逐步减轻烟瘾甚至实现戒烟的高科技电子香烟。从2006年开始，凤凰卫视和国内其他电视台不断播出"二腕"（非大腕）演员手持如烟吞云吐雾的镜头。

其实，如烟决非广告吹嘘的那样，在"如烟"问世之初的2004年，我就已经深受其害了。

我烟瘾甚大，电脑前工作时，半天能抽掉一包香烟（当然烟蒂留得很长，超过抽掉部分）。

我的朋友陈君，夫人在某军医大学的附属医院工作，陈君烟瘾也极大。那天，他来我家，拿出一个包装精美的盒子，称这是国内首创国际领先的尖端高科技产品：如烟牌电子烟。开发商正在陈太的医院找试验者，特赠我一支，免费试用。

打开一看，像一支笔。棕色金属外套长约15公分，一头是一个红色发光管（模拟烟头点燃后的火光），一头是烟嘴。金属管分两节，中间可以拉开，里面装着据称是高科技的"纳米电子雾化器"，下面装了一节7号充电电池。盒内另有几个像子弹壳的金属圆管，打开后是一个塑料烟嘴，下连一段3公分长的白色塑料套，里面湿漉漉的，这就是说明书上讲的液体尼古丁，他们把这玩艺称作"烟弹"。既然叫烟弹，所配的理所当然地是烟枪了。当时这支如烟烟枪的市场售价为900多元，烟弹每个12元。

把烟弹装上如烟的烟枪，就可以抽了。有一定的抽烟感觉，吐出的据称是水蒸汽。

烟弹的尼古丁含量有18毫克、16毫克、12毫克、10毫克、0毫克等多种，由抽烟者根据烟瘾大小自选。一个烟弹等于一包香烟，可以抽一天。

据说明书介绍，烟客可根据烟瘾逐步降低尼古丁含量，从18毫克减至0毫克，就实现戒烟的目的了。

我如获至宝，装上烟弹后就吞云吐雾，一开始感觉不错，因为如烟减少了烟雾产生，对抽烟者的咽喉不再造成刺激。

第一天，抽了一个18毫克的烟弹，勉强忍住了不抽香烟。

过了几天，发现一个烟弹根本对付不了一天，于是就抽2个烟弹。

半个月后，我发现自己走路有点摇摇晃晃晕晕乎乎，头重脚轻。这似乎是高血压的症状。用电子血压器一量，160/98，显然血压明显偏高了。

我那时正在同时做几个课题，每天在电脑前至少8小时，是否因为工作过累造成的？

立即去看高血压专家门诊，量过血压后，医生严肃地警告，我已经患中度高血压，必须坚持长期按时服药，否则后果严重。医生推荐了一种昂贵的进口药，我在他开药方时瞥见桌上的台历正是这种药的广告宣传品，我默然一笑。

俺血压从来不高，何以突然成为高血压患者而且还是中度的？

于是，我开始分析病因，为此专门停止工作几天静养，如烟照抽，但血压仍未下降。

突然，我想到了如烟的烟弹，里面是纯液体尼古丁呀！

再去看专家门诊，请教医生：服用纯尼古丁是否会提高血压？医生的回答是直接的，毫无疑问的。

看来，如烟是罪魁祸首了。我立即停抽，过了一周，血压果然正常了。

如烟的烟枪从此被我扔在抽屉里,再也没抽过,可惜的是我跑到如烟专卖店买的30个烟弹所化的冤枉钱。

我对如烟的亲身体验,就像实验室白鼠,实实在在地做了一次毒物试验。

如烟这种东西,其实根本不可能实现逐步减烟和戒烟的目标,只会越抽越多、越抽毫克越高。而且烟弹本身的纯液体尼古丁对身体伤害的方式和程度远高于香烟,因为,如烟的基本作用是把液体尼古丁雾化,抽烟者把雾化后的液体尼古丁(请注意:不是香烟燃烧后的烟雾)吸入气管和肺部,肺叶和气管壁直接照单全收了,然后渗透进血管,对血压进行全面持续提升,至于还造成其他什么伤害,我尚未得知。

从"如烟"我联想到清末奸商,把鸦片膏制成号称能够戒烟的"福寿丸"销售,瘾君子戒掉了鸦片,但吃福寿丸却上瘾,而且福寿丸的价格远远高于鸦片。

如烟的烟枪,我研究过,内部是极简单的雾化器和电池,在专卖店,如烟的烟嘴式烟枪卖1000多元,烟斗式烟枪卖7000多元,暴利程度骇人听闻。

如烟烟枪质量极差,售后服务极差。今年我的一位瘾君子朋友,被如烟广告诱惑,拟购来一试。我立即取出那支烟枪赠朋友,30个烟弹也无偿奉送。

第二天朋友来电告知,烟枪已坏根本不能抽,红灯也不亮。我与他一起到专卖店,服务员态度甚傲慢,我们被告知,烟枪已损坏,不能维修,只能再次买新的。

我抽如烟一共不超过3周,而且使用烟枪极为小心,仅仅在抽屉里放了一年多,就"自然损坏"了?

这就是我尝试如烟的经历。烟瘾大的朋友们,有试过如烟的么?一起交流抽液体纯尼古丁的体会如何?

老外讨烟

2008年6月11日,是朋友瑞莎的生日。她的先生沃伦——爱尔兰美国人,某跨国公司驻中国总代表,在铜仁路MLS酒吧为瑞萨举行生日派对。

瑞莎老沃和我们相识并成为朋友已逾十年。2005年,他们结婚也是在这家酒吧举行婚礼,我和徐君不仅作为嘉宾出席,而且为瑞莎和老沃拍摄了一堆足以让婚纱影楼顶礼膜拜的婚礼照。

派对一如老外风格,包了酒吧一层楼面,时间是下午2:30—5:30。去的朋友觉得派对时间非常仓促,喝酒频率不断加快,老沃见状大惑不解:"泥们赫酒太快!"

魏君指着楼梯口欢迎牌:"现在已经4点半了,还剩下1小时,我们不得不加快进度!"

老沃恍然大悟哈哈大笑:"是明天,明天五点半,明天早上!"

瑞莎则叫酒保把PM5:30改成AM5:30.

我送的礼物是已经绝版但保存崭新的1971年7120型"上海牌"手表和80年"钻石"女表——工业时代的文物。瑞莎向老沃解释:"这是1971年的产品。"老沃十分感慨:"1971年我20岁,还在读大学,打橄榄球,我的球队得了州联赛冠军。"

自助餐。烟熏火腿、炸鸡翅、意大利面、德国肠、培根、生菜、芝士、牛肉饼、煮玉米、土豆、三明治、披萨，老外入境随俗，还有一大盘粽子。

酒很多，10种啤酒、4种威士忌、3种红酒、金酒、伏特加、马丁尼、朗姆还有果汁和可乐、矿泉水。

三只原木长桌，坐着三拨人：老沃的美国朋友、瑞莎的同事和亲戚，以及我们。

酒吧不禁烟——酒吧如果禁烟，一天也混不下去的。

按照聚会惯例，我和徐君带了雪茄，我是"罗密欧朱丽叶"——丘吉尔所有二战照片，叼的雪茄都是这个牌子；徐君则是"大卫杜夫"3号。

雪茄加上等威士忌，再来点薰火腿、芝士、德国肠，这是真正的绝配。

雪茄特殊的香味在酒吧弥漫，另一桌的老外开始抬头寻觅"源头"。

瑞莎来到我们桌边："雪茄还有吗？"

"我带来一堆。"我拉开雪茄包，给她看。

"那桌老外很想抽雪茄。"她取了一支走过去，须臾又跑过来："还要几支，他们都在讨。"

我给她6支，徐君则把雪茄刀和点火器一并给了瑞萨。

老外们用非常娴熟的技巧点上雪茄，开始吞云吐雾，边点头向我们示意感谢。显然，他们不是第一次抽雪茄。

哈哈，我大笑。老外们向我们讨烟抽了！

记得读小学时正逢三年自然灾害，全国缺吃少穿，勒紧裤带过日子。

那时上课，老师时时提醒："在街上看到外国人往地上撒糖果，千万不要去抢，外国人专门拍中国孩子街头抢糖果照片，登在外国报纸上，出我们的丑。"

后来才知道，所谓外国人，就是苏联记者，我们当时闭关锁国，西方记者是拒之门外的。苏联记者真的经常这样干，赫鲁晓夫嘲笑我们喝大锅清水汤，五个人穿一条裤子的依据，就是苏联记者的报道和照片。

老外真坏。这是我刻骨铭心的记忆。但是，中国当时真的很穷很穷，一粒糖对孩子而言，那就是过节。

上世纪80年代，国门打开，老外们一批批来沪，南京路淮海路的许多重新开业的咖啡馆酒吧，成为他们集聚的场所，应运而生的"打桩码子"，成群在那里游荡，炒外汇，倒卖外烟。

打桩码子估计周立波亲自做过，舞台上演绎得活龙活现，从神态、专用语言甚至走路姿势。

老外们在咖啡馆坐着聊天，打桩码子就凑上去，用蹩脚的洋泾浜英文搭讪，收外汇。

打桩码子见老外抽万宝路、云斯顿、健牌，十分眼馋，往往会向老外讨外烟抽，大方的老外就会居高临下地、施舍般地抽出一支外烟，扔给打桩码子；小气的老外，连声"NO、NO"，把桌上的香烟塞进口袋。脸皮练得很厚的打桩码子则无趣地转到另外一桌继续做生意。

时过境迁。

30年改革开放，国力大增，老百姓的口袋也日益充盈，至少在上海，人们已经不会仰视老外，也没有人会向老外乞讨外烟了。

在西方，雪茄也不是人人抽得起的，我在罗马巴黎苏黎世看到抽雪茄的，都是衣冠楚楚器宇不凡的绅士，开着豪车，单手握方向盘，嘴里叼着雪茄招摇过市。

上海的一些涉外餐馆酒吧，个别老外拿出雪茄抽，往往还要环顾四周一番，似乎在炫耀，我从未见到过一群老外集体抽雪茄的场景。

在上海，抽雪茄的人越来越多，我和徐君已有十年雪茄烟龄，家里雪茄保鲜盒常备数百支不同品牌的手卷雪茄，蒙特克里斯多夫、科伊巴、大卫杜夫、潘趣、玻利瓦尔、罗密欧朱丽叶，这些雪茄，浓淡各异，口感不同，下班后、聚会时、酒宴后抽上一两支，已经成为生活常态。

现在，轮到老外向我们主动讨烟抽了。很有趣，他们没一个"亲自"过来讨烟，估计直接来讨，面子上实在挂不住，只好请瑞莎做"转口业务"了。

我们丝毫没有露出居高临下神态，更没有一脸不屑，以平视的目光，笑嘻嘻地把雪茄送过去，还递上雪茄刀，但心里是暗喜的——回想起当年老外街头洒糖果到打桩码子向老外讨烟到现在老外向我们伸手，改革开放实现了国家实力和国民心态的"重大历史转折"，真是三十年河东三十年河西啊！

雪茄趣闻

一

连续下了近 2 周的雨。

"心由境生",坏天气把人们的心境搞得很糟。

甚至有心理专家在报上惊呼,最近,上海快成抑郁症高发地区了。

我也略受感染,有点悒悒寡欢。

要想办法玩,调整心境。

非常巧,前几天收到赵君电话,邀我去他的公司小聚。

正好昨天下午有空,于是,冒着沥沥春雨,与徐君来到赵君的公司——陕西北路457号,何东爵士(澳门赌王何鸿燊是他的侄孙)的老别墅。

别墅的一号楼,解放后一度是上海辞书出版社原社长巢峰的办公室,是上海市历史保护建筑,现在物换斗移,变成外资企业的写字楼了。

与赵君相识于一年前。

赵君是顶级雪茄 ACC 的上海销售经理,手下有一堆老外在为他打工。

去年某日,赵君在永福路原英国驻沪领事官邸改建的花园会所"雍福会"，举行ACC雪茄的品赏会。

赵君带了几位外籍雇员在会上介绍鲜为人知的ACC雪茄。

我和徐君抽雪茄近10年，从丘吉尔最喜欢的牌子"罗密欧朱丽叶"（Romeo Juliet）开始，到卡斯特罗钟爱的柯伊巴（Cohiba）；大卫杜夫（Davidoff）、蒙特克里斯多（Montecristo）库阿巴（Cuaba），抽过不下于数十种全球上等手卷雪茄，平时家里的雪茄盒里，最多的就是蒙特二号和大卫杜夫2000。

ACC则第一次看到。ACC是美国一家生产顶级雪茄和雪茄盒公司，已有近70年历史。

ACC产品历来与名表、名车、私人商务机、豪华游艇紧密相连。ACC为一些世界顶级豪华车量身定做了相关的车载雪茄配件，还可以根据客户的需求，依照高端轿车或商务飞机内部环境的色系，设计并制作其专用便携式雪茄设备。但在中国尚未为人知晓。ACC顶级的雪茄系列，都是经过8年以上的陈化才上市销售，其中更有1955年存放至今的雪茄，极具品尝及收藏价值。

二

赵君，80后，一米八身材，清秀俊朗，很早去了美国，一口令老外惊讶的英语，在华尔街打拼多年，非常爱好美酒美食和上等雪茄，竟然心想事成地成为ACC雪茄的上海销售经理——这个职位不是随便什么人可以胜任的，他必须精通雪茄，而且能够区分各种雪茄不同口感和风味并用语言形象而到位地表述。赵君曾说，他为了深入研究ACC，一个月抽了数百支不同年份和口感的雪茄，而且每次都要写出恰如其分的品鉴报告！他现在承担着开拓中国市场的重任。小伙子非常勤奋，去年ACC上海公司的销售额已经达到1600万。

雍福会典雅客厅里，陈设着ACC三种最好的雪茄。这是一种陈年雪茄。

互换名片后，赵君向我详细介绍ACC的不同凡响之处。

酒是陈年的好，雪茄也是陈年的好。但绝大多数陈年雪茄，都是欧美贵族购买大批新鲜雪茄，放在专门的雪茄储藏室里陈化多年后形成的，雪茄生产商自己把雪茄陈化后再出售，全球只有ACC一家。

赵君说，ACC雪茄，至少陈化8年才出售。其中最上等的，已经陈化了50年！

那夜在雍福会，发生了两件有趣的事情。

赵君的英国雇员Toby，手指间夹了3支雪茄，笑嘻嘻地让我挑选一支。

我选了其中一支黑褐色的鱼雷雪茄。

Toby脸色大变："除了这支，其他都可以。"

朋友刘君对Toby说："既然你已经开口让杨先生随意挑选，他挑中的，就应该给他。"

Toby无奈，只得把这支给我，说："杨先生眼光一流！这是ACC公司最顶级的50年陈雪茄，你可到展示台看看价格。"

我走过去一看，这是一只用珍珠贝镶嵌的精美异常的雪茄盒，里面放了5支雪茄，每盒直销售价12500元！

Toby用雪茄打火机为我点燃了这支雪茄，又奉上水晶酒杯，里面是殷红的葡萄牙甜波特酒："ACC雪茄与甜波特酒是绝配。"

接下来又闹了笑话。

一个身着阿玛尼西装配黑布鞋白袜、戴极粗白金项链和名表、光头矮胖的"法拉利车友会"会员，走进客厅，看见大家用小型车料水晶酒杯在喝酒，似乎发现新大陆，一脸不屑地大喊："侬懂口伐？侬懂口伐？帮帮忙好口伐！巴子啊！红酒哪能可以放迭种杯子？应该放在薄梁地红酒杯里喝的。"

众目睽睽之下，我凑近他耳边轻声说："朋友，这不是红酒，是葡萄牙波特酒，只能配水晶小杯，勃艮第是法国地名，不是薄梁地。"他不识"艮"字，把勃艮第读成薄梁地了。这位老兄顿时脸红到脖根，悄悄溜了。

我缓缓抽了一口ACC，浓郁但又非常柔和的口感，与其他所有新雪茄的火气味迥然有异，这种感觉，难以言表，与品尝30年陈苏格兰

"格兰菲迪"单一麦芽威士忌和远年普洱时的宁静醇厚是异曲同工的。

这天晚上，与赵君长谈良久，成为忘年交。

三

我和徐君来到陕西北路辞书出版社爱奥尼克立柱式门廊的老别墅。

赵君把我们引入楼下的大客厅。客厅正对中西合璧的花园，小桥流水，曲径山石之间，几棵古木老树尤为引人注目。一棵是近百年的古藤，历经沧桑仍婉蜒遒劲；另两棵是百年香樟，粗壮挺拔，浓荫蔽天，为这座名宅增添几分雅意。

大理石客厅的大会议桌上，ACC的几种品牌雪茄盒和为宾利、法拉利轿车专配的雪茄盒，陈列得整整齐齐。

赵君的助手，漂亮的俄罗斯姑娘尤丽雅，已经为我们准备好冰凉的西班牙桃乐丝白葡萄酒。

我一看，非常惊讶，上次去西班旅游，参观桃乐丝酒厂，接待人员请我们品尝桃乐丝最精彩的白葡萄酒，就是这款。

赵君颇有眼力。

"我们公司刚搬进何东别墅，今天特意请二位来品尝雪茄，聊天。"赵君打开落地玻璃门，尤丽雅斟上嫩黄色的干白，晶莹的水珠在高脚酒杯的杯壁凝聚。

我用40年前初中学的蹩脚俄语向尤丽雅问候："斯特拉斯韦杰！（你好）塞喔特尼亚巴果达欧钦泼洛哈（今天天气很不好）。"

尤丽雅乐不可支，用中文说："你的俄语真棒！"

赵君为我们依此点燃几种雪茄，进行"平行对比品鉴"，尤丽雅也点了一支，非常优雅地夹在指间，四个人开始吞云吐雾，客厅里弥漫着一股芳香的雪茄味。

玻璃门外的花园，雨滴淅沥，杨柳已冒出针尖大的翠绿嫩芽，碧草如茵，尽管寒风凛冽，春天已经悄悄降临了。

有了雪茄和葡萄酒，再加上老洋房的环境和尽情聊天对象，坏天气也似乎变好了。

徐君是老雪茄客，他细观雪茄后对赵君说，这是环径50的，属于robusto型。

雪茄的粗细通常是以1/64英寸作为基本计量单位，用环径（ring gauge）表示。如果雪茄环径50，则表明雪茄是50/64英寸粗。通常只有内行才能够一眼看出雪茄环径。

赵君点头赞同。他介绍了ACC的特点："许多知名雪茄，都采用耐克模式，自己没有生产企业，购买南美的雪茄工厂产品贴牌，这就非常难以保证产品的质量始终如一。ACC在厄瓜多尔、洪都拉斯、委内瑞拉都有自己大面积烟草种植基地，从烟草品种的选择、种植、收获；再从雪茄口感设计、手工卷制到陈化储存、销售，全部由公司一条龙完成。

ACC公司另外一大特长是雪茄盒的设计制作。经常抽雪茄的人都知道，所有其他品牌的手卷雪茄，都是放在用三合板做的非常简陋的木盒销售，买回后，再放进自己的保鲜盒里。而ACC雪茄，都是放在公司精心制作的雪茄保湿盒里出售的，这些盒子都是用热带硬木在美国科罗拉多和菲律宾，由细木工匠精心制作。这又是顶级名牌的不同凡响之处，盒子商标，就是顶级名表"宝铂"，抽完雪茄后，盒子可以作为存放宝铂的手表盒。"

通常，外出抽雪茄，要带一只可放入西装内袋的存放二三支雪茄的皮制雪茄盒，ACC设计制作了硬木雪茄小盒，很精致。

时间过得很快，转眼到了5点。我们每人抽了3支ACC雪茄，分别是la vina、propio、Don cervntes，喝掉3瓶桃乐丝干白，佐酒则是尤丽雅从俄罗斯带来的上等阿斯特拉罕鱼子酱。

徐君买了3盒雪茄，赵君又每人相赠雪茄一盒，尽兴而回。

回家路上，徐君颇有感慨："名牌是明显分层次的。中国人消费名牌，是从改革开放以后开始并逐步升级的。80年代，'雅芳'、'三洋'、'可口可乐'、'耐克'已经算名牌；随着大家生活水准提高，'鳄鱼'、'阿迪达斯'、'梦特娇''欧米茄'成为另外一个层面的名牌。现在即使登喜路、夏奈尔、劳力士，都不能算顶级名牌了，人们开始追逐江诗丹顿、乔治阿玛尼、宾利。但任何全球顶级名牌，其大众知晓度一般不高。因为它只能是小众化消费。其实,世界上还有许多顶级名牌我们还知之甚少呢。"

我颇有同感。非常愉快的下午。

赵君与我们相约,公司正在何东别墅布置陈列室和吸烟厅,届时,再请我们品雪茄。

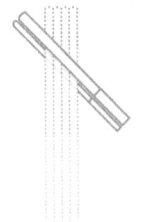

酒事茶趣

他的妹夫是空军司令

一

最近在看"吴法宪回忆录"。

吴法宪（1915—2004）开国中将，1965由林彪提名毛泽东批准担任6年解放军空军司令，1971年"九一三"事件被捕入狱，然后被判刑17年，1981年9月15日获保外就医，在济南易名吴呈清定居，2004年10月17日去世。

我在书中里看到了吴法宪多次提到的一位我熟悉的长辈——陈子圻。

吴法宪夫人叫陈绥圻，1923年出生。浙江余姚人，家道小康，自幼在上海长大，就读于怀久女子中学，1940年，经同学介绍在该校入党，1941年6月到苏北参加新四军，被分配在吴法宪任主任的三师政治部下属的锄奸部任内勤干事。

1942年10月，陈绥圻和吴法宪在三师政治部驻地苏北阜宁县戴舍结婚。

吴法宪入狱后，陈绥圻也受牵连，在绍兴龙虎山农场监督劳动长达10年，每月领40元生活费。

1981年吴法宪保外就医，中央安排他在济南定居。

1992年8月，空军政治部转发中央军委关于《陈绥圻同志离休的通知》：陈绥圻按副师职离休，离休时间从1988年算起。

吴法宪回忆录里提到陈绥圻有个哥哥叫陈子圻。

陈子圻先生我非常熟悉，50年代初与我的父亲杨纪璩在长宁区第二中心小学就是同事好友。

1954年上海新建一批全日制中学，陈先生与父亲同时调入天山中学任教，他任生物老师，父亲是体育老师——父亲毕业于东亚体校，1935年远东运动会时就是田径裁判，解放后被评为首批国家级田径裁判。

陈师母早逝，陈先生独居。

那时，我们都住在法华镇路。

陈先生住在种德桥的老宅，离我家汪家木桥一箭之遥。

家母做得一手好菜，父亲经常邀陈先生来家小聚。

记忆中的陈先生瘦长个头，四十岁左右，深度近视，戴一副老式圆框眼镜，长发中分，50年代还穿长衫，非常儒雅，讲话轻声轻气，看到孩子笑嘻嘻的。

陈先生能饮，为此，家母专门为他准备了好的白酒。

吃饭时，家父与陈先生聊天，我和哥哥在旁边静听。

二

当年坐落在娄山关路的天山中学非常大，也非常漂亮。

进校门就是绿草如茵的大草坪，红砖外墙的教学大楼巍然屹立，一条清澈的小河在校园里蜿蜒而过，河岸垂柳依依，小河的南面有个植物园，里面都是师生们栽培的果树，夏天，无花果结实累累，父亲经常带回生物老师制作的无花果酱，金色的果酱，蜜甜。

要知道，在三年自然灾害时期，缺吃少穿，z一瓶果酱会给孩子们带来多少欢乐。

一直到长大，我都不知道陈子圻先生有个显赫的妹夫吴法宪，吴法宪1955年授衔中将，空军政委，65年后更是平步青云，文革中成为政治局委员，中央排名第13号人物。

当年，像陈先生这样的知识分子似乎把这些看得很淡，从未提及他有个妹夫吴法宪，从未想过攀缘炫耀，从未以此为资本向社会向单位进行任何索取，也从未要求通过吴法宪让子女上大学参军或安排工作。

我的伯父杨纪琬，50年代就任财政部会计制度司司长，是新中国会计制度奠基人、全国人大常委；叔叔杨纪珂，80年代任安徽副省长，后来任致公党中央常务副主席，我父母也从未向人提起过，我家兄妹也从来不会向父母提及要求叔伯长辈为我们提供任何便利。伯父早已去世，叔叔也早已退隐，我现在讲起，无非是想说明，这大概就是当年老知识分子家庭的一种清高的操守以及传统家教使然吧。

三年自然灾害时期，一切食品均凭票供应，百姓们饿惨了。

陈先生别无嗜好，惟酒不能须臾或缺。

父亲不善饮，家里的酒票全部送给陈先生。

但杯水车薪，难解酒渴。

听父亲说，陈子坼经常在家以醋代酒独饮。

大概是我读小学三年级时，家母要我到福兴油行拷酱油，路过一家以油毛毡搭建的极其简陋的饮食店，看到陈先生一个人在店里独饮，他似乎怕被熟人认出，以书掩面，我见之不敢打招呼，匆匆而过。

回家告诉父母，父亲长叹。

陈先生在生物学方面造诣极深。

以前，植物学界有个定论，柑橘栽培不能超过北纬30度，因为冬季寒冷，柑橘难以越冬。

上海在北纬31度，70年代以前，上海从未成功种植过柑橘。

是陈子坼先生经过多年艰苦探索，打破了柑橘种植禁区定论，先在天山中学植物园实验并总结出栽培技术，后来在长兴岛大规模推广，40多年后的今天，长兴岛已经橘林成片，硕果累累了。

陈子坼先生是上海地区栽培柑橘的开拓者。

由于文革，他的业绩默默无闻，换到现在，至少可以得个上海市农业科技成果奖吧。

父亲1964年调离天山中学。

后来就是文革。

父亲在文革中变成牛鬼蛇神,受尽折磨,1975 年 57 岁含冤早逝。

我再也没见到过陈先生。陆陆续续听到一些陈先生的消息。

陈先生从他显赫妹夫那里得到的唯一受益,是人家知道吴法宪是他的妹夫,整个文革十年,没人敢动他,尽管他的家庭出身也属于整肃对象。

陈先生依然默默地做他的生物老师。

"九一三"事件发生,"林彪反党集团"成为全国一号大案,被株连者无数。

陈先生却依旧安然无恙。

因为,中央专案组和上海的专案组实在找不出除了吴法宪是他妹夫以外,陈子坼与吴法宪在政治上有任何牵连和瓜葛。

一晃 40 多年。

由于上海城市化建设带来的大规模动迁,法华镇早已消失,陈先生也不知搬到何处去了。

到今年,陈先生年逾九旬了。

遥祝他——一个正直朴实的老教师晚年幸福健康安详,每天小饮一杯好酒。

现在,再也无须以醋代酒了。

老中医谈酒

中医药大学退休的老校长 Y 教授，杏林前辈、德高望重，鹤发童颜，健步如飞，平时也好杯中之物。

一次在藏乐坊宴会作陪，那天喝水井坊和坛装太雕。

酒席上，老爷子自斟自酌，谈兴甚浓，从科学角度讲起与酒有关的趣事，众人洗耳恭听。

为了验证不同种类、不同酒精含量、国产和洋酒对人体内脏的影响，他突发奇想，要学校的动物实验室做一次实证研究：把实验用白鼠分五组，分别喂茅台、黄酒、红酒、威士忌和普通白酒，等老鼠们酒瘾很大时再解剖，看内脏的病理反应。

这似乎是前无古人的实验。

实验室工作人员每天按规定剂量喂白鼠们喝酒，然后测量各种生理指标，记录在案。

一开始，老鼠们似乎苦不堪言，但不久，老鼠们个个变成嗜酒如命的酒鬼了，"不给酒喝，老鼠连饭都不吃，而且垂头丧气，一到喂酒时间，老鼠们个个兴奋莫名，显然，已经形成条件反射了。"老爷子笑道。

这项实验持续半年，然后进行解剖，检查老鼠们的器官变化。

结论是：喝黄酒的老鼠，内脏安然无恙，比不喝酒的老鼠还要健康强壮。

"黄酒含 50 多种氨基酸，酒精度低，对人体有益无害，真是酒中之宝。"老爷子告诉我们。

"排名第二的是红酒，老鼠器官也很健康；第三是茅台、第四是威士忌、最差是普通白酒。几种烈性酒，不同程度地对白鼠肝脏造成损害，普通白酒最烈。"

席间，老爷子又讲了一个故事："美国的一家医学研究机构，持续数十年，收集冻毙街头的酒鬼尸体，进行酒精损害解剖研究。他们发现，这些主要喝威士忌的酒鬼，肝脏损害非常严重，酒鬼死因，很多就是肝硬化之类。

"但是，他们同时发现了另外一个有趣的现象，这些酒鬼的心血管系统相当健康。我认为，从中医的角度看，适量烈性酒有活血化瘀功效，而心血管疾患，就是中医理论的气滞血瘀所致。"

根据以上两件事例，老爷子认为，首先，喝酒不要过量，物极必反；第二，首选喝黄酒，江南许多高寿老人，都有长年喝黄酒的爱好；第三，适量喝白酒，白酒有活血化瘀功效，可以减少患心血管疾患的机会；第四，一定要喝好的白酒，这类酒有害成分少、甲醛含量低，但不能天天喝，最好是自己平时酒量的三分之一，如果酒量半斤，每周一两次，每次一到二两。"

那晚，老爷子喝了约二两水井坊。

盛年雅酌、亦醉亦趣

汤建中教授，74岁，1962年华师大地理系毕业的研究生，60年代就徒步考察塔克拉玛干沙漠一个多月，为实地调研长江口水文特征，乘舢板从江阴到崇明岛，再环岛步行月余，餐风露宿，在煤油灯下写考察报告。

半个世纪下来，对中国的自然地理和经济地理了如指掌，著作等身。是享受国务院津贴的专家、博导。老先生体健身轻，热情风趣、学识渊博，体恤晚辈，退休十多年，至今仍天天乘地铁上班，在研究院和"徒子徒孙"们一起撰写决策咨询报告。

"徒子徒孙"是学生们的戏谑自称，徒子，是他带出的博士；徒孙，是他的学生成为博导后带出的博士。徒子徒孙们对汤教授既尊重又亲密无间，经常出些"花花点子"给老爷子出难题，但很少难倒老爷子。

老先生不擅酒，几乎滴酒不沾。

10年前，那年汤教授64岁，我们在奉贤做课题，晚餐上五粮液，酒都是课题组成员自己带来的好酒，不属于公款吃喝。

徒孙们往老爷子杯中倒酒，汤教授婉拒："我不会喝酒。"在男女徒孙们软磨硬缠下，他喝下人生第一杯白酒，量不小，约100毫升。非常奇怪，老爷子毫无酒精反应，喝下后又加了一杯，除了谈锋更健，烈酒入喉与喝水无异。

这次喝酒，徒子徒孙们戏言，是汤教授的"启蒙酒处女饮"。

从那天起，汤教授开始接受白酒洗礼，来者不拒了。而且酒量见长，基本未醉过。汤教授家藏美酒不少，经常拿出奉献助兴。

那年，在浙江萧山做课题，晚餐要我点菜点酒。考虑到节约课题组开支更怕点到假名酒，我点了新疆产200元的伊力特白酒。

汤教授举杯啜饮一口，皱着眉头对我说："这酒不对的，这么难喝！蛮好我自己带一瓶来的！"

我愣了一下："这也是名酒啊……"忽然顿悟："你从奉贤开始的处女饮，在茅、五、国、剑环境中接受熏陶，基本未喝过这四种以外的白酒，你的启蒙点太高，中低档酒一口就能鉴别，今天只能屈就了。"在座徒孙们闻之哈哈大笑，从此汤教授高品位品酒的故事就传开了。

前年，在青浦某度假村进行课题评审，汤教授是主要撰稿人，专家对课题评价甚高，全票通过，汤教授心情绝佳。晚餐的酒，是他从家里带来的两瓶十年陈茅台，他坚持认为，好酒要存十年以上才能开瓶，否则难以达到美酒境界。

瓶塞一开，满屋飘香。席间徒子徒孙们轮番敬酒，汤教授来者不拒，喝了六七两，这次他醉了，但醉眼惺忪坚决不承认："这点酒算……啥？服务员，再上一瓶茅台！"在众人的劝说下，汤教授还在喃喃自语："我又没醉，我醉过吗？"

餐毕，汤教授谢绝徒孙们搀扶，自己踉踉跄跄上中巴。

上车后，出现了非常搞笑的一幕。他跑到后座，竟然背对驾驶员坐下。这种坐姿难度极高，需面对椅背盘腿屈膝，同车者请他转身靠椅背端坐，他一口拒绝："我坐得蛮好，为啥……要……掉头？"以这种怪异姿势一直坐到家里。

第二天，同事们谈起汤教授的坐姿，他基本失忆，茫然无觉。这又成了徒子徒孙们经常讲的趣事。

到今年，汤教授酒龄满10年。他在家从不饮酒，但在朋友聚会场合，还是老规矩，自己带一两瓶好酒。除了青浦的那一次，老先生从未醉过。

秋夜，会须一饮三百杯

好友不少，饮友难觅。经过十几年磨练筛选，我们形成了酒友圈，入圈标准如下：第一，茅台半斤属于入门级，只喝白酒黄酒红酒算中级职称，在此基础上能饮威士忌伏特加白兰地的，才算资深酒徒；第二，酒风酒德上品，不强劝、不逞能、不失态、不成瘾；兄弟们平时十天半月不喝酒状如常人，但一上酒桌，举杯畅饮，渐入佳境；第三，花公款丢人，"劈硬柴"生分，这次你请下次我来，先后有序。

喝酒，宜邀酒友同饮共欢，李白的"花间一壶酒，独酌无相亲，举杯邀明月，对影成三人"，意境虽美，实乃无奈之举。独酌，相当乏味，容易"举杯销愁愁更愁"。

"尊酒共君秋夜醉，满庭清露湿芙蕖"，这才进入畅饮的意境。

酒友陈君的乡间别墅，临河而筑，碧波荡漾、游鱼喋呷、荷叶田田，花园树影婆娑，绿草如茵，沿河的菜地，自种的茄子辣椒番茄毛豆结实累累。

陈君微信群发招饮凉亭赏月，酒友或公差出国、或业务缠身，响应者仅三四人。

我建议，凉亭赏月，不宜茅台国窖，饮单一麦芽威士忌更合情境，菜中西合璧，西班牙火腿、芝士、苔条花生、毛豆芋艿、白切羊肉、苦苣沙拉，以及上等雪茄和特级龙井，主食是生煎荠菜肉馄饨、火腿鸡汤。

弟兄们欣然赞同，为避酒驾弃车打的。

我住陈君隔壁小区，买汰烧我负责，陈君备酒即可。

周日傍晚，酒友翩然而至。

夕阳西下，陈君把露台的藤椅藤桌擦拭一新，先喝茶观景聊天。

我在厨房忙活，很快就把菜备齐。

陈君拿出2瓶"麦卡伦1700"、冰桶、雪茄保鲜盒，放一旁小桌，我则把菜装盘上桌。

麦卡伦斟入4个威士忌水晶杯，在斜阳透视下呈漂亮的金黄色，酒体厚重，轻啜一口，淡淡坚果香融合着愉悦的烟熏味、雪莉酒橡木桶的馥郁芬芳，口感一流。

处暑一过，尽管中午依然烈日炎炎，入夜，秋境已显端倪，月明星稀，凉风习习，树影摇曳，秋虫长鸣，正是纳凉畅饮的好时节。

"洋酒与国酒德最大区别在于"，我说，"国酒如茅台、五粮液，无法端一杯轻啜聊天，一定在宴席上配各种厚味菜肴，才能畅饮。而洋酒，不管威士忌白兰地郎姆，菜仅仅是点缀，纯饮才是真谛。"

徐君颇有同感："今天的露台观景聊天，威士忌是首选，这是陈君特地从英国带回来的珍品。"他用火柴为大家点燃ACC雪茄，"堪称绝配。"

"美景配美酒，加上这些杨兄亲手做的佳肴，没话说了。"汪君看着晚霞映红的天际："远处有白鹭，真是'落霞与孤鹜齐飞'呢。"

兄弟们自饮自斟，间或，夹一筷菜，很快，一瓶麦卡伦就空了。

陈君开第二瓶："酒有的是，放量。"

夜幕降临，明月当空，酒酣耳热，大家谈锋甚健，聊酒、忆往事、讲趣闻，不知不觉间，3瓶麦卡伦空了。

"今天大家的酒量还可以啊，3瓶酒共2250CC，4斤半，还要再来么？"陈君笑道。

我说："差不多了。说起酒精含量，古代中国都是酿造酒，度数很低，专家考证，武松景阳冈喝的18碗米酒，最多3度，今天我们喝的威士忌42度，人均一斤多，稀释到3度，我们每人也喝了14斤了，而且都没醉，显然，武松的酒量不过如此。"

"哈哈哈……"众皆大笑。

我端上煎馄饨鸡汤，食毕，告辞打的回府。

非常愉快的一晚。

中秋将临，下次聚会喝什么？

上海人的喝酒习惯

一

我国幅员辽阔，人口众多。由于各地的气候环境、自然地理、文化传统和生活习俗的差异，加上古代历史上几次出现过南北分治的格局，人们习惯把中国人分为南方人和北方人。（有趣的是，从未有人从这个角度把中国人按东部人和西部人进行分类的。）

南人和北人，都是中国人，但在气质禀赋方面，存在较大差异：

"大抵说来，北人胸襟开阔，真率而自信，坚强与刚毅中带几分粗犷豪放的气质，勇敢彪悍；南人心地婉曲，柔弱而时见果决，怯懦而时露轻狂，虽不乏轻锐之气，却难见粗犷气质。"（张仁福：中国南北文化心理结构）

上海自19世纪中叶开埠以来，吸引了来自全国各地的移民大批到上海定居，使上海迅速成为中国最大的移民城市。在上海居民的籍贯中，南人多于北人。例如江浙人多于山东人，广东人远多于东北人。

经长时期的共处、融合，逐渐形成了具有海派特色的上海文化和习俗，以及被内地人所称的"上海人"群体。

上海人的气质禀赋，以"南本北标"、"南体北用"为基本特征，即骨子里是南人，外表像北人；思维方式是南人，某些行为举止像北人。

这在上海人的喝酒习惯中可略见一斑。

在世界上，酒量最大的民族当推中国人。在中国尤其是北方，"酒逢知己千杯少"、"会须一饮三百杯"的人，是受到崇敬的。

但是，中国南人和北人，在酒的生产和喝酒方面存在较大差异。

一个有趣的现象是，中国用粮食制作的酒，以长江为界，随地理纬度升高，酒精含量也随之升高。海南和闽粤，多数喝"三花酒"、"东江米酒"之类粮食酿制酒，这一带，基本不出产名白酒。往北到浙江，粮食酿制的黄酒占优势。过了长江，蒸馏白酒开始大行其道，越往北，酒精度数也越来越高，北京二锅头，55度，北大荒高粱，65度。山东的"琅琊台"和新疆伊犁特曲精品酒，70度，与医院的消毒酒精无异。

喝酒习惯方面，广东人"主随客便"不强行劝酒，大家随意饮用。

越往北，劝酒越热情、手段越巧妙，笔者出差安徽、四川、北京、黑龙江、青海，勉强经受住主人的软硬兼施和轮番"轰炸"，往往一席酒宴过后，"三月不知酒味"。

一次在四川江津，用粗瓷大碗喝一元七角一瓶的土烧，打开瓶盖，仿佛走进医务室，酒精味扑鼻而来。我经不起主人的轮番劝酒，喝过一巡后，先举起大碗一饮而尽，说，"我先干了，就不勉强大家了。"谁知，此话大大伤了主人们的自尊心，他们大怒，"他妈的，瞧不起老子，喝给你看。"众人纷纷一碗碗仰脖自饮，结果，除我以外全部醉倒，横七竖八躺了一地。

98年在安徽滁州，主人敬酒，我和书记干了，局长接上，然后经理、处长、科长、副科长……一杯杯干，谁都不能少，否则，我就是"势利眼"，只认书记不认他人。于是，舍命陪君子，那次，我共喝了33杯古井贡酒。

那年到青海西宁，主人敬酒由藏族美女捧出一个白瓷盘，上面是6杯42度青稞酒（每杯约半两）。必须喝完。第二个人敬酒也是6杯，允许不喝完，但至少一杯。一圈下来，10个人陪，就是15杯。接着，一条鱼上席，领导把鱼眼睛挟给我，同时举杯，"这叫高看一眼，干杯！"第二个人把鱼鳍挟给我，"这叫鹏程万里，咱俩干一杯。"第三个人把肚腩挟过来，"这叫肝胆相照，干杯！"算下来，一条鱼有22种口彩，也就是又要干22杯。

这还没完。鱼的22杯酒以后是猜拳，除了"哥俩好"，还有"老虎老虎棒子"等多种猜拳方式，真是喝得天昏地暗。

所以，每逢到北方出差，我都视为畏途。幸亏插队十年，练就了酒量，在场面上能够勉强撑到散席，因此北方兄弟给我的最高评价："哥们，你不像上海人！"

二

上海是南北文化的交汇地，因此喝酒也融合了南北的特性，既不像广东人主随客便，也不像北方人逢酒必醉。同时由于对外开放，上海得外来风气之先，与外国人的交往已成常事，他们带来了文明的酒风，也影响了上海人的喝酒风气。

近年来，上海的正规应酬场合，以及午宴时，通常不上白酒，最多是啤酒、葡萄酒，以及各种非酒精饮料。劝酒，也是彬彬有礼，略抿一口，不强人所难。不会喝酒，也无须惶恐，随意挑一种饮料即可。

上海的白酒主要的消费群体，是体力劳动者，这与阿城先生的观点是相符的。他认为，古代把两次以上蒸馏的粮食白酒称为"臭酒"，喝这种酒的多是河工、苦力、土匪。一是御寒，二是消乏，三是壮胆。现在流行喝白酒，是清末民初军阀时期兴起来的。（阿城：《常识与通识》）

在上海喝白酒的主要场合，是至爱亲朋和酒友的聚会，这时，可以杯觥交错，畅饮尽欢，但是基本上不会出现北方的强行劝酒、轮番轰炸、醉倒一片的局面，在上海街头，是看不到卧地醉汉的。

如今的上海，真正需要付出强体力劳动的工作越来越少，加上消费观念和习俗的转换，上海喝白酒的群体已雄风不再。记得二三十年前，青工中有能喝一斤白酒的，会受到同伴们的尊崇，而现在的上海，每天大量喝白酒的人被称为"酒水糊涂"，这是办事不牢靠的同义词。70年代以后出生的年轻人，受外来文化和时尚的影响，爱喝、能喝白酒的人更少。

这种结果，引来北方兄弟们的一片嘲笑声，有份北方报纸的专栏作家是这样描写上海人的，"满座的头发铮亮、浑身香水味的上海男人，翘着兰花指举杯干酸奶。"真是道听途说加信口开河。

三

上海人源于生活水平的提高和对健康的重视，在酒类消费方面，葡萄酒、啤酒、黄酒等低度酿制酒逐渐成为市场主角，而不含糖分的干红、干白葡萄酒，则更呈异军突起之势，咄咄逼人。

80年代以前，上海人几乎没有喝过真正的干红和干白葡萄酒。那时的葡萄酒，掺入大量白糖，非常甜，很适合那时人们的口味。道理很简单，人们的生活水平与口感呈反比，生活水平越低，口味越浓；反之，生活水平越高，口味就越趋清淡。这亦可从糖果、糕点、冷饮、菜肴的口味越来越清淡上得到证明。

80年代中期上海市场上开始出现干白葡萄酒，那时销路并不佳，真正时兴，是在90年代。干红葡萄酒的应市晚于干白，是在90年代中期开始流行的。

干红的流行，主要是外国制酒商的广告轰炸以及无所不用的促销手段，从电视到报刊杂志，大量介绍葡萄酒的饮用方法、品牌、营养成分、对心血管的保健作用，同时在上海的宾馆、著名餐厅、超市进行推销，很快就打开了局面。一时间，干红加雪碧成为最时尚的喝法，但很快成为法国人的笑料，因为红酒是不能掺杂其他饮料共饮的，结果上海人不文过饰非，很快改变了这种喝法。

上海人是精明的。经过近10年对洋酒的深入认识，他们逐渐发现，同样一种进口葡萄酒，原产地市场价格和上海的售价天差地别，国外几美元一瓶的低档葡萄酒，在上海售价高达数百元，"性价比"太悬殊，喝了10年外国红酒，等于用茅台酒价格喝土烧。明显吃亏上当。而真正的法国名牌葡萄酒，价格都在千元乃至万元以上，非目前大众消费水平所能承受。于是理性消费逐渐取代盲目崇洋。加上欧洲二恶英污染、疯牛病流行，累及某些用干牛血粉过滤的进口葡萄酒，于是，人们把目光转向国产干红葡萄酒。

从喝酒方式看见禀性，上海人的喝酒习惯，反映出上海人的务实、精明和理性，可能也预示中国人今后喝酒的方向。

土烧

一

明朝以前没有烈性蒸馏酒，都是酿造酒。有白酒广告称该酒始于唐朝，那绝对是蒙人的。

烈性酒都需要蒸馏，就像白兰地，是用葡萄酒蒸馏后放橡木桶储藏而成的，而葡萄酒是自然发酵后酿造的。

水浒里武松景阳岗喝的18碗酒，经专家考证，是低度酿造酒，有后劲，喝多了也能醉倒。

中国的烈性酒产生于元末明初。专家考证，是成吉思汗军队打到欧洲，把欧洲的葡萄酒蒸馏器带回中国，元朝后期中国才出现蒸馏酒，近几年考古发现后风行全国的名酒"国窖1573"，是明神宗万历元年建造的烈性酒酒窖。

在中国农村，家家户户都会酿酒，南方各地盛产稻谷，农民就用稻谷酿制米酒。

我插队的地方，地多人少，全村84户1900亩水田，打下的稻谷除了交公粮，村里每年每人可分得2000斤稻谷。农民都有相当富裕的存粮，粮食多了就酿米酒，蒸几十斤糯米，凉后拌入酒药，放置几天后就变成米酒。每天的晚餐，全家都要喝上几碗热米酒，既解乏，又过瘾。

那一带农民的晚上的寒暄语,不是"吃了饭冇?"而是"吃了酒冇?"请朋友吃饭,也说"去我屋里吃酒。"

烈性酒,主要是烧酒,需要专门技术和设备蒸馏,当年是奢侈品,农民只有来了贵客,才会打一斤烧酒招待。

在江西,丰城人会做烧酒。

每年秋收以后,丰城的"酒师傅"就会到来,通常是3个人,挑着蒸桶、铁锅,带着酒药。

村里家家户户都会请他们做。

他们要求每户准备一口水缸,150斤柴火,140斤稻谷。收费是每户7元,管2顿饭。

把洗净稻谷放进蒸桶,大火蒸一小时,稻谷蒸熟,摊放在晒稻谷的竹席上,等稻谷微温,取出他们带来大如拳头的秘制酒药,用石磨磨碎,拌入蒸熟的稻谷,再把稻谷放入水缸,倒进一担后山挑来的清泉,把坛口封严,一星期后开坛,已然是酒香扑鼻了。

酒师傅把酿熟的稻谷放入蒸桶,在蒸桶上再放置一口大铁锅,铁锅旁边有个木架,架上放一个大木桶,木桶里放冷水,一根橡皮管连接蒸桶上的铁锅,铁锅盛满冷水,铁锅另外有一根橡皮管通向屋外的水沟——这就是一个最原始的冷凝蒸馏器。

铁锅底与蒸桶之间有个木槽,作用是使冷凝后的酒流入外面的酒坛。

灶里烧大火,蒸桶内酿熟的稻谷的酒精开始蒸发,酒蒸汽遇上顶部的铁锅,立刻冷凝成酒滴,在锅底聚集后滴到木槽,经木槽流入酒坛。

通常,140斤稻谷能够出酒40多斤,这酒度数非常高,估计60度以上,一点就着,冒着蓝幽幽的火。

好酒的农民,通常只要求他们出40斤,酒的口感最好,如果出到60斤以上,不仅度数降低,还会带苦味。只有一些小气又不好酒的农民,才会要求出60斤以上的酒。

刚蒸出的酒,口感很柔和,很好喝。

做酒师傅一来,全村就像过节,弥漫着酒的浓香。

知青也"轧闹猛"，我们每人做了一坛。

晚上收工回来，几个男知青从自己的酒坛勾上一碗烧酒，边喝边聊天，真是神仙过的日子。

久而久之，喝酒渐渐上瘾，闻到酒香就会馋，而且酒量也越喝越大，没菜也能喝上半碗。还经常与老表比酒量，当地土话叫"吹喇叭"——举起酒瓶仰脖灌，看一口气能喝多少。

二

经历一次彻底大醉后，我再也不馋烧酒了。

1976年春节，我留在村里过年。

农村传统风俗，新娘出嫁3天后，新朗倌要陪新娘回门。娘家照例要办回门酒款待。

那一带有个传说：从前有个新郎倌酒量不小，喝了回门酒后在外面扬言，"我老婆村里的酒还没我们后山的井水浓！"

这大大伤了娘家全村男人的自尊心，因此，每逢新娘回门，村里都要请出酒量最好的壮汉陪新郎喝酒。新郎倌知趣识相，先喝上一碗伴醉倒地，老表们就会乐不可支；如果新郎倌拒绝喝酒，就会来武劝，几个陪酒汉子一拥而上，捏鼻子、卡嘴巴，用大锡壶猛灌，灌倒为止。

1975年，七琴公社灌死过一个新郎，县革委会还专门发通告，禁止这种陋习蔓延。

但农民不管这一套，只要有回门酒，照样喝，尤其是酒师傅刚来过，烧酒无限量供应！

村里的春莲出嫁回门，娘家的回门酒就像鸿门宴，已经准备妥当。

我有幸被选为陪酒人士。

那天晚上，全部上刚做好的烧酒，每人一个粗瓷大碗，桌边3个大酒坛，舀出烧酒放入十斤装的大锡壶烫热，喝热烧酒。

喝酒前，老表照例要把筷子蘸酒，用火柴点燃，以证明酒的度数。

新郎倌非常识相，自己灌了一碗后从凳子滑到地上，假装不省人事。陪酒的七个人先是面面相觑，因为没有了对手，然后开始自相残杀，互敬加自饮，声震屋瓦。

我开始还沉得住气，举碗啜饮，随着酒精在体内的燃烧，人变得莫名兴奋，向全桌老表一一敬酒，一口气喝了2碗，足足一斤。

这时已经开始头重脚轻，但尚能控制四肢，讲话已经有点结巴了。

第三碗是勉强喝完的，只觉得好像在云里雾里，看人都迷迷糊糊了，但还没完全醉。

当端起第四碗时，感到这酒怎么像白开水，一点酒味都没了？

残存的清醒意识告诉自己，再喝要出大事了。

体育锻炼有个专门名词叫"极点"，跑马拉松，一开始可以跑得很轻松，到一定时间，会觉得体力不支，精疲力竭，这就是极点。过了极点，又会感到不累，一直可以到终点。

喝酒也有极点，但与体育极点不同，过了极点再喝，会醉死的。

当我觉得喝烧酒如同喝白开水，这就是过了极点的感觉。

幸亏残存的清醒意识发出警报，我含混地说了一句"我去撒尿。"逃席了。

第四碗酒的一半是流在胸口的。

天旋地转。

我扶墙侧行，只觉得墙是软的，倾斜的，旋转的，后退的，连墙也扶不住，人直往下溜。怎样回到宿舍、怎样上床已经完全不记得了。

等我醒来，已经是第三天下午。

老表们吓坏了，从大队合作医疗站请来卫生员清根，又是打葡萄糖，又是量血压，折腾了一个晚上。

醒来后天还是在旋转，浑身绵软，走路都摇摇晃晃。

晕晕乎乎的感觉持续了好几天。

后来的一年间，我闻到烧酒味就会作呕，自己的那坛酒，送给老表了。

现在回想还有些后怕，如果把第四碗酒喝下去，可能就真的一醉不醒了。

现在，我酒量依然不小，但多年来对自己有个规定，除非酒席宴上大家都喝白酒，我也喝，否则尽量劝大家喝红酒、黄酒。

去年春节朋友聚会，一桌喝了8瓶水井坊，我喝了七八两，感到微醺即止。

在家不喝白酒，就喝红酒、黄酒，而且不过量，黄酒半斤，红酒半瓶而已。

那次的大醉，再也没有出现过。真是一载遇蛇咬，十年怕井绳！

自制果酒

一

许多水果都可以酿酒。

水果酿酒,首推葡萄,风靡全球的葡萄酒就是用葡萄酿制的。

红葡萄酿红酒,白葡萄酿白葡萄酒。

葡萄成熟后不去摘取,故意留在枝头,到冬天大雪纷飞、葡萄冻成冰珠后再摘下酿酒,那就是著名的冰酒,味甜如蜜、满口果香,价格奇贵。

朗姆酒是甘蔗渣酿制的。

欧洲有用苹果酿制后蒸馏的苹果烧酒,意大利西西里出柑橘酒。

可能大部分水果不适合直接酿酒。否则,为什么没有用荔枝、芒果、西瓜、香蕉、菠萝、西红柿、库尔勒香梨酿酒?

市场销售的许多水果酒不是用水果酿造而是用水果浸制的。

用水果浸酒,我国的江南一带的杨梅酒、日本的梅酒最著名。

初夏杨梅上市时,挑选个大味甜色黑的杨梅,洗净沥干,放入大口瓶或陶坛,倒入白酒,加白糖,封口一个月后即可饮用。杨梅酒越陈越好。江南习俗,夏天肚痛腹泻,吃几颗酒浸杨梅即可止痛止泻。

到江南小镇旅游,吃饭最佳选择是农家饭店。碧绿的菜蔬、金黄的白斩鸡、银光闪闪的白丝鱼、喷香的红烧羊肉（这里的羊可是吃桑叶长大的哦！）浓白肥腴的鲍肺汤，如果叫老板娘拿出自酿的杨梅酒，那是绝配！

二

日本梅酒，酒体清澈金黄，酸甜适度，美容养颜，有点后劲。颇受女士青睐。

一直以为梅酒是用青梅酿制的，其实不然。

前几年到宜兴，那里有几家梅酒厂，进厂参观后才明白，梅酒也是浸制的。

初夏，麦子黄梅子熟，酒厂周围山坡上梅树金果碧叶，结实累累，农民们开始采摘黄梅。

酒厂把收购的黄梅洗净沥干，倒进巨大的缸里，加糖腌制，等浸出梅汁，取梅汁加低度白酒配置过滤后即成梅酒。

宜兴一带原来不种梅树，日本人生意门槛绝精，80年代有日本人到此考察，发现这里极适合种植梅树，于是以大批梅苗相赠，并派专家传授栽梅技术，等梅树开始结实，他们再来传授做梅酒的技术，然后承诺包销梅酒。

梅酒厂把大批梅酒装坛出口日本。

日本人再进行某种加工（这项关键技术似乎未传授），就成为著名的"蝶矢"品牌梅酒了。

由于这个名字中文含义欠雅——矢在古文中是大便的别称——就像前几年的"野尻"眼镜曾被一批义和团情结的中国人骂过，——聪明的日本人知道如何取悦中国人，就改蝶矢为日语读音的对应汉字"俏雅"，该酒在中国的销路颇佳。

宜兴也曾想过创立自己的梅酒品牌开拓市场。

但举办了梅酒节，热闹一阵后即销音匿迹。

宜兴自产梅酒二三十元一瓶，俏雅至少贵好几倍。

眼睁睁看日本人赚了大钱。

怪谁呢?

三

前几天,朋友邀我和太太家宴。

他们在市郊自己经营的度假村种了几百棵梅树,原拟寒冬赏梅,却无心插柳,初夏梅子挂满枝头。他们摘回家用梅子煮梅酱。晚宴奉上,以冰水调饮,酸甜适口风味独特,远胜市售饮料。

太太对梅酱赞不绝口。

我低声说,这我也会。

主人闻讯大喜,"我正愁梅子送不掉呢。"

临走,以四大蛇皮袋青梅相赠,足足六七十斤!

如何处置? 颇费踌躇。

决定先做梅酒,再炒梅酱。

家里没有大容器,只得牺牲一个纯净水大瓶。

先把洗净的青梅一只只塞入瓶中,约10公斤。

再购北京二锅头12斤倒入瓶中,加冰糖4斤、矿泉水添至瓶口。

做配置果酒不能用大曲,因为有特殊酒香,会影响果酒风味,53度二锅头太烈,要添加矿泉水降低度数。

封口,置放暗处。到今天已10天。

为写本文,开瓶尝酒,酒体微黄已有梅酒清香,但风味稍欠。

这瓶梅酒,用料非常奢侈。

我是参照日本人写的"保健养生酒108"这本书进行尝试的。

日本人自酿梅酒,白酒与梅子比例是一斤八两酒兑一斤青梅,我的比例为六两酒兑一斤青梅,梅子用量大大超过白酒。因此,3个月后开启,味道一定超过日本配方。

酒没做好,牛已吹出。朋友们一个个预约,算下来,自己所剩无多矣。

"买了炮仗给人家放。"老妈当年骂我的话又应验了。

剩下的几十斤青梅,我熬梅酱。

用家里最大的蒸锅,一次放满梅子,加足白糖,大火煮至梅子烂熟,捞出梅核,再倒入青梅煮第二次,从下午忙到晚上,总算折腾完。厨房一塌糊涂惨不忍睹,捞出的梅核整整一水桶半!

　　梅酱做了约20斤灌了大大小小几十瓶。

　　见人就送。

　　反馈信息绝佳:"侬梅酱还有吗?我老婆非常喜欢。"

　　"明年请早!"我不无得意地回答。

尽信书不如无书

一

这几年，喝红酒成为新时尚。许多老外和自封的中国红酒鉴赏家在各种杂志上开辟专栏推销红酒，展示、炫耀他们的特殊嗅觉和味觉，缓缓道出一大堆高深莫测引人入胜但凡夫俗子绝难重复体验的感觉性名词："黑加伦子味"、"木烟香"、"麝香猫"（谁吃过麝香猫？）、"黑醋栗芽苞"、"青椒"、"雪松"、"温和的块菌和鸟榄"、"野味、皮革、李子及野蘑菇的气息淳朴而优雅"、"充满白果的味道，有点像榛子"、油润、坚韧、构架十足……云云云云，而且，最关键的一点，5欧元的和一万欧元的红酒，他们的品鉴用词并无等级差异。

一大堆洋名，更加弄得一头雾水：解百纳、加本涅萧伟昂、赤霞珠、卡本尼苏威侬；夏多内、莎当尼、希拉、色拉子、梅鹿、美乐、梅洛……

后来才知道，这是几种葡萄的不同译法：

解百纳、加本涅萧伟昂、卡本尼苏威侬（CABERNET SAUVIGNON）中文译法就是赤霞珠！

夏多内、莎当尼（chardonnay）中文译名就是霞多丽；希拉、席拉、色拉子就是 shiraz。

全球的红白葡萄酒，主要由7种葡萄酿制：赤霞珠、霞多丽、梅洛、色拉子、雷司令、黑品诺、长相思。

还有一些其他品种，如tempranillo、nebbiolo等等，但产量较低。

开始喝红酒时，我太书呆子气，一面翻开红酒鉴赏家们的专栏，仔细想象他们对某种红酒奇出怪样的描述，一面战战兢兢地啜饮一口，闭目寻找"淳朴而优雅的麝香猫、皮革、李子及野蘑菇的气息"，但冥思苦想半天，根本找不到，于是，自责喝的太少、鉴赏能力永远处于引车卖浆者流的水准。

后来才发现，国外品酒家们在同一场合试同一品酒，对酒的感觉描绘叙述大相径庭绝不雷同，张三说"浓郁的烟草味"，李四则断言"新鲜皮革味"，王五语惊四座"陈年地毯味"！反正死无对证，敢说就行。

喝了十多年红酒，豁然省悟，尽信书不如无书！

喝红酒唯一基础就是钱包厚度。

遇到一些土豪新贵，很随便地提及某月某日在某会所开了一瓶1992年的罗曼尼康蒂（La Romanee Conti），这句话的潜台词就是，老子一瓶酒喝掉10万大洋！

这种勃艮第红酒，年产约4000瓶，上海有红酒庄卖这种酒，平常年份的6万人民币一瓶，年份好的在10万左右，而且还要预约后从法国空运过来。

至于另外的"九大酒庄"，拉图、拉菲、木桐、乐邦、塔希、玛歌、欧布里昂、绿堡、白马，极少有万元以下的好年份酒。

我的愿望是，等我们不争气的A股冲10万点以后，各买他几箱漱漱口。

二

其实，喝红酒非常简单，你把它看成喝啤酒，心态就平和了。

喝啤酒，就是清凉、啤酒花的苦味、二氧化碳带来的舒心透气解暑，也就是畅快，谁会给啤酒吹出一大堆不知所云的"登喜路老烟斗味"、"绿毛龟芬芳体味"、"三七加西洋参的优美融合"、"哈苏相机的结构"、"正宗瑜伽口感"之类品鉴名？

饮红酒亦然，就喝它的果香、清涩、回甘和微醺的感觉。

老外红酒鉴赏大师，例如创立"红酒百分制评分系统"的罗伯特.帕克，他的味觉嗅觉系统的灵敏度一定超凡入圣，我等凡夫俗子，根本没有必要去攀登永远可望不可及的嗅觉味觉高峰。

换言之，真的拥有这种动物禀赋，未必是好事。

朋友C君，天生极其灵敏的嗅觉，晚上端坐写字台，灯下看书，蟑螂从脚边穿过，他能闻到蟑螂的体味！

C君为此痛苦不堪，老有蟑螂味在干扰他聚精会神看书！

上帝造人，都是设计得恰如其分的，试想，如果人人长了一双明察秋毫的眼睛，能够清清楚楚看到手上遍布的细菌；长了个极其灵敏的鼻子，抬头就能闻到3条马路对面野猫的体味，以及无数种杂七杂八的混合味道，这种日子该怎么过？

因此，我喝红酒，绝不再找鉴赏家给定的各种红酒品鉴感觉，而是：

第一，按照收入水准定红酒。现在通常喝一二百元一瓶的新世界——澳洲、美国、南非、阿根廷、智利红酒。这种酒的性价比非常好，同等口感的法国波尔多、勃艮第红酒，价格过千。

买新世界酒，最佳选择是外高桥保税区中国最大红酒批发市场，售价远远低于上海街头大大小小红酒店，这种红酒店，通常雇美女促销，她们对红酒一无所知，只会鹦鹉学舌般背诵台词，然后狠狠一刀。

第二，根据个人偏好，我喜欢喝浓郁的，单宁味（涩味）略重的红酒，不太喜欢过于清淡寡味的红酒。

第三，绝对不喝国产的××、××以及新冒出的乱七八糟的酒庄"年份酒"，都是假的，他们用50吨集装箱大桶进口法国西班牙意大利无名小酒庄低档散装红酒重新灌瓶，进口价格二三欧元一升，然后打上"92干红"、"国庆十周年"之类牌子，卖几百块一瓶。

第四，买一台红酒柜，约等于冰箱价格，贮存一批自己喜欢的红酒，在夏天，冷藏到16度左右，口感最好，而且开瓶后用醒酒瓶让红酒呼吸半小时，酒味会更加醇软；

第五，酒杯宜用大型的红酒专用高脚杯，不能随随便便把红酒倒在茶缸饭碗里喝；开瓶的红酒，最好一次喝完，放几天，一定变味发酸。

第六，根据自己的味觉嗅觉找红酒最基本的口感，例如水果香、橡木味、烟熏味、单宁味，酒体的软或硬、厚重与淡薄，这些感觉还是能够找得到的，就享受这种感觉吧！

洋酒种种

一

我喜欢酒。各种各样的酒。不是收藏，而是饮——独酌或找酒友对饮或随便找个借口一伙人聚饮。

从插队喝米酒土烧到现在，酒龄50年。酒量不低。至少，单位同事从未见我醉过。

但迄今为止，饮酒未成瘾。一天不喝茶不抽烟可能度日如年，但一周一月不喝酒，绝对不会"渴酒若狂"。

会喝酒但不嗜酒成癖。应该是饮酒的最高境界。

一杯红酒，一支雪茄，或面对电脑写作、或看各种闲书，微醺状态下，任何烦恼忧愁都无影无踪。真是人生一大乐趣。

喜欢酒，家里就长存一大堆酒，为写本文我清点一下"库存"，红酒40多种约200瓶、威士忌十多种、白兰地6种、雪莉酒4种、朗姆酒3种、伏特加5种、日本清酒3种、国产高度白酒10多种，黄酒5种，加上金酒、波特酒、咖啡酒、薄荷酒、茴香酒、冰酒、百利甜酒、青稞酒、石榴酒、蚕蛹酒、蛇酒、虎骨酒和自己炮制的药酒、梅酒，开个酒吧是绰绰有余的。

我们做课题，弟兄们最喜欢到我家进行讨论。为此，我专门准备了可坐8人的会议桌放在客厅。

讨论课题,是边喝酒边讨论的。有时是每人一杯加冰块的葛兰菲迪单一麦芽威士忌,有时是古巴HAVANA CLUB 7年陈朗姆酒(据说是卡斯特罗的最爱),有时是瑞士"绝对"伏特加加橙汁,或者就是红酒加雪茄。

这时,大家才思泉涌,高招迭出,效果远远优于一本正经的学术研讨会。

那天晚上路过淮海路百盛,见地下室超市红酒坊许多酒在打折,一口气买了6瓶:澳洲BULLLER色拉子干红、西班牙里奥哈帝国田原干红、卡夫拉德干红、西班牙桃乐思干红、西班牙HARVEYS甜雪莉、葡萄牙TAYLORS波特酒。

这六种酒,平时挂牌加起来至少1800元以上,由于上海"识货朋友"少,超市忍痛以对折价格出售,6瓶酒800元。

国人至今未尽识洋酒。几种经常被在隆重宴席上点到的洋酒,无非轩尼诗、蓝带、人头马、御鹿;最近则流行小拉菲;酒吧里也就是芝华士、黑方、丹尼杰克,这些洋酒,非常像中国富豪买表首选劳力士、欧米茄一样,都是洋人靠多少年的铺天盖地广告做出来的。

大款喝的是派头、名牌和流行。真正识味的,凤毛麟角。

其实,洋酒品种多得不可胜数,没做广告的未必不是美酒。

二

法国红酒首推勃艮第、波尔多。

全球十大顶级红酒酒庄:罗曼尼康蒂、拉菲、拉图、木桐、塔希、李其堡、玛歌、高布里昂、乐邦、帕翠都在那一带,价格远远高于XO,有的如罗曼尼康蒂年产量仅数千瓶,一瓶可买几瓶路易十三。但国人知之甚少。

我的朋友顾君,做了20多年红酒进口生意,告诉我,上述十大酒庄,绝非常人的钱包所能承受。但是,从口感看,许多非顶级酒庄酒,以及非法国产的如西班牙、意大利、智利、澳洲、美国、阿根廷甚至格鲁吉亚的红酒,价格是十大酒庄的百分之一,但品质几乎相垺。根据这条思路,这几年我一直在搜寻各种非法国红酒,果然如此。

五一长假后的一个周末,顾君邀我和一帮朋友到他的位于金桥碧云社区的红酒沙龙参加法国"拉菲特高地史密斯城堡"酒庄到上海举行产品推介会。

当晚法国人拿出10种红酒和3种白葡萄酒,价格最低都在千元以上。其中的SMITH HAUT-LAFITTE 年份酒,他们特别强调是李嘉诚每晚都喝的。

我们6个酒友,3小时内一面听法国人和顾君介绍,一面把每种酒都细细品尝,但感觉似乎白酒好于红酒,这三种白酒,都带有不同程度的烟熏味、橡木味,酒体较干,不带一点甜,果味浓郁,十分清口。

而红酒的感觉是较硬,不够柔顺,过于刚劲。

第二天我找出自藏的阿根廷诺顿酒庄(为著名的施华洛士奇家族拥有)的橡木桶特酿梅乐,感觉比昨天的好得多,酒体厚重、非常柔顺,但价格仅98元。

三

说到洋酒,不能不提伏特加。

我一直认为全球最会喝酒、酒量最大的民族,第一是老大哥俄罗斯民族,第二才轮到咱们中国人。最可笑是美国黑人,喝一小瓶330毫升啤酒都会醉得在街上撒酒疯!

曾经看到一则逸闻:苏联前总书记安德罗波夫在当克格勃首脑时,到波兰视察特勤工作。波兰的情治单位首长酒量很大,他听说安德罗波夫的酒量惊人,于是在一次晚宴时,提出比试比试。

酒就是伏特加。每人10个玻璃杯,每杯容量200毫升,一口闷10杯2000毫升,4斤!

安德罗波夫一杯接一杯猛灌,当他灌完第六杯时,发现波兰的安全首脑已经烂泥如泥倒地不醒,桌上还留着4杯没喝。

4斤伏特加一口闷,中国人我似乎还未遇到过。

叶利钦也酒量惊人，70多岁时，还每天一公斤伏特加。

伏特加是用土豆、玉米之类的淀粉发酵蒸馏成酒精，添加纯净水，用活性炭过滤后的一种烈酒，通常为42度，少数伏特加，如波兰产的，96度，喝死过波兰美女。

我买了一瓶，伏特加极其清冽，与任何中国白酒的最大区别是不带丝毫酒香，以鼻嗅之，仿佛跑进医务室护士打针消毒用的酒精味道。

但这正是伏特加的最大特点。

伏特加是一种非常谦虚但个性很强的酒。

它可以与任何其他酒类或饮料混合，因为它无色无味。西方人调配鸡尾酒，伏特加是不可或缺的重要角色。

坏小子们要灌醉MM，最简单的办法是在可乐或橙汁、柠檬红茶里掺伏特加，喝时几乎没有感觉，但一杯下肚，酒量小的就会不知不觉地晕晕乎乎。

西方嗜酒男士或女士，酷爱伏特加。因为饮后口中不带一丝酒气。在西方，如果一个人满嘴酒气在公共场合出入，会被认为是极不礼貌的。

中国白酒，酒香过浓，太张扬。在咱们中国城乡的饭馆门口，最常见的一幕是，满脸通红、浑身酒气、口叼牙签高谈阔论大腹便便的干部和老板们。

我第一次喝伏特加是1972年。

那年正好尼克松访问上海，当局为了显示百姓幸福生活，破例在一些食品店摆出了若干无需凭票的食品。我回沪探亲，在食品一店看到有上海1958年专为苏联专家生产的伏特加出售，7角一瓶。就买了一瓶带到队里，与知青们一起喝。结果大家觉得莫名其妙，连一丝酒香也没有，这算什么酒？对着桌上的酒碗，大家毫无兴趣。

知青小徐对着酒碗，突然一拍桌子："看来，老毛子的酒量确实比我们厉害。这种酒都能举瓶仰脖灌，我们能喝吗？"最后，把上海带来的酸梅粉加水化开，兑入伏特加中，大家才勉强喝下。

这几年，瑞典"绝对"牌伏特加开始流行，喝法是在威士忌酒杯里放冰块，加一片新鲜柠檬，或用伏特加兑橙汁、可乐啜饮，味道果然不错。

一次，某饭店魏老板请客，他是我们一伙的铁哥们。席间，问我喝什么。我说伏特加。他没喝过，店里也没有。

于是，他叫手下到家乐福买。那小子捧回6瓶750毫升的，我叫服务员找来店里最大的玻璃冷水壶，加三分之一冰块和七八个切片柠檬，把六瓶伏特加全倒进3个冷水壶去，大家就开始喝。

由于加了冰块和柠檬，口感非常柔和，弟兄们"一时口滑"，竟然6个人把6瓶伏特加喝完，魏老板意犹未尽，又捧来一瓶比热水瓶还大的5斤装日本清酒。

那晚，我喝醉了。

根据事后弟兄们描述，我是正说着话，突然一下子脑袋垂在桌上不省人事。大家笑做一团。

一位台湾朋友传授了一种夏天伏特加的新喝法：把伏特加连瓶塞进冰箱冷冻室，冻它二天，取出后不加任何其他饮料，直接喝。

我试过，真的非常精彩：酒的烧灼感与酒被冻过的冰凉融合为一体，这种感觉是无与伦比的。

有伏特加的朋友，不妨试试？

摩泽尔羽毛白

德国的科布伦茨历史非常悠久,是古罗马城镇,位于莱茵河和摩泽尔河交汇处。科布伦茨在德语中就是"合流"的意思,公元六世纪曾为法兰克王室驻地。

由于拥有莱茵河与摩泽尔河水运优势,古代的科布伦茨就是中莱茵河地区商业重镇和葡萄酒产销中心。

我们的车队到科布伦茨已近6点。匆匆入住坐落在莱茵河畔的"Dehls Hotel"酒店., 房间开窗即见清澈的莱茵河静静流淌,河面上集装箱船舶和游轮货船,悄无声息地驶过。

葛君知道市中心有家不错的餐馆,大家沿摩泽尔河继续步行,边欣河畔赏灯火明灭树影婆娑的美丽夜景。

进餐馆坐定,葛君开始点摩泽尔风味德国菜。身为资深酒友,同行的邬先生不仅研究品尝而且还收藏各种红白葡萄酒,对葡萄酒的产地、品质、口感、特点、性价比非常熟悉。在他的旅游专著《人在旅途》中详尽描述他在世界各国采购美酒的经历。

他开始介绍科布伦茨葡萄酒:"10月初到科布伦茨,有一种酒现在品尝是最佳时机。"他缓缓道来,"那就是摩泽尔羽毛白。摩泽尔河源头在法国,流到科布伦茨与莱茵河交汇。摩泽尔河谷地区有1.2万公顷葡萄园,葡萄品种主要有雷司令、米勒、科讷、巴克斯等,年产量超过

8000万升。现在这个季节上市的一种酒叫羽毛白,犹如白色的羽毛漂浮着,有浑浊的白色,是用发酵葡萄浆做成的,由于刚刚开始发酵过程,还会不断产生二氧化碳,形同起泡酒。摩泽尔白葡萄酒一般装在绿色瓶子里。"

葛君立即吩咐服务员上摩泽尔羽毛白。

我们的菜也陆续上桌:山羊芝士拌西红柿、牛排配土豆饼火腿裹芦笋、血肠、盖斯堡行军汤(一种美味的牛肉清汤)、蔬菜色拉、土豆条、意大利面。还是老规矩,每种点一两份,大家分食。

摩泽尔羽毛白上桌了。邓君开瓶,斟入一个个酒杯。

"羽毛白必须是八九月份刚收获的摩泽尔雷司令葡萄,每年只有现在一个月时间可以品尝,机会难得。"邬先生轻啜一口,闭目欣赏。

戎小姐喝一口,赞叹道:"口感像汽水,老好喝的,不像有些红酒很涩。"

我谈感觉:"酒体浑厚有点像崇明老白酒。这种新酒的特性有点像法国'薄酒莱'。"

"什么叫薄酒莱?"曹总问。

"一种法国葡萄酒,酒体较薄,水果味浓郁,不放橡木桶贮藏,当年酿当年喝掉。每年11月的第3个星期四,全球统一上市。"

"羽毛白的德文是Federweisser,摘下新鲜葡萄碾碎、发酵,几天后酒精度到达4%时即可以饮用。这是酿制葡萄酒时第一次发酵所产生的酒汁,一种浑浊的富含葡萄香气的新酒。"葛君介绍。

朱君细品后表示:"口感有浓郁的黑醋栗香、蜜桃香,酒体起泡,有香槟酒气质,配牛排和土豆饼、火腿裹芦笋,味道一流。"

"羽毛白不能久藏,要尽快喝完,所以离开产地或不是10月份,根本见不到。"

杯觥交错,刀叉叮当,边大嚼科布伦茨风味美食,边品尝摩泽尔羽毛白,一瓶不够,再来一瓶。考虑到不宜"公款消费",我取出一张50欧元纸币给葛君:"羽毛白我请客!"大家急忙拦住,我说:"谁拦跟谁急哦!"

其实，羽毛白不贵，一大瓶才3欧元，这里才是喝性价比极高的特色葡萄酒的好地方。

"机会难得！过这个村就没这家店了。"我说，"刚才搜索百度，没有羽毛白条目，说明大部分来过德国的中国旅游者对此一无所知。异域旅游一定要与资深驴友和诲人不倦的万宝全书如邬先生同行，否则，行程万里，赶到巴黎老佛爷抢购一堆LV，但与无数美景美食历史古迹地方特产擦肩而过一无所知，就失去了旅游的真谛矣。因此要谢谢邬先生仙人指路，敬一杯！"驴友们纷纷举杯。

羽毛白大餐足足持续2小时。"今天这顿饭不贵，连酒带菜141.6欧元。"邓君结帐后通报。

餐毕走出饭店，已近深夜。暮霭重重，远处群山影影绰绰，挟着莱茵河清新气息的微风拂面，昏暗的路灯映照着光滑的石砌人行道，马路上行人寥寥，漫步河岸，心旷神怡。

渐入佳境

一

小时候很喜欢过节去舅舅家。

舅舅从前在洋行里做过,家里的餐饮颇为欧化。舅妈会做色拉、浓汤、炸猪排,小孩子最爱吃。

吃饭时,舅舅会拿出通化红葡萄酒,味甜而度数低,我总会抢过老爸的酒杯啜上一口,妈妈就会轻轻一记"头搨":"小囡不可以吃酒!"

我的酒量大概就是那时开始蕴育的,因为小时候从没喝醉过。

外婆做甜酒酿,钵头里透着桂花香味的酒酿露,都会被我偷偷喝掉。

小孩子没有喜欢喝烧酒黄酒的。烧酒太凶,黄酒有股怪味,最好喝的还是红葡萄酒。

从小以为红葡萄酒是甜的,这个印象一直延续到80年代。

第一次喝真正的"干红"是88年做"官倒"的时候。我在一家国营物资企业任业务科长。

那时正是计划经济向市场经济转型的年代,生产资料价格实行双轨制,计划内外的物资价格相差好几倍。最紧俏的6.5线材,国拨价每吨680元,市场价2500元,一转手就是4倍差价。因此,只要手头有钢材水泥提货单,苏南乡镇企业驻沪采购员就会像苍蝇一样死死盯住你,每天像上班一样来到我们公司办公室,笑容满面地端茶倒水递烟,陪聊天。中午晚上吃饭是"照排头"他们买单的,全上海的饭店任挑。

一次,一位苏南乡镇企业聘请的上海退休采购员——解放前的大少爷,潦倒成为跑街先生,解放后在国营企业做供销员到退休,见多识广,人称"老法师",他肩负着从我们手中拿国拨价钢材的重任。

某日晚上,老法师请我们到老锦江西餐厅"便饭"。

在讨论喝什么酒时,老法师缓缓开口:"到锦江饭店吃西餐喝烧酒,有点不太合适,此地从前是法租界,吃西餐配红白葡萄酒,餐后喝白兰地威士忌咖啡。"

他叫来服务员,点了一瓶进口红酒和一瓶干白。

服务员往高脚酒杯里斟上红酒,我啜了一口,"这酒坏了!怎么一股涩味!"

老法师对我耳语:"轻点轻点。这是干红,不甜的。以前你喝的都不是真正的红酒,那是酒精加色素和糖。我们从前都喝这个。"他举杯对着水晶吊灯欣赏殷红的酒,抿了一口,感慨道,"交关年数没喝了。"

席间,他向我进行红酒启蒙教育:"干红的干字,是指葡萄酒不含糖份。半干是含有一定比例的糖份。外国人喝红酒,都是喝干红的,只有女人喜欢喝甜味的冰酒之类。

"你喝红酒,要细细品味果香、单宁味、橡木味等各种不同的感觉。"

经他指点,我似乎隐约找到了他描述的口感。

那天的一顿饭,吃掉2000多。现在看2000多稀松平常,在88年,2000多是普通工人两年的工资!

二

90年代,上海等大城市开始流行干红。但出过大洋相。

由于中国人以前喝的红葡萄酒都是国产的配制酒,添加很多糖,因此几乎所有第一次喝干红的中国人都会十分不习惯干红的涩味,一些固守传统又附庸时尚的人想出了"变通"办法：往红酒里添加雪碧，还美其名曰"红粉佳人"。饭店都准备了大玻璃水壶，先倒入红酒再加大半壶雪碧冰块，这种喝法一度成为时尚。

来沪的老外见此大惑不解，哪有这种喝法的？中国人喝茅台五粮液会往酒里兑糖水冰块吗？

知错即改。慢慢的，人们习惯了红酒的口感，没有人再往红酒里倒雪碧了。

现在，连江浙一带的乡镇干部，也开始流行喝红酒了，但尚未达到细品的程度。宴客采用"承包制"，一桌12人，上一箱国产红酒，王朝华夏张裕龙徽均可，一人一瓶牛饮，席间划拳劝酒敬酒，豪放如山大王，老外们又在摇头了。

三

真正喝上等红酒，是97年香港之行。我是随上海国航办考察团去的。香港航运界江浙籍巨头纷纷宴请。

那晚，某航运大亨的公子在香港马会设宴，给我们上了一堂高级培训课程。

在古朴典雅的餐厅，身穿雪白制服侍者打开一瓶外观很旧的红酒，倒入水晶酒杯2厘米高度，给筵席主人。他举起酒杯，开始演示并讲解红酒的试酒三步曲：

第一步，手握杯底，倾斜酒杯45度，对着白色背景，观看酒的色泽；

第二步，摇晃酒杯，让红酒打转，以释放酒的各种香气，把鼻子探入杯口，轻闻酒味，感觉诸如香柏、烟叶、动物毛皮、烤肉等等的特殊异香；

第三步，深啜一口，让红酒在口中打转，达到口腔的各个部位，舌尖品尝微甜味、舌根的苦味、两侧的酸味，以及是否"像丝绸般柔滑"。

试酒完毕，主人如果点头，这瓶红酒就会被侍者注入"滗酒器"———一只扁肚长颈水晶瓶，让酒"呼吸"半小时，再斟入各人的酒杯。

如果主人摇头，侍者就会去换更贵更好的红酒。

"通常，摇头不能超过3次。超过3次是失礼的。"公子向我们解释道。

这瓶红酒的价格是二万港币。

那天，他没有摇头。

非常遗憾，我那时尚未学会品尝真正的上等红酒，连酒名都未记住。感觉只是比平常喝的更软一些、温柔一些、橡木味更浓一些而已，"乌龟吃大麦"，可惜了。

四

从香港回沪后，我开始关注、购买各种不同价格不同产地不同年份的红酒，还买了各种介绍红酒的专著，对照书上的描述，寻找感觉。

十多年下来，"品"了数百瓶国内外不同产地、价格、品种的红酒。

出国考察或旅游，也会顺路到法国意大利加拿大美国的葡萄酒庄园参观。

现在，有点入门甚至可以卖弄红酒知识了。

在品的过程中，我发现一个重要现象。

品酒和烟厂的品烟师、香水工厂的闻香师一样，是需要天赋的。这是与生俱来的超凡入圣的旁人永远无法感受的灵敏、细腻、精确的嗅觉、味觉、视觉乃至直觉。

大部分人，即使喝了一辈子红酒，最多只能品出好酒、普通酒、劣质酒之间的区别。

在香港电视节目见到有蒙眼闭目一瓶瓶品出上百种红酒的产地、酒庄、葡萄品种、年份、价格的发烧友，我的第一个感觉是，这老兄一定能在沙田马场的看台上闭目嗅出奔跑中各匹赛马的不同汗味！

几年前，法国某红酒产区的葡萄酒协会到上海进行市场调研，带来十几种红酒和白葡萄酒，他们在海伦宾馆举行品酒会，邀请上海的各界朋友参加，听取上海人对各种法国酒的反应。我也有幸列席，正巧坐在北京大学中文系毕业、娶了中国太太、操一口流利汉语的法国会长旁边。

一桌丰盛筵席。

每人餐具边放一个不锈钢桶、冷水杯、酒杯，一支笔。另有一张表格，罗列了酒的色泽、口感、闻香到其他各种感受，有二十几个栏目，打勾即可。

冷水杯是用来漱口的、钢桶是用来吐酒的。

每打开一瓶酒，斟入酒杯后，按照"三步曲"进行品鉴，然后在表格上打勾。酒不能咽下，必须吐入钢桶，然后漱口。吃一点菜，聊几句，再品第二瓶。

宾客除了我，都是有头有脸的人物，上市公司老总银行行长民企老板外企高管烟酒局局长之类。也许是位高权重，面子自尊心作祟怕出洋相，一个个正襟危坐噤若寒蝉。

有些冷场，不能让老外小觑。

本人一面紧急调动全身的味觉嗅觉视觉和记忆系统，频频在表格上打勾，同时开始与法国会长滔滔不绝地边品边聊。肚子里全部红酒知识一塌刮子倾囊而出，从葡萄品种梅洛黑品诺解百纳西拉思谈到红酒产地波尔多勃艮第托斯卡纳；从贵腐、加拿大冰酒谈到拉图尔酒庄布里翁高地"使命"酒庄，着实把他唬得一愣一愣的。

"我在中国有年份了。能够这么深入谈红酒的，你是第一个！"会长满脸惊讶。

酒会结束时，他每种酒送我一瓶："明年品酒会你一定还要来！"

我松了一口气。

红酒知识已经用尽，如果酒会再延续一小时，真的江郎才尽矣！

杯中乾坤

一

会喝酒的,有人酒量尽管很大,但一次只能喝一种酒。喝混酒就醉。

有人不惧混酒。酒席上喝完白酒上黄酒喝完黄酒斟红酒,然后再灌啤酒,照样谈笑风生。

对这种喝法,我们按照每次喝不同酒的种类叠加,封以"二中全会"到"五中全会"不等的雅号。

跟韩国人喝过他们流行的所谓"炮弹酒"——在斟满啤酒的大酒杯里沉入一个容量一两多的小酒杯,里面是威士忌,然后举杯一口干。

这种喝法,对一中全会的朋友而言,简直是酷刑。

我天生"五中全会"以上级别。哪怕在一个酒杯里同时倒上白酒、红酒、黄酒、威士忌、啤酒,照样可以一口灌下。有这种天赋,酒席上就可以"克敌制胜"。

80年代末,台湾国民党当局解除戒严,两岸开始走动。

两岸隔绝几十年,对岸来的消息都是扭曲的。

叔叔纪璇1946年去台,两岸隔绝四十年,音信全无。1988年他辗转来沪,妹妹举行家宴。

叔叔看到一桌的菜，用十分凝重的语气说："你们不要因为请我一次，后面几个月勒紧裤带过日子！"

未等我们解释，他发现桌上的酱油碟和红烧蹄髈，惊讶万分："你们竟然有酱油和蹄髈？"

我们大感不解："这东西家家户户都有呀。"

叔叔讲了一件往事，我们才恍然大悟。

台湾当年一度雄踞亚洲四小龙之首，而大陆因台湾国民党当局几十年丑化宣传，给他们印象就是一个穷字，穷到香蕉连皮吃。

80年代中期，一个不知通过什么途径跑到台湾的上海老头，找到原来的同事、我的叔叔。

叔叔和一批上海去台的老友请他吃饭，这老头端起桌上的酱油碟长叹："三十多年没闻酱油味了，各位能允许我喝一口吗？"说着，端起酱油一饮而尽。

上红烧蹄髈时，他故伎重演："几十年未见蹄髈了。各位，我老脸不要了。冒昧先用蹄髈皮如何？"举起筷子，连拉带卷，把一整只蹄髈的皮揭下，一口吞。

老友们目瞪口呆。

老头的出色表演，不仅赚来在座太太们一掬同情之泪，更骗得老友们当场慷慨解囊以及给他们留下大陆老百姓穷到何种地步的深刻印象。

原来如此！我们笑作一团。

二

叔叔娶了台籍太太，九十年代回大陆经商，台湾亲戚朋友也一批批到上海观光、寻找投资机会，他们是带着高度优越感来的。

90年代初的某一天，来了一个叫我叔叔的远亲晚辈。

这小子挺帅，一米八，在矬子成群的海峡对岸绝对属于鹤立鸡群的身高，自我感觉好到无以复加，一到上海，莫名其妙的优越感油然而生。

我到虹桥机场接机，安排他住四星级银河宾馆。

登记时，旁边有个漂亮的小姐也在结帐，这小子一下子亢奋了。

他在出示证件时取出一个棕色皮夹，大声对我说："这叫登喜路，5000新台币，可能要你3个月工资吧！"眼神扫了一下身旁的美女。

然后踢踢脚边的旅行箱："路易威登。听说过吗？4万新台币，可能要你2年工资吧。"

什么玩意儿！我强压下已经冲到喉咙口的骂人话，不置一词。

然后，他开始吹他的酒量："叔叔，我酒量很大，新竹一带朋友圈子里有点小名气。"

我暗自窃喜，撞到老子的枪口上了。

台湾人好酒，也有些会喝的。但不知天高地厚之辈，跑到大陆来叫板，那就惨了。

晚上，我请他。

"喝什么？茅台？"我问道。

"我在台湾喝过。"

"那就五粮液。"

我要服务员上两瓶，同时拿两只玻璃茶杯。

我把第一瓶酒仔细地均分成两杯，每杯约半斤。

我举起杯子，先一口喝下半杯："这是大陆的习俗。欢迎远道而来的客人，主人先喝半杯，然后再一起喝。"

他愣了一下。举杯喝了一口。

"贤侄差矣！你至少也应该下去半杯，这才叫入乡随俗。"

他勉强喝下，呛了一口。

"好酒量。吃菜吃菜。"我夹菜给他。

"你在台湾喝什么酒？"

"白酒很少喝，主要喝清酒和红酒，还有威士忌和啤酒。"

"洋酒明天喝。今天就喝大陆白酒。你行不行？不行趁早说。"

约半小时。干完第一瓶。

他脸色发白，用手掌抚着心口，"这酒好——辣。"

我拿起第二瓶，正准备开，他阻止了："叔叔，这酒太厉害，喝啤酒吧！"

"看来你酒量一般么。"我微笑道。

我要服务员拿来一箱24罐装燕京啤酒："这是大陆最好的国宴用酒，喝完结束。"

不用杯子，拉开直接喝。

"一罐一口干。"我告诉他喝法。

第一罐他喝得还算爽快，但神情开始呆滞，眼光有点发直。

"贤侄，大陆人目前可能确实比台湾人穷。你们的富裕，是全社会的财富平均水准比大陆高，并不证明你个人的水准有多高。就像上海下岗工人拿的失业救济金，可能高于贵州的就业工人的工资收入一样。"

我开始教训他。

"大陆经济正在起步。你信不信，再过五年十年，我会开自己的车到虹桥机场接你？"

他口齿不清连连点头称是。

我自拉自喝，桌上空罐排成行。

"说到酒量，台湾人是不能跟大陆比的。你们岛上，除了国民党北方籍老兵，真正能喝的不多，叔叔我在上海的酒量充其量中下水准，如果有兴趣，明天我找几个能喝的朋友会会，你准备一箱五粮液。"

我正滔滔不绝地说，突然发现，人没了。

再一看，满嘴啤酒沫的他，已经横倒在地毯上了。

他面前，只有3个啤酒空罐。

我叫来两个服务员，连拖带拉把他弄进洗手间，把头按在水龙头下猛冲凉水。

他吐得满地满身。

第二天晚餐，他请我。席间点了橙汁。

"不喝酒了？"我问道。

"叔叔，我知道大陆人的酒量了，以后再不敢在叔叔面前充好汉了。"

最近几年，大陆经济突飞猛进，大陆人越来越富裕，他到上海，都是我自己开车到浦东机场迎送。

他却走向另外一个极端，点头哈腰，毕恭毕敬。

在车上，我用打火机给他点烟，模仿他当年的口吻："这叫卡地亚，要你半年工资吧？"

这小子满脸通红："叔叔，你还记得当年往事？"

他是一家台湾生产半导体零件小公司的推销员。

"百年窖藏"

2006年初夏的一天,早上从三亚飞回上海,下午接到朋友电话,晚上在红塔大酒店陪几位企业家吃饭。

红塔酒店是国内为数不多的超五星酒店。李嘉诚、舒马赫都喜欢在此下榻。酒店宴会厅金碧辉煌,犹如宫殿。

入座后,许君介绍我旁边的一位上海口音的中年港商:"这位L先生,老上海,八十年代移居香港,一直在上海做生意,上海滩品红酒天字第一号。他拍过一瓶百万元的红酒,家藏红酒几千瓶。"

我肃然起敬。寒暄,交换名片。

然后开始聊天。

看到他从手边一个金色盒子里拿出一台非常精致的手机。

"VERTU,刚刚进上海。L先生,选只手机吃价钿的,30万。"

他的眼睛瞪大了:"识货朋友。认得迭只牌子的人不多。"

谈话渐渐入港。

那晚喝的是张裕卡斯特酒庄酒。他开始介绍他的红酒收藏。

我讲了几个自己尝过的酒庄品牌以及对卡斯特年份酒的评价。

"闲话里侬也懂红酒的?"他问道。

"惭愧惭愧。还没入门。书上看来的。"我诚惶诚恐回答。

"L先生,请教一个问题。今天上午乘东航班机,在飞机上看东航杂志，有篇文章讲到，通用 CEO 杰克韦尔奇访华，王石张朝阳潘石屹请他吃饭，送他一瓶张裕百年窖藏红酒，张裕公司称，这瓶送掉以后，全世界只剩下 6 瓶了……"

席间其他人正注意听我们对话。

"侬听伊瞎三话四。我屋里厢就有 2 瓶。"L 先生豪气十足，向大家大声宣布："今晚就开一瓶！"

他立即拿出 VERTU 手机吩付司机，回家到酒窖的第几格某某位置，拿酒过来。

他拿出雪茄，开始点火。

"COHIBA 二号，卡斯特罗最喜欢的牌子。"我随口说了一句。

"雪茄你也懂？平常抽啥个牌子？"

"多数抽罗米欧朱丽叶四号，但最喜欢蒙特克里斯多二号，COHIBA、大卫杜夫也很喜欢，就是太贵了。"

"今天要尽兴。"他拿起手机吩付司机："再拿一盒 COHIBA 特制皇冠过来！"

半小时后，司机把红酒和雪茄送进宴会厅。

张裕百年窖藏放在一只很旧的木盒里，酒标霉迹斑斑，看上去确实有些年份了。

红塔山酒店不愧是超五星酒店。宴会厅侍者受过专业训练，在得到示意后，迅速撤去餐具，为每人换红酒杯，再拿来开瓶器滗酒器雪茄烟专用烟灰缸和火柴剪刀。

L 亲自开瓶倒酒，一面介绍："张裕勒浪摆噱头。迭种酒肯定不会全世界只剩 6 瓶，我就有 2 瓶，而且，也不可能是 100 年的酒，年份是有的，我估计最多 50 年。"

水晶杯中的酒体呈暗红，非常厚重，挂杯明显，嗅之，浓郁的橡木味和果香，轻啜一口，十分舒适的单宁涩味和肉桂味、坚果味在口腔中缓缓释放，真的体验到"丝绸般柔滑"的感觉。

"这是我喝过的最好红酒。感觉灵格！"我赞叹道。

他打开雪茄盒，每人奉上一支 COHIBA 特制皇冠，包括在座的女士。

宴会厅弥漫着上等红酒加雪茄的特殊气味,非常好闻,难以用笔墨形容。

大家边抽雪茄饮红酒边聊。

"今晚怎么样?"L先生不无得意地问道。

"人生难得的良辰美景赏心乐事都全了。真的要谢谢侬!可惜……"

"可惜什么?"L先生不解。

"可惜只有一瓶酒。"我笑道。

"我再叫司机去拿!"

"不不不!我跟你寻开心的。"我连忙拉住L先生。

散席后,红塔山酒店俞总跑到我面前:"侬结棍!一句闲话就让全桌人喝到这么好的酒。这种酒我们店里也拿不出的。"

真的。自此以后,我没喝过比这更好的红酒了。

一坛毫不起眼的酒

前天晚上，徐君来电：明晚不要安排其他事情，他约了几个朋友，去一处人迹罕至的地方，品尝正宗浦东农家菜。

徐君月明，性情中人。工作勤恳为人热情厚道，在朋友圈子里口碑极佳。爱好甚广，品味甚高，喜美食、旅游、交友，摄影铁杆发烧，书房里的精品老相机数十架；偏好上等雪茄、红酒、烟斗、威士忌，家藏颇丰。

我与他相交十余年，熟知他的脾气，这老兄邀友聚会，经常会先不点题，给大家留点悬念，留点惊喜。

这次聚会，地点语焉不详，先就引起我的强烈好奇心——上海还有啥地方没去过？

下午，他开车来接。

先去购雪茄，跑到老地方，挑了一盒帕塔加斯2号、一盒大卫杜夫、一盒蒙特克里斯托4号，然后开车直驱川沙。

这几天节令已交大暑，上海热极，烈日融金，在户外站几分钟就会汗流浃背，真想找个荫凉的地方躲躲。

沿外环高速川沙下匝道开行不到百米，急转弯，进了一个绿树成荫、碧波荡漾的庄园，白鹭掠过车窗、小河游鱼喋呷。

车停在一幢纯木结构的房子前面，徐君开门下车："到了！"

这是一个面积数百亩的农庄，隐没在外环绿带十多米高的密密层层树林中。

看到绿，看到一汪碧水，看到丝瓜棚葡萄架，看到硕果累累的桃林，暑气顿消通体凉爽。

"这个会所不对外经营，来过的都是朋友，不超过100人，可以说人迹罕至。"徐君告诉我。

木屋很大，外观非常朴实，里面很精致，客厅、酒吧、包房、大餐厅一应俱全。

凤英，我们大家非常熟悉的老朋友，已在里面忙碌。

她见到我们，非常高兴，招呼在客厅坐下，奉上茶。嫩绿的茶叶在透明的玻璃杯里轻轻浮动，一看就是上等龙井。

"今天有好酒。"凤英特别强调。

朋友陆续来到。

六点许，主人曾君到了，其他朋友也陆续来到，稍事休息后，入席，正好一桌人。

曾叫人捧出一个酒坛，笑眯眯地说道，"今天这坛酒，有点来历，恐怕见多识广的各位也是第一次见到。"

一个毫不起眼的酒坛，放在路边，可能连拾荒者都会忽略，里面藏了什么宝贝？

朋友们有猜30年花雕的，有猜陈年七宝大曲的，有猜封缸酒的，没一个猜对。

曾打开酒坛，一股熟悉的浓郁的酒香顿时弥漫在席间。

"难道是茅台？"众人惊问。

"对，20年陈坛装茅台，这是我到茅台酒厂，总酿酒师特批卖给我的。"曾君面露得意神色。他让服务员在每人面前的大玻璃杯里斟满酒，各人根据酒量，再斟入高脚酒杯。

我盯着酒杯出神。

托改革开放之福，这20多年因工作关系，跑遍国内，为各地政府做决策咨询研究，茅台酒喝过不下数十次，应该说已经非常熟悉。尤其喜欢那种特有的酱香味道。

最奢侈的一次是大前年在海口"新国宾馆"。当地官员宴请拟去投资的浦东某集团老总，我们正在那里做规划，为他们解决了争执多年的港口选址问题，遂一起参加。

席间，上了 2 瓶 30 年茅台，七八千元一瓶，酒倒出来已呈淡淡的黄色，挂壁明显，非常精彩。

我经常自恃游遍"三关六码头"，见多识广，但今天的坛装茅台，不得不承认，平生第一次见到。

细观酒杯内茅台，浅浅的若隐若现的琥珀色，酒香扑鼻。

常喝茅台的人都知道，普通白酒，窖藏再久，酒体依旧无色透明。茅台则不然，陈年茅台，酒体会呈微黄色，比重明显增加，尽管酒体依旧透明，但感觉十分厚重，轻轻晃动酒杯，醇厚的酒体像蜂蜜般在杯内挂壁，久久停留。

轻啜一口，非常软，不像其他白酒般冲鼻辣喉，酒是一条线般滑入喉中，醇厚微甘若醍醐，这种感觉，很难用笔墨形容，实在太精彩了！

我用筷子蘸酒，再用打火机点燃，蓝幽幽的火在筷子上燃烧，酒精含量至少 52 度。

台湾美食家朱振藩写过一本"痴酒"，介绍大陆最富盛名的 160 多种地方名酒，这些酒他都品尝过，书中对各种酒的渊源、来历、特点、口感、配菜都有详细介绍。

我和徐君各买一本，在这本书里，在自己喝过的酒下面打勾，他尝过近 70 种，我尝过 64 种。

我们两个，经常交流品酒体会和新发现的好酒，还经常互赠，我的酒柜里，就有他送的百龄坛 17 年威士忌、多种法国红酒，甚至印有陈水扁吕秀莲鬼脸的特选金门高粱。

我俩坐在一起，一面干杯，一面轻声交流："迭只酒灵个。"

"茅台喝过无数，噶上口的倒真的没有碰着过。"

"眼界大开，坛装茅台确实从来听也没听见过。"

"老曾本事一流，竟然弄到这种酒！"

大家频频举杯，为今天的好酒干杯。

我敬曾君："世界上的许多好事，是可遇不可求的，真的要好好谢谢你，让我品尝平生未尝之美酒、大长见识！"

凤英长期从事招商工作，也能饮几杯。

毕竟是女士，菜是她精心准备的，大部分为庄园自产：

白斩鸡。正宗浦东鸡，金黄的鸡皮雪白的鸡肉加上土鸡特有的香味，一看就食欲大开。

江南一带，有大伏天吃羊肉烧酒的习俗，认为人在伏天消耗大，伏天羊肉滋补。L准备了白切羊肉和红烧羊肉。江南的羊，很多是吃桑叶长大的，不带一点膻味，佐以甜面酱下茅台，绝配！

白切鹅肉。鹅是庄园自养当天宰杀的，特有的清香，鲜红的瘦肉，极有咬劲。

糟香小黄鱼。小黄鱼油炸后浸入糟卤，咸鲜清口，糟香扑鼻，是江南夏令佐餐下酒美食。

烧杂鱼。典型的南汇家常菜。从前，农民下田，腰里会挂个竹篓，把稻田里抓到的小鱼小虾螃蜞带回家，洗净后加点白菜一锅烧，味道非常鲜美但"上不得台面"，现在，已成为农家菜里的招牌了。

"太湖三白"中的白水鱼，暴腌后蒸食。比鲜鱼还美味。

暴腌咸肉蒸百叶。"暴腌"是江南菜的一种加工方法，即把新鲜猪肉、鱼或菜蔬用盐腌制半天，菜蔬用酱油麻油拌食，肉或鱼蒸食。

川沙奉贤一带，有暴腌猪肉蒸食的习惯，猪肉经暴腌，咸鲜凸显，肥腴清香，加之薄百叶，吸进鲜美汤汁，非常好吃。

生煸菜苋。指青菜开始长茎抽苔时摘食，江南人叫菜苋，但一般都在初春才有菜苋，盛夏菜苋，也是第一次见到。碧绿的菜苋，清香软糯，非常爽口。

雪菜鲳鱼。鲳鱼肉嫩少刺，产在舟山东海渔场的最佳。用雪菜炒食，雪菜解腥，鱼鲜与咸菜的鲜味融合，极富特色。

线粉榨菜肉丝汤。又是一道典型的农家菜。普通到不要再普通，但在吃了肥腻之后，一口清汤入口，酒气顿解。

凤英准备的这些菜，貌似普通但技术含量颇高。

因为茅台酒适配比较浓郁厚味的菜肴。用茅台酒佐清汤寡水的青菜豆腐，可能会喝得嘴里淡出鸟来。

用厚味浓郁的菜肴配茅台，似乎酒能溶解脂肪，饮一口茅台，夹一筷红烧羊肉，感觉就是天作之合。

大家酒兴助谈性，海阔天空，无远弗届。

一直聊到9点，才兴尽散席。

一桌人最多只喝掉3斤——大部分朋友酒量平平，不能多饮，我和徐君各喝了约半斤，感到微醺正好，我们没有贪杯恶癖。

余酒封坛，以后再喝。

这坛酒，价值不菲。外面十年陈茅台，数千元一瓶，是勾兑的。茅台酒厂的季厂长曾公开承认，10年陈茅台，并非整瓶酒都是十年窖藏的，而是在里面掺了一点点十年茅台。

一坛毫不起眼的、估计全中国也没几个人喝过的绝妙的酒。

C君未透露这坛酒的价格。但大家心里感受到他的情谊。

走出木屋，晴朗的夜空星光闪烁，凉风习习，远处传来夜鹭的长啸。

我忽然想到，古人曾云，良辰美景赏心乐事自古难全，但我们今天遇上了。幸甚幸甚。

从年份酒谈起

一

酒是陈的好。新酒不好喝。

我插队时，村里的农民家家会请丰城县的"酒师傅"用稻谷蒸馏烧酒。通常是当天蒸馏，当天就喝。这种酒，酒体很轻，看上去像清水，毫无酒香，口感比较冲，还略带苦味，纯粹是过酒瘾解酒馋的。

好酒需要陈化。

最简单的办法是把密封的酒坛埋入地下，十几二十年后起出坛子，届时酒体变得厚重，酒香扑鼻，口感醇和，如饮醴醪。著名的绍兴"女儿红"，就是家里女儿诞生"弄瓦"之时，做几坛黄酒埋入地下，待女儿出嫁之时再起出供亲朋好友喝喜酒之用。

据说，茅台、五粮液、洋河大曲等名酒，成名全靠酒窖。

这些酒厂的老酒窖，一般至少百年以上，酒窖里的微生物，在特定的封闭环境里传宗接代，变成特殊菌种。把酒灌入酒窖，在微生物的作用下，形成了与众不同的口感、酒香和风味。

听说，这种百年以上的酒窖，里面的窖泥是真正的宝贝。因为微生物已与窖泥浑然一体。因此，如果新开酒厂能够弄到一坨老窖的窖泥，掺入自己的新酒窖的窖泥中，就像北方人做馒头用的老酵一样，这个酒窖就可以在非常短的时间内迅速陈化，酒的质量，自然是与众不同了。

我插队的那个县，80年代开了一家酒厂。他们把本县在茅台酒厂工作的一个技术员重金聘请回县里酒厂。他带回了茅台老窖的一坨酒泥。

结果，几年后这家酒厂出的"赣酒"迅速成为江西名列前茅的地方名酒。

但好景不长，这家国营酒厂，风光了没几年，就因经营管理不善而倒闭。赣酒也无疾而终。

二

洋酒也要通过窖藏陈化。包括红酒、白兰地、威士忌、朗姆酒、雪莉酒、波特酒等等。

这些酒都是在橡木桶里陈化的。

最有意思的是苏格兰威士忌。一定要用贮藏过红酒、白兰地、雪莉酒的旧橡木桶陈化，使威士忌里隐约出现上述酒的某种风味，加上威士忌自有的大麦、泥炭、烟熏味，形成威士忌独有的风格。

我最喜欢的GLENFIDDICH格兰菲迪单一麦芽威士忌，酒厂的广告里写明：全部采用西班牙雪莉酒或美国波旁酒的旧橡木桶陈化。

著名的CAMUS干邑白兰地，用"阿里亚"或"托朗赛"橡木桶贮藏。

老外心眼实。

他们的酒，如果标明12年、18年、25年，真的是放在地窖里的橡木桶里这些年后再灌瓶出售的。

为了保持信誉，法国白兰地和苏格兰威士忌酒厂的酒窖，门锁有两把，一把锁的钥匙在酒厂老板手里，另一把锁的钥匙在当地警察局长手里，到时间一起开锁。

因此，买正宗的原装进口洋酒，瓶贴上标明18年的，就是货真价实的18年。

咱们的"年份酒"，可没那么"货真价实"了。

茅台酒厂倒也实诚，他们自己在广告中写明，茅台酒是勾兑而成的："茅台酒勾兑的具体工序是：陈酿满3年后，先勾基础酒，再调香、调味；先小型勾兑，再大型勾兑。"

所谓50年陈、80年陈，实际上绝非把贮存50年80年的酒窖打开灌瓶，而是以3年的酒，"适当添加"一些陈年酒"勾兑"而成的。

一次，在虹桥机场巧遇茅台股份老总季克良，我当面询问过季总关于茅台30年陈、50年陈是否100%都是原窖酒的问题。

季先生直言相告："不可能100%的原窖酒，是不同年份勾兑的。"

与此鲜明对照的是，法国干邑的著名品牌：马爹利、CAMUS、轩尼诗，他们也都是勾兑的，但他们是按照VS、VSOP、XO、路易十三等不同级别区分等级的：

VS：2.5年，VSOP：4.5年，XO：至少6年。在这些干邑的瓶贴上，从未出现过50年陈、80年陈的字样。

换言之，这些酒厂历史比茅台早得多，按照我们的逻辑，他们完全可以推出300年陈、400年陈的顶级、极品干邑，但他们并未这样做。

我在法国酒庄的酒窖看到过1878年的整桶原装干邑，他们告诉我，这是最高级的干邑，非卖品。

三

突然间，黄酒的年份见长。

现在，10年陈黄酒已经属于超市货架的低档货。

20年陈30年陈50年陈的黄酒已经随处看见。

看到一则推销酒类"陈化器"的广告，我才恍然大悟："酒的加速陈化、提高品质及防腐的方法是一种物理方法。其实质是：用2—60MHz的高频电磁波处理含酒精度0.5—68度的啤酒、黄酒、绍酒、白酒、特酿、其他粮食酒；葡萄酒、山楂酒、枣酒、苹果酒、其他水果酒；虎骨酒、人参酒、阿胶酒、其他药酒、补酒30秒—20分30秒，当单机每次处理的上述各种酒的重量为30公斤和30公斤以下时，电流强度向上正调的范围为0.6—24安。本发明效果明显，实施简单。"

用电磁陈化（甚至据说还有用核磁共振陈化的），可能酒的口感变得柔和、似乎提前了n年，但这能说是十年陈五十年陈么？

就好比我把家里的饭碗也去狠狠照射半天，能说是明朝的碗吗？

几年前闹过一个笑话。美国海关截获了一批走私入境的中国文物——唐三彩。老美非常顶真，测试后发现是真品，立即通知中国警方，然后把文物还给了我们。

回国后，国内专家用同位素测定，大吃一惊，这批唐三彩的年代竟然是秦始皇时代的。后来追根寻源，找到制假的作坊，原来他们用高科技制假，已经到了能够蒙骗仪器的地步，但"老鬼失辟"，作假做过了头，把唐朝的做到了秦朝。

看来，某些中国人的聪明才智、高科技都用到这方面去了。

国字号伪酒

这几年,红酒开始流行。人们搞不清法国红酒的品牌和价格,国产红酒大行其道。

××的92、94干红是上海商务应酬的首选酒。

在饭店餐桌上点,92干红的价格不低于600元,94的便宜一些,300元上下。

一桌10来个人,客气的喝上三五瓶,不客气的人均一瓶,一顿饭单红酒就是6000元以上。

我一直弄不明白,××92、94干红怎么会越喝越多。

难道酒厂在92年就预测到20年后国产红酒会大流行?

我一位做进口红酒生意20多年的朋友,透露了天大的秘密:××92、94干红,都是他从法国用集装箱大桶进口、卖给××公司的。

这种酒,到岸价格约一二欧元一升,××公司(中粮集团下属的著名的国有企业),灌瓶后以数十倍的价格推向市场,暴利程度可想而知,公然作假畅行无阻。

从此以后,我绝不再喝××92、94干红,而且劝说所有的朋友抵制。

那天聚会时,我讲了这件事。一个朋友顿足捶胸,"你为什么不早讲!我的美国亲戚来沪,我为了让他们品尝中国的年份干红,买了2箱准备送他们的。现在完了，叫我怎么送得出手？"

中国著名的红酒鉴赏家吴书仙写了"十问××"一文，竟然遭到抵制，后来在中国民营报上刊登。我在百度上找到她的原文，转载如下：

1. 华夏长城1992年份酒是1992年葡萄酿造的吗？

根据国际上葡萄酒权威研究所EU ROFINSSCIENTIFIC-ANALYTICS对华夏长城1992年份酒的年份检测，证明这不是1992年份的，而是介于2000—2002年份的。

2. 用来酿造华夏长城1992年份酒的是1992年的昌黎葡萄吗？

在1980年由轻工部食品发酵所由法国引进包括赤霞珠、西拉等11个品种，昌黎地区在1982年建立品种试验园，1983年轻工部发酵站利用枝条和苗木扦插法试验种植了包括赤霞珠、梅鹿辄等9个红葡萄品种，12个白葡萄品种，当时试验种植面积共为十几亩。在1992年之前河北昌黎地区并没有大面积的种植引进酿酒品种。此资料根据郭其昌先生所著书籍《中国葡萄酒五十年》以及中国农学会葡萄分会副会长、中国农业大学果树系教授罗国光先生的电话口述。

根据华夏长城网站介绍："华夏公司于1992年引进世界名种葡萄——赤霞珠、品丽珠、梅鹿辄苗木等26余万株，累计投资96万元，在卢龙县刘田庄一带种植"。我们回头看华夏1992年份葡萄酒标上介绍："华夏-长城92年份干红葡萄酒系精选产自中国酿酒葡萄之乡——河北省昌黎中的华夏葡园的法国名种葡萄赤霞珠"。葡萄苗刚种，果子还没出来，华夏长城就有了采用1992年份的昌黎的华夏葡园酿造的酒了！真不知道这葡萄是如何变出来的？！

3. 华夏长城葡萄酒是不是具备10年的陈年潜质？

华夏长城1988年8月9日正式成立，当时厂房简陋器械不全，当时华夏还并没有橡木桶，在这种条件下生产葡萄酒，就算严升杰酿造技术一流，能酿造出陈年十年的葡萄酒吗？

酒酿造出来，能不能在酒罐里放十年后再灌注呢？华夏酒厂有没有整个厂房的空调控温设备呢？就到现在华夏在地面上的酒厂也无此设备，到夏天昌黎的外面的温度会达到 35 度，而华夏车间的温度一般会在 24—29 度。在葡萄酒的保存温度上全球认同的常识是"理想的存酒的温度是 10—15 度，温度高酒成熟过快，酒会粗糙，欠雅致，也很快就变老了，如果一个月的室温达 29 度，已经不可收拾了，温度加 10 度，会令酒的陈化增加一倍。最好整年的温度变化不超过 5 度，如果温度在六小时内迅速升高，酒的陈化会很迅速，最后变坏"，这里我想说明的是经过一个夏天，在这样的温度条件下，在酒罐里的储藏的酒一定会质量下降的，再说，酿造好的酒放在罐里，酒中的色素和单宁会发生化学反应，酒色会变得越来越淡，试想华夏的酒放在酒罐里十年啊，那里会有现在华夏 1992 年份酒的颜色？如果真的是到 2002 年，酒的颜色已经是走完了生命期的死葡萄酒，颜色为黄色了。

4. 华夏 1992 年份酒装瓶时间和资料的说明为什么前后矛盾？

我手头这瓶 1992 年华夏红酒酒瓶帽上的装瓶时间为 2002 年 9 月 13 日，照常规理解，那应该是放在酒罐里十年后装瓶的，以上第三条我已经做了说明。

再看这瓶酒附带资料又是如何来讲的：

第二页写道：位于昌黎凤凰山区的华夏葡萄园是中国首家 AA 级绿色食品-酿酒葡萄基地，年亩产量控制在 1000 公斤以下，九二年份是获取四颗星的极好年份"。

这里是华夏告诉消费者此酒是产自原产地域命名的葡萄酒产区昌黎的。文中第二条我们已经做了说明不可能是 1992 年昌黎的葡萄。

第三页讲道："用这些葡萄酿造的酒在法式橡木桶中陈酿三年以上，具有醇厚浓郁的酒香"，根据我的专业知识和七年来见识过的国内外葡萄酒厂，一般真正素质相当出色的红酒才能在木桶里存放两年，而用昌黎的红葡萄酿造的酒是不可能存放木桶两年还可以保证酒的品质不下降的，华夏 1992 年份酒竟然可以存放三年？这不是愚弄消费者吗？！

第四页写道："再历经 24 个月的瓶储，逐渐成熟，进入适饮阶段，如再储存，则风味更佳，并具收藏价值"。照华夏长城的此资料说明，葡萄酒装瓶时间应该是三年后，那就是 1995 年装瓶的，可为什么我们看到的装瓶日期为2002年9月13日，而且打开木塞看酒渗进木塞的比例也是2002年，而不是1995年？！这是不是以虚假信息误导不明白葡萄酒是怎么回事的消费者呢？

5. 你们卖的酒都是自己酿的吗？

请问华夏，这些年来你们花了多少外币从国外购买散酒？我想你们应该是国内酒厂进口散酒的大户之一吧？其实你进口酒也没什么，可为什么你非在你的酒标和资料上写着"此酒是产自原产地域命名的葡萄酒产区昌黎，中国首家AA级绿色食品——酿酒葡萄基地……"，你这是挂着昌黎的'头'，在卖洋'肉'呀！（本人按：答案已有，确实是挂国头卖洋肉！）

6. 如果是以国外散酒灌装后冒充自己的酒去参加比赛得的奖算数吗？

华夏葡萄酿酒有限公司总经理严升杰表示："在国际公认的高档单品种赤霞珠干红基础上，研制开发出以1992年份酒为代表的高档年份葡萄酒，不仅得到国内专家、消费者的赞誉，也得到国际上的关注和认可，2001年上海'国际烈酒及葡萄酒评酒会'上，华夏长城年份葡萄酒获得两枚国际银奖，这也是国内唯一获得奖项的品牌；同年在'北京第四届希尔顿国际评酒会'上荣获国内干红第一名"。不知道拿去评比的1992年份酒肚子里装的是哪国的酒液？

我知道中国建国后的第一瓶得奖的干红是昌黎'地王'酒厂出的。然而经过华夏的老员工反映，当时华夏1990年华夏出干红才3吨，1991年出11吨，而1992年出最多也就几十吨，而且当时主要是出口的，就不知道如今你的如此之多的1992年份酒是从哪里冒出来的！

7. 为什么华夏1992年份酒总是卖不完的呢？

你的1992年份究竟是年份还是品牌呀？

照常规概念来讲，每一年份的酒的量都是有限量的，卖完了也就没有了，而且酒罐的储藏能力也是有限的呀！根据华夏长城网站上称："1998年干红产量达到6127吨，是95年的20倍"，这里说明1995年的产量不过是306.35吨。华夏避开了1992年的产量，那1992年是不是产量超过 1995 年呢？当时不是干红热，一般来讲是不可能的，就不知道 1992 年华夏干红如此热销的卖了三年多了还没卖完？

根据华夏长城网站上称："1998 年，公司投资 4100 万元进行二期扩建，新建地下贮酒室和灌装车间 8000 平方米，购进 10000 瓶/小时灌装线及 5000 个橡木桶，以法式陈酿技术使产品高档化，达万吨生产规模"，在 1998 年以前华夏那里来的如此多的橡木桶来储存酒？

你们在自己的网上称："2001 年根据国家统计局统计，葡萄酒产量为 25 万吨，其中干型葡萄酒为 13 万吨，华夏长城葡萄酒产量为 15314 吨，占总产量的 11.8%，2002 年预计产量达到 2 万吨，实现销售收入 4 个亿"，我还看到去年华夏长城干红销量第一名，我想这华夏 1992 年份酒为取胜市场可是立下了汗马功劳呀！

8. 华夏长城 1992 年份酒值 265 元一瓶？

今年我三次购买了华夏长城 1992 年份酒，记得第一次是在麦德龙买了一瓶，花费 265 元人民币。在 2003 年 5 月 15 日下午，室温为 18-20 度情况下品尝该酒，我当时的酒评语为酒色为樱桃红色，果香不明显，首先嗅到酒精气味，然后闻到的是橡木桶带来的香草和烟熏气味，酒体中等，没有什么回味，也均衡，是可以饮用的葡萄酒，但是喝完嘴里有点不舒适的感觉，可以闻，但不好喝，一般这种酒我是不会喝的，会用来做菜。根据口感判断此不应该是 1992 年份的，如果是 2000—2001 年的酒还差不多。另根据我的品尝数万种葡萄酒的品尝经验，265 元人民币的价格购买华夏 1992 是太贵了，差不多就值四五十元一瓶。在超级市场，如果同样的价格购买到的酒普遍比华夏 1992 年的酒要好得多。难道这种酒消费者还可以买回家再储存，风味更佳，具收藏价值吗？

9. 华夏长城是怎样的国际接轨法？

华夏公司宣称："自公司建厂以来，率先在国内严格按照'国际葡萄酿酒法规'生产，以'产地、品种、年份'三大模式走高品质路线，总体发展全方位与国际接轨"。然而，根据我们上述内容证明 1992 年华夏长城的确是以虚假年份，虚假产区来愚弄我们的消费者靠此来谋取利益。

10. 年份酒系列就是为了区分三家长城的产品吗？

在 2003 年 8 月 25 日《经济观察报》有一篇关于长城整合的采访报道，其中中粮酒业的曲总经理一句话很值得玩味。他表示"比如沙城体系是星级系列，华夏体系是年份系列，这个系列的区分主要让消费者区分三家厂的产品"。划分星级可以作为区别品质的差异，但是年份是不具备这一功能的，往往一个酒厂在同一年出十几个品种的酒，只标出年份就能区别高、中、低档产品吗？年份越老卖得越贵，反正我们不太懂葡萄酒的消费者被愚弄到年份越久酒越好的共识上了。

吴书仙女士书生气十足。

她的十问，确实言之凿凿，证据充分。但又有多少人看过中国民营报？

长城装聋作哑，国家工商质检部门视而不见，百姓有什么办法？

不喝就是。

因为，在中国，这种事太多了。所以也不要去责怪小作坊私营老板作假成风，借用一句 60 年代的官话：榜样的力量是无穷的！

虫茶

平生好猎奇。

任何没见过尝过用过玩过的东西和没经历过的事情、没去过的地方，对我都有极大诱惑力，总要千方百计一试究竟。

前年在昆明做课题，空下来热衷于寻访普洱茶。

朋友带去一家"自己人"开的茶店，品普洱、聊天、听典故。

因为是"自己人"开的茶店，放心买了几饼普洱，东西确实非常棒。

茶店离我住的酒店不远，天天晚上去，跟老板熟了。

他见我学普洱知识非常认真执着，那天晚上，捧出一个瓷罐，对我说："让你见识一样好东西。"

打开盖子，用小勺舀出一撮乌黑油亮、细如芥子的东西，嗅之，一股淡淡的茶香。

老板拿来一只玻璃杯，注入开水，取一撮虫茶，轻轻放在开水里，要我看。

"泡这种茶，要先放开水再放几十颗虫茶。"

浮在水面上的颗粒，缓缓融化，一缕细细的红棕色在开水里逐渐飘动、呈絮状散开。

几分钟后，水在玻璃杯中颜色逐渐变深变浓，沉在杯底的颗粒还在继续融化。

又等了一会，老板要我喝一口试试。

我举杯啜饮，感觉到一股熟悉的陈木味——典型的普洱茶味。

"这是普洱茶晶？"我问道。

"不是不是，"老板笑言，"肯定是你一辈子头一次看到尝到的。"

他指着玻璃杯说："这叫虫茶。"

"你不要害怕。这是一种非常罕见珍贵的茶。"

他自己也泡了一杯。"有一种专门用新鲜普洱茶叶喂养的昆虫叫'化香夜蛾'，它的排泄物，也就是虫的粪便，无需加工，就是虫茶。

"李时珍的《本草纲目》中已经记载虫茶，称虫茶具有清热、祛暑、解毒、健胃、助消化等功效，对一些疾病有较好疗效。从乾隆年间起，虫茶就被视为珍品，每年定期向朝廷进贡的。

"广西湖南一带的苗族，用某些专门的树叶喂养化香夜蛾，我们是用正宗的新鲜普洱茶叶喂养，所以这种虫茶，带有典型的普洱口感。"

我举杯细看，杯内的颗粒状虫茶渐渐融化，最后，变成了一杯红棕色的茶。如果事先不知道，看上去就是一杯普洱。

非常精彩，非常有趣。

我不假思索，请他割爱虫茶。

他秤了一斤给我。

带回上海后，有朋友来，我会请他们喝虫茶。

看我一步步演示，他们都惊讶不已。

一些胆小的朋友则避之不速，或者认为恶心。

我说，大可不必。

其实，动物粪便入药，在中医是很常见的。

有味中药叫"五灵脂"，是鼯鼠科动物复齿鼯鼠、飞鼠粪便。五灵脂性味甘温，无毒，入肝经，具有疏通血脉，散瘀止痛的功效；是妇科要药。主治血滞、经闭、腹痛；胸胁刺痛跌扑肿痛和蛇虫咬伤等症；

"望月砂"，即野兔粪便，性平，味咸，入肺、肝经，有去翳明目、杀虫解毒功效，用于治疗痈肿、疳疮痔瘘等疾病；

"蚕沙",是家蚕的粪便。其性温,味甘、辛,无毒,含蛋白质、叶绿素、植物生长激素和氨基酸等成分,有祛风除湿,和胃化浊,镇静止痛之功。临床上除治疗风湿性关节炎、子宫出血外,还用来治疗半身不遂和偏头痛。

著名的香水香精原料"龙涎香",其实就是抹香鲸的粪便;大量使用在CD、香奈儿、博世等香水中。

虫茶,其实与上述中药性质完全相同。泡开后当茶饮,别有风味而且充满异趣。

朋友们,有品尝过虫茶的么?

普洱

一

同为含兴奋剂的饮料，茶与酒正好相反——酒是越陈越好。

现在无数酒厂一夜间冒出十年陈、五十年陈的白酒黄酒红葡萄酒，都是天价，但实在令人生疑——贵厂今年酿造的酒，会放到2060年卖吗？所以，都是假的。

但绿茶却是越新鲜越好。

新茶泡出的茶汤，娇嫩浅绿，晶莹剔透，观之即赏心悦目；而陈茶宛如过气影视明星，五十岁扮少女，茶汤暗褐、茶叶枯焦，口感苦涩，早已不复当年青春矣。

所以即使用真空吸塑包装、冰箱保鲜贮存，绝没有人会把今年的雨前龙井，放上5年去送人的。

但也有例外，这就是普洱茶。

据说普洱讲究一个"陈"字，而且越陈越好——2007年1月，首届广州茶叶购物节拍卖会上，100克60年普洱老茶拍出30万元天价。

这几年，喝普洱变很时尚。茶楼酒店饭局，茶单上的"陈年普洱"赫然名列三甲，每壶价格在百元以上。

眼下进餐馆点普洱，似乎变成钱包厚度的象征了。这颇像10多年前,各种筵席必上人头马XO,尽管政府官员、乡企老板都是皱着眉头苦着脸硬灌的。

灌到后来,始终无法欣然接受,于是,回归本源,现在,宴席再也无人点洋酒了,"水井坊"、"国窖1573"又成为新宠。

二

几年前的一天,一位身价不低的朋友邀请去复兴中路汾阳路口的"×氏茶庄"饮普洱,一看茶单,吓了一大跳:那里最贵的普洱,11880元一壶!

11880不是小数目。在上海任何一家饭店,都可以上燕鲍翅加"十年陈"茅台了。

朋友点了900元一壶的,还满脸歉意:"今天只能请老兄喝蹩脚茶!"

来了个茶叶专业本科学历的该店"茶博士",一面筛茶,一面侃侃而谈普洱。

他指着茶盅说:"你看,上等普洱,茶汤清澈,呈现一种漂亮的金棕色,更为奇特的是,热茶冒出的蒸汽,会盘旋在茶盅里的茶汤上面,久久不散,犹如清晨山间的雾气。"

细看,确实如此,那一层薄薄的雾气若隐若现。

茶博士还介绍道:"夏喝龙井、冬饮普洱,这是清朝皇室的传统。普洱与其他茶最大的不同,第一,暖胃,有的人胃寒,不能喝茶,但普洱能够暖胃;第二,许多人咖啡因敏感,喝茶和咖啡,会彻夜失眠,而普洱,喝得再多,不会影响睡眠。"

我喝了一口,感觉有点陈旧的木头味。

茶博士笑道:"这就是普洱最基本的口感。专业术语叫'陈韵'。普洱的好坏,就是这股陈木味是否柔顺圆滑、是否涩中带甘。年份越久的普洱越香,陈木香中会带有梅子、红枣、人参甚至樟木、沉香的特殊茶香。口感也愈软。几十年陈的老普洱,甚至喝上去感觉不到茶味!但喝下能够明显感到一股'气',贯通肺腑,心旷神怡!"

我按照他的指点，闭目感受。

喝来喝去还是陈木味，"气感"一点没找到。

显然，900块一壶的茶，"气势"不够，要喝11880的。

这次茶，喝了3个小时，接受了有关普洱的第一次启蒙教育。

后来，开始买一些普洱并偶尔喝普洱，同时恶补普洱知识，最后发现，此门甚深，玄之又玄。

云南盛产普洱。昆明满街都是卖普洱茶的店铺。

一看傻眼。包装略显陈旧的七子饼（碗口大小，外包棉纸，每块净重350克，7两），起价都是数百元乃至千元以上，万元的也为数不少。在翠湖边，看到卖普洱的，足足有一根柱子粗细的普洱，刨下来卖，一问价格，600块一公两，也就是3000块一斤，这价格在江南可买到不错的明前龙井了。

由于缺少科学的、指标可以量化的评价体系，由于普洱从未形成过全国范围的流行，人们其实对普洱知之者甚少。

普洱的疯狂热炒和价格飞涨，与十几年前紫砂壶神话一样，始作俑者都是海峡对岸的"台湾同胞"。

三

云南有茶马古道，这是延续千年与西北游牧民族易货贸易的通道。

游牧民族以肉食为主，非常需要茶叶解油腻，补充维生素。

云南产大叶茶，商人们用马帮驮茶叶盐巴布料去换游牧民族的牲口马匹。

云南遍布崇山峻岭，马帮驮着茶叶沿陡峭山路穿行，茶叶重量轻，体积大，麻袋驮在马背上很容易被山石树枝刮破，商人损失很大。

在明朝，人们想出办法：先把茶叶蒸熟，然后压制成饼状，大大缩小茶叶体积，便于运输。

通常，马帮要走三四个月才能到达目的地。

后来发现，蒸熟压成饼状的茶叶，经过三四个月颠簸，味道远胜散装茶叶，于是普洱茶就诞生了。

一直到20世纪70年代，云南的茶叶科研人员才研究出普洱茶的秘密——原来蒸熟压制的茶饼，经过4个月的野外运输，滋生了一种冷发酵的菌种，茶叶经过冷发酵，就形成普洱的特殊风味。

雍正年间，鄂尔泰出任云南总督，发现普洱，遂向皇室进贡，使普洱成为贡品，但市场很小，除了藏区，只在广东香港一带有些销路。

一直到民国，普洱仍是云南主要茶叶品种。

30年代，民国政府的中国茶叶公司有位总经理，发现云南水土非常适宜栽种制作红茶。经过几年努力和推广，著名的"滇红"取代了普洱，成为云南主要的茶叶品牌并出口全世界，一直延续到20世纪80年代。

改革开放以后，我国外贸体制由国营外贸公司收购包销制改为企业自营外贸。云南的红茶厂由于不懂外贸不善经营，迅速大批倒闭，茶农一贫如洗。

82年我国与英国政府签订香港回归协定，一度引起港人恐慌并掀起移民欧美浪潮。

香港的一些茶叶商人也急于移民国外。

在清理茶叶仓库时，发现有不少存放数十年的普洱茶。

几位头子活络聪明过人的台湾商人得知，用最便宜的价格悉数买下，开始商业炒作普洱。（后来他们说，是用买大白菜的价格，买到了银子！）

他们引经据典，出了不少介绍普洱的图文版书籍，通过媒体鼓噪，普洱首先在台湾引起轰动和流行。

然后，有台湾商人追根寻缘跑到云南勐海——普洱茶的故乡之一，准备狠赚一票。

结果发现，那里的大叶茶树的茶园早已荒废，茶农已经不会制作普洱茶了。

他们购下茶园，组织劳动力清除杂草重整茶园，再到广东聘请师傅到勐海制作普洱茶，又找到从前声名显赫的普洱茶庄后代，重新打出老茶庄的品牌，开始重振普洱。

经过十多年恢复和商业炒作,普洱迅速成为投资热点和投机者追捧的对象,价格也一路攀升。

中国的文化,柏杨斥之为"酱缸文化",任何事情,在酱缸里搅和,都立刻一团糟,糊瘩瘩。

看到普洱的升值潜力,逐利者若鹜,云南一下子冒出无数普洱茶厂无数陈年普洱无数专卖店并迅速走向全国,各种假冒伪劣普洱充斥市场,加上根本没有衡量标准和检测评级手段,普洱迅速由黄金变成烂泥。

从去年开始,普洱身价一落千丈,上海的许多新开专卖店刚开业即倒闭。

四

改革开放以后,我国颇有一些东西,先炒到天价然后摔得头破血流体无完肤,从此一蹶不振:

70年代末80年代初,整个东北恶炒君子兰,颇类十六世纪荷兰人恶炒黑郁金香,一度炒到几十万元一盆。现在的花市,君子兰二三十元即可买到。

80年代台湾人恶炒宜兴紫砂壶,都是当代工匠的作品,炒到贵至数十万甚至数百万一把,现在,最便宜的5块可买2把。我去过宜兴丁蜀,那里铺天盖地的紫砂壶店,随随便便可以拿出顾景舟、徐秀棠的壶,你敢买吗?查宜兴紫砂工艺师名录,"国家级"、"省级"大师如过江之鲫,反正人人皆大师,结果是可想而知。而始作俑者的台商们,早就赚足钞票退场去构思新的恶炒项目了。

90年代恶炒邮票,竟然大量翻印再版珍邮,结果是可想而知的,邮市96年达到巅峰后一路滑坡到谷底,再无起色。现在的邮票市场,门可罗雀,许多投机者,面对成箱成箱版票,向隅而泣。

最近几年,比利时富豪尤伦斯,恶炒几个"中国现代油画家"作品,绿狗、秃头、大嘴、带血的太湖石、神色呆滞的合家欢、文革宣传画加外国名牌标记的政治波普;穿军装的蒙娜丽莎、在宣纸上撒火药点燃成为画作等等等等，都炒到数百万元到数千万元，但这次金融海啸一来，最近的国内外艺术品拍卖现场，这类作品或流拍或已难寻踪迹，而最终买家，都是胸无点墨的中国暴发户和国内职业炒家，现在轮到他们发愁了，而尤伦斯则在大量脱手中国当代艺术品，赚了满盆满钵后公开宣布，他的兴趣已经转移，开始关注印度的当代艺术作品了。

中国人喜欢一窝蜂地跟风。很少有人会独立思考一件事情的来龙去脉和前因后果。

许多流行，都是非理性的。80年代全国盛行喝"红茶菌"，未久即无疾而终；现在的普洱热，亦然。

平心而论，普洱诞生至今已数百年，属于中国名茶，有大量习饮者爱好者，好的普洱，确实有其独特风味口感，但一旦把普洱当成股票、当成豪赌的筹码，普洱就异化了。

从去年开始的普洱价格暴跌，其实是普洱市场的理性回归。

当11880一壶的普洱变成118元一壶，人们会重新认识普洱，喜欢普洱。

擂茶

受父母影响,我可能从刚学会走路开始,就喝茶了。

茶在我家,是须臾不可或缺之物。

父母都是教师,双职工,读小学时,我就要做家务。

其中一项工作就是放学后,烧一壶开水,冲进热水瓶,然后在老爸老妈的茶杯里放茶叶,用少量开水冲泡,等他们下班回家,甫坐定,再在茶杯里注入开水,他们就可以立刻喝茶了——松江人把这种泡茶方式叫"泡茶niang"。

他们喝茶时,我也时时会凑上去喝上一口,久而久之,养成了喝茶的习惯。

夏天,我家晚餐主食往往是炒饭——在铁镬里放入冷饭,不加油盐,用微火炒热,微焦的炒饭,极香,再倒入热茶,这种茶淘饭,非常好吃。

当年,茶叶是奢侈品。记得回沪到同村插队知青家去做客,有的人家是从一个大瓷壶倒温开水,有的是一杯用茶叶末泡的浑浊的茶,苏北籍人家,则是糖开水加炒米花——那是接待贵客的礼遇。

计划经济时代,茶叶是配给供应的,要用工业券购买。

即使在三年自然灾害期间,我家茶叶从来没断过,喝好茶谈不上,但茶叶末似乎从未进过家门。

68年到江西插队。那里产茶而且价格非常便宜,插队十年,断过肉、断过香烟,但茶叶罐没有空过。

村里后山产野茶,农民摘后晒干就成茶叶。

野茶的茶碱含量甚低,一次,用大号搪瓷杯泡茶,老觉得太淡,结果放了大半杯茶叶,冲入开水后茶叶膨胀,竟然把茶杯盖都顶起来了。

这种土茶,有一种古老的饮法,叫"擂茶"。清明前后,村妇上山摘野茶。回家后,用一种专用的擂钵——粗陶烧制,小脸盆大小,钵内有许多棱,把生茶放入,再加上适量盐,用木棍在钵内用力磨,鲜嫩的茶叶很快就磨成糊状,再注入开水,泡成碧绿浓稠的羹状,擂茶就做好了。桌上放几个盘子,炒黄豆、炒花生、炒冻米、油炸红薯片,就是茶食。

喝擂茶是女人的节日、特权或专利——新娘子回门、孩子满月,村里的婆娘就会凑在一起做擂茶喝擂茶,男人们是不能参加的。

当年的江西,男尊女卑风气甚浓。

那里称呼女人,就叫"小人"。男人们谈论老婆,开口就是"我家小人如何如何。"

春节要从初一过到正月半,农民请客走亲戚,吃饭时女人不能上桌。

只有正月十五这天,才是女人们的节日,这一天,男人全部回避,全村的女人们互相请客,满桌女人,杯觥交错,喧哗一片,这是一年中女人真正的节日。

而喝擂茶,按照习俗或惯例男人都回避,如果哪个男人去喝擂茶,会成为笑柄的。但知青例外。

村里的女人喜欢和男知青嬉闹,她们说,你们身上有股好闻的味道。

一次路过村里人家,非常热闹,女人们正在喝擂茶。几个女人硬拉我进去。我知道男人不能喝擂茶,但非常想知道擂茶的味道,于是厚着脸皮进去,挤在女人堆里。她们让我坐下,倒上擂茶,再端起盘子,要我逐一品尝红薯干、炒花生、冻米糖和一种非常好吃的油炸干辣椒。

擂茶非常浓稠，鲜茶叶的清香，淡淡的咸味融合在一起，形成一种怪异奇妙的味觉——但绝对没有喝茶的感觉。

这是我平生第一次喝擂茶。

后来知道，擂茶是赣、闽、湘、黔、桂农村一种非常古老的饮茶方式。

1000多年前唐朝人喝茶，是把茶叶碾碎，然后再加盐用开水泡饮，连茶叶一起喝下。现在的泡茶方式，是宋以后开始形成的。

京城名士马未都对历史文化包括茶文化颇有研究，他说："唐代人喝茶，先取一块茶饼烤热以后，用茶碾碾成细末，碾完要过箩，然后放在水里煮，水要煮三沸，煮好以后舀到碗里，有的要加上盐、姜等作料，最后去喝。我是没喝过，但我觉得就是一个菜粥的样子。又搁调味料，又搁盐，就是菜粥。所以我们有一个很古老的说法，叫"吃茶"，其实是这么来的。像《水浒传》、《红楼梦》里，都说"吃茶"。宋人是点茶，他把茶叶碾碎了调成膏，取适量放在茶盏中，不用在锅里煮了，然后注入沸水，"哗"，就开了，我总觉得像冲奶粉的样子。这也有点儿像今天的沏茶，但宋人是连茶带水一块儿喝，不是我们现在这种喝法。这种把水注下去的方式，叫点茶。"

毛润之先生每次喝完茶，都把茶叶嚼碎吃下，这显然也是非常古老的习俗了。

清代茹敦和在其所著《越言释》中记载："江广间有擂茶，羌盐煎茶遭制，有存古意。"

现在，到凤凰、张家界旅游，一些茶馆也供应擂茶，程序大致相同，配方不同，有的还要加芝麻、花生一起碾碎泡制，有的连盐也不放了，但用的都不是刚摘下的鲜茶叶，我喝过。

光阴如箭，转瞬回沪已30年，不知村里女人现在还喝擂茶吗？

乌龙茶

一

乌龙茶从前流行于闽粤,郑成功把它带到台湾,成为台湾人的最爱。

改革开放以后,台湾人把喝乌龙茶的习惯带回大陆,现在已流行全国了。

广东潮汕一带,喝乌龙茶成风,那里的单位、企业都在会客室放着乌龙茶茶具,来人就饮茶。

正式喝乌龙茶,有许多传统程序,现在已被淡忘,但仍流传于潮汕一带。

那里有真正的茶客。据说从前那一带,没有吃穷的人家,但有喝茶喝穷的人家——每次安溪拍卖乌龙茶,数十万元一斤的上等茶经常可见,嗜茶如命的人,真的会当了田产祖宅去饮茶的。

一次,与潮州茶客喝了一夜茶,竟然喝掉3两上等乌龙茶。

整晚听他们聊茶。

喝乌龙茶,茶具是仅可盈握的小盖碗加3只核桃大小的茶盅。

"茶三酒四",他们告诉我:"喝茶最好是3人。"

盖碗放满乌龙茶,注入沸水,然后倒掉——这是洗茶。

第二潽水注入,等待片刻,开始倒茶。

由于茶壶极小，茶叶膨胀后壶内存茶不多，倒茶的人依次往3只茶盅内注入，茶水如一条线般流出，动作要快，这叫"关公巡城"，随着茶水越倒越少，呈水滴状流出壶口，要非常均匀地倒入每只茶盅，这叫"韩信点兵"，高水准的倒茶人，应该把最后一滴茶倒入最后一个茶盅，以显公平。

每次壶内茶水必须倒尽，然后开盖散去热气——否则茶叶会有熟汤气，待凉后再泡第二壶。

每盖碗茶喝五六潽——这取决于茶叶的品质和价格，越好的乌龙茶，泡的潽数越多。

他们说，喝乌龙茶的最高境界，是在山泉边，煮水用泥炉烧干枯的毛竹片，白铜壶里是刚汲的清泉。

炉子必须离开饮茶的凉亭7步，水沸后，走七步的距离，这种水温泡茶最好。

我听了有点将信将疑。

后来见到上海著名国画家刘旦宅的一幅名画"东坡烹茶图"，画面上苏东坡和两个朋友在凉亭聊天，一个书僮在外面用泥炉竹片煮水，泥炉离开凉亭正好七步。

显然，潮州人的说法是颇合古意的。

非常遗憾，古人的这种喝茶意境，很难再现了。

现在的许多"茶艺馆"，金碧辉煌一堆假古董加五流字画，表演小姐浓妆艳状犹如三陪，动作粗拙像"大脚娘姨"，一大群江湖艺人载歌载舞，气氛嘈杂不堪，茶馆变成瓦肆。

茶馆的"茶道表演"则杜撰了很多号称杂糅日本茶道、台湾茶道的动作，过于夸张繁杂低俗。这一切，都背离了喝茶的基本要素——清净绝尘，适得其反地影响真正茶客的"茶欲"，所以，这种场合我都退避三舍。

二

喝过一次顶级乌龙茶。

90年代台湾亲戚来沪，带来一批台湾朋友。

那次，远房表兄带来3位朋友。其中一位姓蔡，五十多岁，气势轩昂。据介绍在台湾某地开夜总会，单小姐就超过千人。

我安排他们住刚开业不久的新锦江。

蔡老板首次来大陆，带了新娶的三姨太。

蔡老板是乌龙茶超级发烧友。

他拿出一铁罐半斤装"冻顶乌龙"，上面赫然醒目地印着"中华民国八十年台湾省冠军茶"。

边上的台湾朋友告诉我，每年，台湾都要进行茶农的乌龙茶比赛，获得名次的当场拍卖。

蔡老板每次都安排下人到拍卖现场，轮到拍冠军茶，志在必得，再贵也要，牌子举起就不放下，因此冠军茶连续几年都被他买断。

通常，冠军茶总共二三十斤，全部被他拿下。

然后，到制罐厂特制一批茶叶罐，上面印制"民国某某年台湾省冠军茶"。

然后，就可以轻飘飘地说一句，今年除了我家，全台湾喝不到好茶！

扎的就是这记台型，挣的就是这个面子。

茶叶有了，没有茶具。

立马去外滩友谊商店，选购了一只非常精致的的紫砂壶以及茶盅。

再去买电热水壶，一箱依云矿泉水。

三姨太是茶楼小姐出身，整套茶艺非常娴熟。

那天，因为蔡老板颈椎不舒服，我临时安排了一位气功道行颇深的按摩师给他按摩。

按摩后，一起喝茶。

冻顶乌龙特有的水仙花清香，浅棕色的晶莹茶汤，恰到好处的苦涩和微微的甘甜，饮之心旷神怡。

冻顶乌龙本来就是台湾最好的茶，这次又是全台湾第一的冠军茶，又是漂亮的茶艺小姐现场演示，感觉绝佳。

第二天，遇到按摩师，他非常诧异地问我："我也算喝过好茶的人，昨天喝的是什么茶？我连出的汗都是香的。"

"这种茶，你我一辈子可能就喝这一次了。今年全台湾的冠军茶！"

"难怪难怪！"他惊呼。

确实，这次以后，我再没有喝过比这更好的乌龙茶了。

明前龙井梅坞寻

早春二月，绿意盎然，我们几个老友，又踏上品赏明前龙井之旅。

行程是汪怡记茶庄梁靖总经理安排的。每年清明前，他都要去杭州梅家坞收购明前龙井并赶运回沪，第一时间在汪怡记大世界门店上柜，满足新老茶客的渴求。

梁总前一天已到梅家坞验收新茶。3月29日我们由汪怡记退休总经理汪自鹏带领，开车直奔梅家坞。

梅家坞是西湖龙井茶一级保护区和主产地之一，地处杭州西湖风景名胜区西部腹地，沿梅灵路两侧纵深长达十余里，有"十里梅坞"之称，拥有"不雨山长涧，无云山自阴"的自然山水风光和悠久人文资源，是杭州最富茶乡特色的农家自然村落和茶文化休闲观光旅游区。

下午五点，车到群山环抱、暮霭缭绕的梅家坞。村外青翠碧绿的山坡茶园，一群群头戴竹笠腰挎茶篓的采茶女正在聚精会神地轻摘鲜嫩欲滴的茶芽。

梁总告诉我："明前龙井，鲜茶8斤制成一斤茶叶，至少5万个嫩芽。全凭采茶女手摘，她们从清晨到日落，最多摘十斤左右鲜茶。"

老朋友梅村长在村口迎候。汪总笑道："与梅村长做龙井购销已经三十多年，当年是小梅，现在是老梅了。今晚，梅太太亲自掌勺，做地道农家菜款待各位。"

拾级而上，茶香弥漫，家家门口一台台制茶机在轻轻运转，旁边的竹匾里晾晒着翡翠色的新茶。

到村长家门口，小圆桌已摆上晶莹的玻璃杯，梅村长为我们沏茶："这是前天摘制的龙井。水是村边山脚下的泉水。"

我笑道："为了明前龙井，我们强忍干渴，车上不带一瓶水。"

龙井茶始产于宋代，明代益盛。清朝品茶名家陆次之赞誉龙井："甘香如兰，幽而不洌，啜之淡然，看似无味，而饮后感太和之气弥漫齿颊之间，此无味之味，乃至味也。"清明前采制的叫"明前茶"，谷雨前采制的则是"雨前茶"，茶客历来有"雨前是上品，明前是珍品"的说法。

龙井茶有"色绿、香郁、味醇、形美"四大特色，这是其他茶叶所不具备的，泡饮龙井，但见芽芽直立，汤色清洌，幽香四溢，因此真正茶客喝龙井都用玻璃杯，不用盖碗紫砂壶。用玻璃杯，就是为了欣赏茶叶在杯中轻盈摇曳的形美身影。

轻啜一口，清香馥郁、茶涩轻淡，满口甘鲜。明前龙井独有的茶鲜是精彩余韵，汪总解释道：明前龙井的氨基酸含量高于雨前龙井，所以有一股鲜味。

真是心旷神怡。

"今年明前龙井收成如何？"我问。

"收成不错。美中不足是这几天偏热，茶芽窜得太快，芽一大，品质就会下降，所以这几天都在赶工抢时间摘芽。采茶女一天200元。"梅村长一面斟水一面招呼大家："菜弄好了，吃饭吧！"

客堂间正中的圆台面上腌笃鲜、盐水虾、白斩鸡、三文鱼、拌黄瓜、酱牛肉、红烧肉、炒菜苋、红烧鳜鱼、炒螺丝、春韭炒蛋、鲜芹水饺，琳琅满目。

为了助兴，同行的陈先生特意带了2瓶茅台，梅村长又为大家斟上新茶，佳肴美味与茅台龙井，堪称绝配。

谈到梅家坞历史，梅村长告诉我："梅家坞村民一半以上姓梅，祖籍河南，是南宋定都杭州时与朝廷一起迁来的，一千年了。"

边吃边聊，很快 2 小时过去。

大家都要带明前新茶回去。

梅村长和太太从竹匾舀出茶叶装入纸袋过秤，再用红丝带包扎，一包包新茶非常漂亮，堪称工艺品。

我买了 2 斤。

天已全黑，明月高悬，告别梅村长，驱车前往屏风山千禧酒店。

我告诉大家："我用电子天平称过，一杯绿茶，通常用 3 克茶叶，一斤可泡 170 杯。千元一斤茶叶，每杯不到 6 元，与街头随处可见的珍珠奶茶、鲜榨果汁动辄十几块一杯相比，喝龙井根本不算贵，性价比一流。"

大家纷纷赞同。

到酒店安顿好房间，看到大堂一侧有个露台，面对远山和影影绰绰高耸入云的古树，景色绝佳。大家意犹未尽，取来电水壶，再烧水泡新茶。明月当空，微风轻抚，松涛声声，没有比这更幽美的情境了。

南北朝大诗人谢灵运说过，良辰美景赏心乐事四者难聚，我们这次到梅家坞问茶，四者皆备，非常难得，真是人生一大乐事。

新安问茶

老友汪自鹏是汪怡记茶叶公司老总,业茶40年,品茶鉴茶水准一流,年前刚退休,任公司顾问。接班人梁靖,七零后,在汪总二十多年言传身教下,颇得业茶精髓。

每年清明一过,新茶上市,汪总和小梁就开始忙活了,他们亲赴皖浙茶园品鉴新茶,与茶农定价,由茶农把新茶押运沪上,然后结帐。这是茶叶行业古老传统,都是数十年老朋友老客户,完全凭信用交易,茶叶品质、数量、价格以及保鲜程度事先谈妥,交货一丝不苟,与眼下缺乏诚信商誉的市场环境相比,令人赞叹。

5月12日,汪总小梁去歙县收茶,邀我同行,线路是上海——歙县——屯溪——新安江古村绵潭——深渡——富阳。我的任务是到歙县档案局查阅汪怡记在屯溪创业的史料。

汪总是歙县望族,祖辈在嘉兴上海经商,虽生于沪上,但在新安江畔绵潭古村留有老宅,这次就是到绵潭验收黄山毛峰新茶。

歙县是古徽州府治所在地,是徽商、徽茶的主要发源地,也是徽州文化和京剧故乡。

歙县地处皖南山区,北倚黄山,东邻杭州,南接千岛湖。新安江纵贯全县,下游就是富春江和钱塘江,是徽商连接苏州、杭州、上海的黄金通道。

初夏清晨，阳光明媚，清澈江水在绿树成荫的碧峰中蜿蜒，袅袅晨雾在峰峦间飘渺，两岸白墙黛瓦的徽派古村落错落有致，一叶叶扁舟漂浮水面，渔夫斗笠蓑衣撒网捕鱼，景色绝佳。唐朝大诗人李白赞曰："清溪清我心，水色异诸水。借问新安江，见底何如此。人行明镜中，鸟度屏风里"。

这里的景观是灵动的山水画长卷，中国著名的"新安画派"大师黄宾虹是歙县人，其创作灵感的源头就在新安江。从歙县县城到深渡镇，山间公路与新安江平行，绵延百里，被命名为"新安江山水画廊"，非常形象贴切，是国家4A级风景名胜区。车在鲜活立体的画卷中穿行，这种绝妙意境，非亲临难以想象。

一路饱览山水画卷后，我们来到绵潭村。南宋理宗年间（1225年）汪氏从江西婺源迁来此定居，清代汪启淑在朝任职，以绵潭为村名，一直沿用至今。

汪总在村里辈份颇高，他的族侄汪建华是年逾五旬的老茶农，在江对岸三源村有茶园和仓库，我们遂摆渡过江，山间小路步行4里，到三源古村。

村口陡峭的山坡上，年逾古稀的老太太在茶田除草。汪建华非常感慨："村里年轻人都外出打工了，留下一群老人，农活都是他们在干。新茶上市，200块一天的采茶工都找不到，我妈86岁，还要背着背篓上山采茶。"

村里明清老宅连绵，古意盎然，略显寂静落寞。

先去茶叶加工场。满地堆放着刚摘下的鲜茶。加工后就是黄山毛峰。

每年清明谷雨，这里的茶农选摘"黄山种"嫩芽，手工炒制，该茶外形微卷，状似雀舌，绿中泛黄，银毫显露，且带有金黄色鱼叶，由于新茶芽尖锋芒白毫披身，遂命名为黄山毛峰。

汪建华在三源开设小卖部，加工的新茶都堆放在厢房内。他拖出一大包，打开后汪总抓一小把，仔细翻看深嗅，问道："一共多少？"

汪建华叹口气："百年未遇腊月奇寒，茶树都冻坏了，加上立春后连绵阴雨，新茶减产，往年万余斤产量，今年只有一千多斤。"他用煮沸的山泉泡了几杯放桌上,又舀出一碗热气腾腾的茶叶蛋:"都是山上土鸡生的,当茶食很香。"

汪总举起玻璃杯看新茶汤色,淡黄微绿清澈见底,雾气结顶,轻啜一口,滋味醇甘浓郁,有一股独特的枇杷清香,韵味深长,"这茶我们全要了。"他与汪建华谈了一个价格:"你尽快托运到我们公司仓库,运费算我们的。另外,炒青有吗?"

"有十几斤。"

"我老母亲九十多了,再好的龙井都不喝,就喜欢老家的炒青,全部做小包装,付现金。"

汪建华立即与太太包茶称茶,很快弄妥。

随后,吃饭。午餐很丰盛很农家。

新安土鸡菌菇汤、扁尖咸肉、新安江白丝鱼、山溪虾、徽帮臭豆腐、自种蚕豆、山芋粉丝煲、拌黄瓜、红烧昂刺鱼、自磨豆腐。由于汪太太用不惯液化气灶,所有菜肴都是用柴灶烧的,炒菜的油,是自种油菜籽刚榨的,清香浓郁。

睽别已久非常纯正的山村风味。

继续聊茶。

汪建华很感慨:"这里的茶园都是陡坡零星土地见缝插针,一小块一小块的,完全不用农药化肥,因此带有很浓的野茶风味,另外,枇杷是这里特产,我们的茶田都间种枇杷,形成独特风味。就是采摘太麻烦,零工请不到,只好自己上山。亏得汪总小梁与我们几十年老交情,识货朋友,否则这茶卖给谁呢?"

汪总:"汪怡记的传统是做一些与众不同的特色产品,这里的毛峰,与外面大众茶叶有明显区别,上海老茶客一喝就知道,清明前后就会来公司预约的,所以我年年都来三源。"

"汪总,今年的严寒造成减产,明年会好的。今年枇杷绝收,明年来尝新。"

边吃边聊,2个多小时很快过去。汪建华开三轮摩托在陡峭山路蹒跚穿行,送我们到新安江边渡船码头,结束了这次新安问茶之旅。